Stadtführer Luzern

Stadtführer Luzern

Autoren

Paul Rosenkranz

Mathias Steinmann

Lisa Fuchs

Dominik Hertach

Herausgeber

Jürg Stadelmann

Ulla Schoedler

Josef Brülisauer

Ruedi Meier

WERDVERLAG

Bei einigen Rundgängen und Objekten im Serviceteil steht ein ♿-Signet. Diese Orte sind mit dem Rollstuhl zugänglich (siehe auch Hinweis auf Seite 194).

Dieses Buch ist unter dem Titel «Discover Lucerne»
auch in englischer Sprache erschienen.

Lektorat: Brigitta Neumeister-Taroni, Zürich, und Christina Sieg, Berikon
Grafisches Konzept und Fotokonzept: Gabi Schranz und Marcel Kunz, Kriens
Fotos Umschlag und ganzseitige Aufnahmen: Mario Kunz, Kriens
Übrige Bilder s. Bildnachweis Seite 230
Karten: Endoxon AG, Luzern
Satz und Umbruch: Albin Koller, Berikon
Herstellung: Katrin Zbinden
Lithografie: Tamedia AG, Druckvorstufe, Zürich
Druck: Unionsdruckerei Luzern AG

ISBN 3-85932-353-9
www.werdverlag.ch

Einer der schönsten Ausblicke – vom Gütsch (Nr. 95) auf die Stadt, das Seebecken und weiter ostwärts zur Rigi …

... ist in die Gegenrichtung ein beliebtes Fotomotiv.

Dank

Folgende Institutionen und Persönlichkeiten haben das Projekt «Kultur- und Stadtführer für Luzern» unterstützt und einen massgeblichen Beitrag zur Realisierung dieses Buches geleistet. Ihnen allen sei an dieser Stelle herzlich gedankt.

Idee
Ulla Schoedler

Initiative
Vorstand der Freunde des Historischen Museums Luzern

Patronat
Urs W. Studer, Ueli Fässler, Josy Meier, Helen Leumann, Alfred N. Becker, Herbert Blomstedt, Georg Carlen, Edith Heimgartner, Claudia Moser, Hans Meiner, Gabriele Pedrazzetti, Alfred Waldis

Fachlektorat
Josef Brülisauer, Monika Goldschmidt, Claudia Hermann, Ulla Schoedler, Markus Trüeb

Beratung
Paul Bernet, Bruno Duss, Martin Elbel, Elmar Elbs, Peter Galliker, Antoinette Gnos, Peter Hafner, Mario Lütolf, Richard Martin, Josef Odermatt, Fredy Rey, Sepp Rothenfluh, Marie-Louise Schaller

Fundraising
Rosmarie Hohler, Jürg Stadelmann

Donatoren
Stadt Luzern
Kanton Luzern
Credit Suisse Private Banking, Inter Bodum AG, Bürgenstock Hotels & Resort, Schindler Management AG, Verkehrshaus der Schweiz, Endoxon AG
Freunde des Historischen Museums Luzern
Collano Ebnöther AG, Hotel Löwengraben, Hotel Montana, Hotel Rebstock, Hotel Schiff, Hotel Schweizerhof, Siemens AG, Luzern Tourismus AG

Luzern entdecken

Die Stadt Luzern ist ein beliebtes Fotosujet, das belegt eine Vielzahl von Ansichtskarten und Bildbänden. Und es sind keineswegs nur Touristen aus aller Welt, die von Luzern begeistert sind, auch die Einheimischen lieben ihre Stadt sehr. Wer aber vertiefende Informationen über das Abgebildete sucht, hatte es bisher schwer. Daher haben wir, eine Gruppe von Luzerner Stadtliebhaberinnen und Kulturinteressierten, 1998 beschlossen, für neugierige Besucherinnen, entdeckungsfreudige Stadtwanderer, aber auch für interessierte Luzernerinnen und Luzerner diesen Stadtführer herauszugeben.

Ausgerichtet auf den Selbstanspruch Luzerns, eine weit ausstrahlende Kulturmetropole zu sein, sollte diese Stadt eine handliche Orientierungshilfe durch Raum und Zeit erhalten. Zum Aufbruch ins 21. Jahrhundert wollten wir den Lebens- und Wirtschaftsstandort Luzern fundiert, zeitgemäss und ästhetisch ansprechend erfassen und darstellen. Wir hoffen, dass uns dies mit dem vorliegenden Buch gelungen ist.

Für das Gestaltungskonzept wegleitend sind ganzseitige Fotopaare, die bei markanten Stadtansichten immer auch den Blick in die Gegenrichtung festhalten. Auf diese Weise eröffnen sich neue Ausblicke, überraschende Perspektiven, reizvolle Spiegelungen. Beim Gang durch die Stadt einmal stehen zu bleiben und sich umzudrehen lohnt sich!

Verfasst wurde dieser informative Stadtführer durch Luzern von zwei Historikern und einer Kulturmanagerin. Paul Rosenkranz verfolgt in seinen einleitenden Kapiteln die Entstehungsgeschichte Luzerns und vermittelt ein lebendiges Bild vom Leben und Wohnen in dieser Stadt. Mathias Steinmann beschreibt detailliert auf elf Rundgängen die Stadt mit ihren zahlreichen Sehenswürdigkeiten. Kleine Wanderungen, Ausflüge in die nahe Umgebung und auf die Hausberge Pilatus, Rigi und Bürgenstock runden sein Luzern-Programm ab. Lisa Fuchs hat im Serviceteil die Adressen und Informationen zur touristischen Infrastruktur, zu den Hotels und zum vielfältigen kulturellen Angebot in Luzern zusammengetragen, während Dominik Hertach ausgewählte Restaurants vorstellt.

Wir hoffen, dass dank dieses Buches der Gang durch Luzern für Sie, liebe Leserin, lieber Leser, verbunden ist mit vielen spannenden Entdeckungen.

Luzern, im Mai 2001
Jürg Stadelmann, Leiter der Herausgebergruppe

Luzern
Porträt einer Stadt

Natürlich gibt es manche schöne Stadt auf dieser Welt; vom Glück derart begünstigte wie Luzern wird man aber nicht häufig finden. Doch wenn es stimmt, was die Redensart besagt – dass Glück nichts anderes sei als Talent für das Schicksal –, dann hat Luzern sich ganz einfach geschickt mit seinem Schicksal arrangiert.

Sein Schicksal aber war seine Lage. Eine zauberhafte Lage, gewiss, aber zunächst vor allem eine äusserst günstige. Dass hier, wo die Reuss den See auf ein paar hundert Metern noch als ruhig gleitender Fluss verlässt, ein geeigneter Ort für Übergänge sein würde, lag auf der Hand; so wurde Luzern zur Brückenstadt. Und ebenso klar scheint, dass diese Schnittstelle zwischen Mittelland und Alpen zum Handelsplatz prädestiniert war; so wurde Luzern zur Markt- und Messestadt. Da der See, an dessen nördlichem Ende Luzern liegt, weit in die Alpen hineinreicht, bestand überdies eine günstige Voraussetzung für eine rasche Verbindung mit dem Süden. Mit der Begehbarkeit des Gotthardpasses nach 1200 wurde diese Verbindung zu Italien Wirklichkeit und Luzern zum wichtigen Umschlagplatz zwischen Nord und Süd. Mit den köstlichen Gütern aus dem Süden wuchs auch der geistige, kirchliche und kulturelle Einfluss des Südens und so wurde Luzern zur «italienischsten» Stadt nördlich der Alpen.

Auch später war Luzern wiederholt vom Glück begünstigt. Dass der bald nach 1400 vollendete Schutzring, zu dem nicht nur die Museggmauer auf den Hügeln über der Stadt, sondern auch die vielen hundert Meter Holzmauern der Hof-, der Kapell- und der Spreuerbrücke gehörten, nie ernsthaft erprobt werden musste, verrät eine friedliche Stadtentwicklung. Als Glück ist auch zu werten, dass die industrielle und die Verkehrsrevolution der letzten beiden Jahrhunderte die Stadt zwar tangierten, aber in ihre alte Substanz keine allzu verheerenden Lücken rissen. Und Glück hatte die Stadt schliesslich, dass vor rund zweihundert Jahren in immer

Italianità – Unter der Egg (Nr. 26) am rechten Reussufer …

… am linken Ufer beim Jesuitenplatz und auf dem Reusssteg.

weiteren Kreisen der Sinn für landschaftliche Reize erwachte. Nun schwoll der Strom der Reisenden an, die zwar auch die Stadt mit ihren Mauern und Türmen, Kirchen und Brücken sehen, vor allem aber die unvergleichliche Sicht auf See und Berge geniessen und vielleicht sogar die lockenden Gipfel von Rigi und Pilatus erklimmen wollten. In der Folge entstand all das, was diesen Gästen den Aufenthalt angenehmer machen konnte: Hotels und Gaststätten, Bergbahnen und Dampferlinien, Ladengeschäfte und kulturelle Attraktionen.

Es kann fast nicht anders sein, als dass etwas vom Glück dieser derart begünstigten Stadt auch auf jene übergeht, die sie besuchen. Wir wünschen dies von Herzen und hoffen, mit dem «Stadtführer Luzern» noch zusätzlich dazu beizutragen.

Was Luzern prägte

Fünf Faktoren haben Luzern hauptsächlich geprägt:

- die Lage an See und Fluss und am Übergang von den Alpen zum Mittelland, die den Ort zum Handelsplatz prädestinierte;
- das mit dem regen Handel und Verkehr einhergehende Einströmen fremder Einflüsse;
- die Dominanz des Südens, nicht nur in wirtschaftlicher, sondern auch in geistiger und kultureller Hinsicht;
- die katholische Kirche als besonders prägende Kraft vom 16. bis 18. Jahrhundert;
- die neue Rolle als Fremdenstadt, als um 1800 das Reisen zu Bildungs- und Vergnügungszwecken aufkam.

Luzerns Aufstieg als Markt- und Umschlagplatz begann im 12. Jahrhundert. 1168 hört man erstmals von der Reussbrücke (Nr. 27) als Verbindung von Gross- und Kleinstadt an der schmalsten Stelle des Flusses. Der entstehende Markt hatte zunächst lokalen Charakter. Doch Anfang des 13. Jahrhunderts wurde das Hindernis der Schöllenen überwunden, was den Verkehr mit Italien über Alpen und Vierwaldstättersee rasch ansteigen liess. Am nördlichen Ende dieses Sees kontrollierte Luzern den Übergang zum Land- und Flussverkehr. Dort wurden die Güter, die von Süden kamen, von den Nauen (Lastschiffen) auf Fuhrwerke oder auf die Kähne der Niederwässerer umgeladen, die sie flussabwärts bis Basel brachten. Dieser Umschlag erfolgte bis 1545 bei den Arkaden am «Platz», etwa dort, wo sich heute der Jesuitenvorplatz (vgl. Nr. 1) befindet; dann wurde er auf

Luzern um 1830: Das «Storchennest» vor der Öffnung durch den Tourismus. Blick vom Gütsch auf die Sentivorstadt im Vordergrund und die Grossstadt jenseits der Reuss in der Bildmitte.

die rechte Reuss-Seite verlegt, wo die Stadt auf dem Kapellplatz (Nr. 12) die Sust als Lagerhaus für alle Transitgüter errichtete.

Luzern war vom 13. Jahrhundert bis 1882, als die Stadt durch die neue Gotthardbahn umfahren werden konnte, ein wichtiger Handelsplatz im Nord-Süd-Verkehr. Es entstanden Märkte und Messen, und auch die wichtigsten Zölle wurden hier erhoben. Von Norden kamen vor allem Getreide, Salz und Wein aus dem Elsass auf den Markt; der Süden belieferte Luzern mit all den Köstlichkeiten, die Italien und der Orient anboten, darunter schöne Stoffe und natürlich die begehrten Gewürze. Aber nicht nur der Fernhandel spielte eine Rolle: Luzern wurde auch zum zentralen Markt am Scharnier zwischen «Getreideland» im Norden und «Weideland» in den Alpen und Voralpen. Je mehr dort nämlich im Spätmittelalter die Viehzucht vorzuherrschen begann, umso stärker waren die Bauern auf den Getreide- und Salzeinkauf auf dem Luzerner Markt angewiesen, wo sie umgekehrt ihre Produkte – vor allem Butter, Käse und Vieh – anboten.

So wurde Luzern zu einem Durchgangsort. Mit dem wachsenden Verkehr kamen Fremde – Kaufleute, Pilger und Handwerksgesellen – in die Stadt, und mit ihnen oft auch neue Ansichten und Ideen. Doch von Luzern aus ging man auch in die Fremde; als ab 1400 im Ausland die Nachfrage nach Schweizer Söldnern stieg, griffen mehr und mehr Luzerner nach dieser neuen Erwerbsmöglichkeit. Rund 50 000 von ihnen sollen zwischen 1400 und 1800 in Mailand, Rom, Neapel und am spanischen und französischen Königshof Dienst geleistet haben. Allerdings stammte nur ein kleiner Teil – vor allem die Offiziere – aus der Stadt; die meisten Soldaten stellte die von der Stadt beherrschte «Landschaft», also das Untertanengebiet. Aber gerade die Offiziere brachten von ihrem oft langen Dienst im Ausland einen neuen Geschmack, etwa in der Mode, im Baustil oder im Kulinarischen mit. Als nach 1800 mit dem Tourismus fremde Einflüsse erneut zunahmen, trafen sie Luzern daher nicht unvorbereitet: Man wechselte einfach vom Dienst in der Fremde zum Dienst an den Fremden.

Die Einflüsse aus dem Süden aber dominierten. Zwar schuf sich die Stadt zwischen 1380 und 1415 mit der «Landschaft» ein Untertanengebiet, das weit nach Norden reichte, was aber nicht besagte, dass sie sich nun etwa nach Norden ausrichtete; vielmehr hat sich die «Landschaft» ihrerseits ganz auf die Stadt an ihrem südlichen Rand eingestellt. Für die Stadt war sie das Hinterland, das diese zu versorgen und nötigenfalls mit Steuergeldern und Soldaten zu beliefern hatte. Jahrzehnte zuvor aber – 1332 nämlich – war Luzern schon mit den drei Waldstätten im Süden und Südosten, mit den Bauernorten Uri, Schwyz sowie Ob- und Nidwalden, jenes Bündnis eingegangen, das durch alle Höhen und Tiefen im Grunde genommen bis heute gehalten hat; noch immer umrahmt Luzern mit diesen drei Ständen den See, der darum Vierwaldstättersee heisst, und noch heute bilden diese vier Kantone – zusammen mit Zug – die Zentralschweiz, eine der relativ klar profilierten schweizerischen Regionen. Die Gotthardpassroute verkürzte den Weg nach Süden beträchtlich; fortan waren die rund 280 Kilometer von Luzern bis Mailand in sechs bis sieben Tagen zu bewältigen. Von dieser Nähe zu Italien berichtet auch eine alte Sage, der zufolge einst ein Falke eine Wildente von Mailand bis nach Luzern verfolgte. Aus dem Süden – aus Italien, dem Tessin und Graubünden – stammten auch manche jener Bauleute, die aus Luzern im

Reisezeiten damals und heute (in Std.)

	Distanz in km	Saumtiere und Karren um 1800	Eisenbahn 1900	Eisenbahn 2000
Luzern – Bern (via Entlebuch)	105	20	3.05	1.20
Luzern – Chiasso	230	48	4.47	3.07
Luzern – Basel	99	19	2.04	1.05
Luzern – Zürich	65	10	1.14	0.50

16. Jahrhundert mit ihren Renaissance-Palazzi so etwas wie ein Florenz des Nordens machten.

Im Grunde genommen blickt Luzern von Natur aus nach Süden und steht mit dem Rücken zum Mittelland, wo im 16. Jahrhundert die neuen kirchlichen und im 19. Jahrhundert die neuen politischen Ideen herkamen. Dies ist in Luzern deutlich zu erkennen. Nach Norden reicht der Blick nicht weit – er geht kaum über die Anhöhen des Gütsch, der Musegg und des Dietschibergs hinaus; und auf die Musegg stellten die Luzerner um 1400 erst noch die trutzige Mauer mit ihren zehn Türmen. Nach Süden aber reicht der Blick über den See bis zu den in der Ferne blau und weiss schimmernden Bergen; und die Hof- und Kapellbrücke, die hier als hölzerne Stadtmauern errichtet wurden, waren mehr Aussichtsterrassen als Schutzwall.

Das Luzerner Rathaus (Nr. 14), erbaut 1602–04: Stein gewordener Ausdruck des hiesigen Menschenschlags – halb Italien, halb Entlebuch.

Eine südliche Macht war auch die katholische Kirche, zu der die Bande noch enger wurden, als Luzern in der Reformation dem alten Glauben treu blieb. 1574 errichteten die Jesuiten in der Kleinstadt ihr Kollegium und übten dann 200 Jahre – und nochmals für kurze Zeit im 19. Jahrhundert – einen starken Einfluss auf das geistige und politische Leben aus. Ein geradezu triumphales Zeugnis ihres Wirkens stellt die um 1670 am linken Reussufer erbaute imposante Kirche (Nr. 1) dar. Seit 1579 residierte auch der päpstliche Nuntius in der Stadt, die nun bis Anfang des 18. Jahrhunderts nicht nur unbestrittener Vorort der katholischen Schweiz, sondern zeitweise der Eidgenossenschaft überhaupt war.

Als ab etwa 1800 der Tourismus aufkam, erhielt Luzern ein neues Gesicht und wandelte sich von der Stadt am Fluss zur Stadt am See. Dieser Entwicklung, die Luzern bis heute prägt, lag als wesentliche Ursache die durch Dichter wie Albrecht von Haller und Jean-Jacques Rousseau angefachte neue Naturbegeisterung zu Grunde, die auch Goethe nicht fremd war, der 1775 die Rigi bestieg. Hinzu kam die

Verkehrsrevolution, die es mehr Leuten ermöglichte, in kürzerer Zeit grössere Distanzen zu bewältigen. In Luzern begann sie 1837, als das erste Dampfschiff den Vierwaldstättersee befuhr.

Luzern im Spiegel früher Gäste

Es war die prachtvolle Lage, dieses wunderbare Zusammenspiel von See und Bergen, das Luzern nach 1750 allmählich zu einem Wallfahrtsort für Reisende machte. An der Stadt selber fanden die meisten damals wenig Bemerkenswertes. «Lucern ist ein kleines schlechtgebautes menschenleeres Städtchen», schrieb 1804 der zu dem Zeitpunkt allerdings erst 17-jährige Arthur Schopenhauer, und ein Besucher aus Sachsen bemerkte 1778 kühl: «Von Gebäuden giebt es hier wenig zu sehen.» Der eine oder die andere lobte zwar das Rathaus oder die Jesuitenkirche; im Wesentlichen aber waren es nur vier oder fünf Attraktionen, die in der Stadt Interesse fanden. Dazu zählten die Hofkirche, und zwar vor allem ihre Orgel, von der einer voll Bewunderung schrieb, in ihre grössten Pfeifen hätten problemlos drei oder vier Mann kriechen können, sowie General Pfyffers (1716–1802) Relief der Zentralschweiz, das dieser in 20-jährigem Durchforschen dieser Landschaft erstellt hatte (heute im Gletschergarten, Nr. 56). Nach 1821 kam als neue Sensation das Löwendenkmal dazu (Nr. 54). Höchstes Erstaunen riefen aber die drei Holzbrücken hervor, zu denen damals auch noch die 385 Meter lange Hofbrücke gehörte. Aufsehen erregten sie vor allem wegen ihrer aussergewöhnlichen Länge, aber auch als viel frequentierte Flanierstätten, die mit ihren insgesamt 462 Bildtafeln in den Giebelfeldern auch eine – wie ein Besucher schrieb – «ungeheure Bildergalerie» bildeten.

Manchen Gästen entging aber nicht, dass Luzern wirtschaftlich zurückgeblieben war. Der französische Geograf François Robert meinte 1791: «Luzern liegt angenehm ..., und doch ist mir nie eine Stadt trauriger vorgekommen. Ihr aristokratisches Regiment und ihre fast abergläubische Religion hemmen Fleiss, Leben, selbst Bevölkerung. Die meisten Läden sind verschlossen, der Handel todt.» Auch der deutsche Dichter Friedrich Leopold Graf zu Stolberg stellte fest, Luzern fehle es, «wie überhaupt den katholischen Kantonen, an Industrie», und dies, obwohl seiner Lage nach doch «Lucern die erste Handelsstadt in der Schweiz sein» müsste.

Fehlte es indessen mit Blick auf die Stadt, ihre Wirtschaft und Kunstdenkmäler nicht an kritischen Stimmen, so waren sich doch alle

einig im Lob auf ihre grandiose Lage. Immer wieder ist die Rede vom prächtigen Amphitheater der Natur, das erst recht beeindruckt haben muss, wenn man aus den verwinkelten Gassen der Stadt mit ihren damals noch rund dreissig Türmen – die kirchlichen nicht mitgezählt – und an die zwanzig oft engen und dunkeln Toren heraustrat.

Aus Reiseberichten

«Die Gegend um Zürich ist angenehm, die um Lucern gross und majestätisch, ich möchte sagen schauerhaft. Der ungeheure Pilatus ist in einiger Ferne von der Stadt, und man rechnet sechs Stunden von Lucern bis auf seine Spitze; aber es ist eine so ungeheure, überwältigende Masse, dass er dicht an der Stadt zu stehen scheint. An manchen Orten, wo man ihn etwa hinter den Häusern einer Gasse hervorragen sieht, erscheint er so nahe und so perpendikular, dass man glauben möchte, er werde einmal über die Häuser herabstürzen.»

Karl Gottlieb Küttner, Reiseschriftsteller, 1778

«Hier sieht man mannigfaltige Aussichten von der grössten Schönheit. Keine Stadt in der Schweiz hat, meiner Empfindung nach, eine so schöne Lage wie Lucern. Liebliche Hügel, mit vermischter Waldung von Laubholz und von Tannen, kränzen diese Stadt und die nahen Ufer des Sees der vier Waldstädte; hinter den Hügeln erheben sich Alpen, hinter diesen starren in weiter Ferne Hohe Gebürge gen Himmel empor ...»

Friedrich Leopold Graf zu Stolberg, deutscher Dichter, 1791

«Von den beyden ersten Brücken hat man die unbeschreiblich schöne Aussicht, welche Lucern für Reisende so merckwürdig macht. Man übersieht ein herrliches nicht gar zu grosses Bassin, welches den See hier bildet, u. welches so von Bergen eingeschlossen ist, dass man den Ausgang nicht bemerckt. Von hier aus sieht man die majestätischen Alpen in ihrer ganzen Grösse, von dem angebauten untern Theil derselben an, bis zu ihren Schneebedeckten Gipfeln: denn nur eine kurze Strecke mit fruchtbaren Aeckern u. Wäldern bedeckt, trennt sie vom See ...»

Der spätere Philosoph Arthur Schopenhauer, 1804

«Luzern ist ganz reizend. Es beginnt mit einem Saum von Hotels unten am Wasser und krabbelt dichtgedrängt und ohne Ordnung, aber malerisch über drei steil ansteigende Hügel, so dass sich dem Auge ein aufgetürmter Wirrwarr von roten Dächern, wunderlich altmodischen Giebeln, Bodenfenstern und zahnstocherähnlichen Spitztürmen bietet ... Wir besuchten die beiden langen überdeckten Holzbrücken, die die leuchtend grüne Reuss knapp unterhalb der Stelle überspannen, an der sie sich mit lautem Hurra aus dem See stürzt.»

Mark Twain, amerikanischer Schriftsteller, 1880

Jenen, die von Norden her, von bienenfleissigen und wohlhabenden protestantischen Städten wie Basel oder Zürich, anreisten, mögen in Luzern vor allem vier Dinge aufgefallen sein: dass sie nun rustikalere und katholisch geprägte Lande betraten, in denen schon südliche Einflüsse zu spüren waren und wo man es offensichtlich etwas gemütlicher angehen liess als im betriebsameren Norden. Italianità und Rustikalität sind in Luzern in der Tat eine eigenartige Verbindung eingegangen. Deshalb ist ja auch das Luzerner Rathaus (Nr. 14) an der Reuss, bei dem auf drei klassischen Renaissancegeschossen das weit ausladende Dach eines Luzerner Bauernhauses ruht, ein so einzigartiges Werk – geradezu der Stein gewordene Ausdruck des Menschenschlags, der hier wohnt: halb Italien, halb Entlebuch ...

In unzähligen Berichten über die Jahrhunderte erscheint die Luzerner Bevölkerung immer wieder als Menschenschlag, der nicht lebt, um zu produzieren, sondern produziert, um zu leben. Luzernerinnen und Luzerner scheint es – vornehm ausgedrückt – eher zur Vita contemplativa als zur Vita activa gedrängt zu haben. Innerweltliche Askese und Puritanismus, Disziplin und Arbeitsdrill hingegen waren ihnen eher fremd. Näher lag da eine robuste Sinnenfreude, die sich bisweilen in wahrhaft gigantischen Festen äusserte. Der Grundton mancher Berichte geht dahin, in Luzern sei ein wenig ehrgeiziges, biederes und gutgeartetes Völkchen ansässig, das einem eher lässigen Lebensstil zuneige. So hiess es in einem Bericht des französischen Gesandten um 1700, die Menschen in Luzern seien «nicht sehr reich, aber sie leben dennoch bequem trotz der ansehnlichen Summen, die sie alljährlich ausgeben müssen, um im Elsass und in Italien Wein zu kaufen». An der Oberschicht bemerkte er, «dass die Herren von

Junge Leute in der Jazzkantine an der Grabenstrasse.

Luzern in ihrer Mehrheit ohne jeden Ehrgeiz sind und sich begnügen mit dem, was ihnen nötig scheint, um ruhig fortzukommen». Es fiel ihm also auf, dass die Luzerner Patrizier die beträchtlichen Einkünfte aus den Solddiensten nicht in lukrative Handelsgeschäfte ummünzten; lieber investierten sie in Land- und Grundbesitz. Auch der Schaffhauser Pfarrherr Johann Georg Müller sah in Luzern 1789 wenig industrielle Betriebsamkeit. «Es kam mir vor», schreibt er, «als wenn die Einwohner nicht bloss produzieren, sondern auch sich hinsetzen und das Produzierte geniessen ...» Von Armut aber habe er wenig gespürt: «Die Leuthe alle sahen so ziemlich aus wie Leuthe, die gegessen haben.» Selbst Einheimischen fiel der Hang ihrer Landsleute zur Behaglichkeit auf. So ist bei den beiden der Aufklärung zuneigenden Pfarrherren Franz Josef Stalder und Bernhard Ludwig Göldlin von einer «angeborenen fröhlichen Trägheit» die Rede und von einem «Hang zur Faulheit oder zum Müssiggang ..., der uns Lucernern von Jugend auf anhangt und uns mehr oder weniger in unser hohes Alter begleitet».

Besonders positiv münzten offenbar die Frauen ihre luzernische Wesensart um; jedenfalls fanden sie ungeteilte Zustimmung. Die Luzernerinnen werden durchweg als gesund und wohlgestalt, artig und anmutig beschrieben. Der bereits erwähnte Johann Georg Müller preist ihre «kernhafte Schönheit» und nennt sie «... gesund von Aussehn, weiss und roth von Farbe, volleibig, mit einem freyen und heitern Blick, und ungekünstelten Annehmlichkeiten ...». Er meint, es sei ein «ungemeines Vergnügen, wenn man aus gewissen schleichenden Gegenden kömmt, zu sehen wie vest sie auf ihren zwey Beinen stehn; wie gerade sie wandeln, wie leicht sie sich bewegen ...»

Konstanten der Kunst

Nach dem bisher Gesagten erstaunt es nicht, wenn zu den Merkmalen der Luzerner Kunst wie der Innerschweizer Kunst überhaupt eine – wie es einmal hiess – «Neigung zum Einfachen und Lapidaren», eine «betont realistische Gestaltungsweise» und eine «lebhafte Bilderfreude» gehören. Die Lust am Visionären und Fantastischen hingegen war ihre Sache weniger. Der Drang zur Visualisierung zeigt sich in den einzigartigen Gemäldezyklen auf den Luzerner Holzbrücken, aber zum Beispiel auch in Diebold Schillings ungemein erzählfreudiger Bilderchronik von 1513 oder in der langen Tradition der Osterspiele auf dem Weinmarkt, die jeweils die ganze

Das Rothenburgerhaus im Hofbezirk, gotischer Blockbau um 1500. Hier wohnte unter anderem der Chronist Diebold Schilling (ca. 1460–1520).

Stadt in ihren Bann zogen. Diese Liebe zur Tradition bildet einen weiteren Grundzug des hiesigen Kunstschaffens. Zwar stand Luzern als Durchgangsland auch fremden Einflüssen offen, die im 16. Jahrhundert vor allem aus Italien und Süddeutschland und vom 17. bis 19. Jahrhundert aus Österreich, Frankreich und England kamen. Einige Male stand Luzern sogar an der Spitze neuer Entwicklungen. Der 1633 begonnene Neubau der Hofkirche (Nr. 52) war für sakrale Renaissancebauten nördlich der Alpen bahnbrechend, und die kaum 35 Jahre später begonnene Jesuitenkirche (Nr. 1) war der erste grosse Barockbau in der Schweiz. Aber daneben dominierte eine Stilkonstanz, die gotischen Formen zum Teil bis ins 17., barocken bis ins 19. Jahrhundert die Treue hielt.

Die Epochen, die die Luzerner Kunst am meisten prägten, sind Renaissance und Barock; sie gehören ja auch der Zeit des 16. bis 18. Jahrhunderts an, als Luzerns Einfluss in der Eidgenossenschaft besonders gross war. Vielleicht müsste man auch die Gotik vom 13. bis 15. Jahrhundert noch mitzählen; aber von ihr sind wenig Spuren geblieben. Immerhin hat sich in der zwischen 1270 und 1280 erbauten Franziskanerkirche (Nr. 4) ein bedeutender gotischer Kirchenbau erhalten, und an den Türmen der Hofkirche (1506–16) kann man zumindest sehen, dass die Luzerner Gotik eigenständige, robuste Züge trug. Gotische Spuren zeigen sich auch am äusseren Befestigungsring sowie an diesem und jenem Bürgerhaus, unter anderem am Rothenburgerhaus neben der Hofkirche, das als ältestes ganz erhaltenes städtisches Holzhaus in der Schweiz gilt.

Von den intensiven Beziehungen zu Italien zeugen die Bauten der Renaissance, von denen sich in Luzern auf engem Raum einige der schönsten Beispiele in der Schweiz konzentrieren. Dazu zählen das Rathaus (1602–04, Nr. 14) mit herrlichen Renaissancegemächern, sowie der Rittersche Palast (um 1560, Nr. 2), dessen arkadenumsäumter, dreistöckiger Innenhof das Vorbild für das Am-Rhyn-Haus (1616–18, Nr. 15) und für

Ein Hauch südländischer Atmosphäre liegt über den Gräberhallen rund um die Hofkirche (Nr. 52).

das Privathaus Göldlin von Tiefenau am Hirschenplatz (um 1600) abgab. Eine geradezu südländische Atmosphäre liegt auch über den toskanischen Säulengängen der Gräberhallen bei der Hofkirche (um 1640).

Keine Stilrichtung aber hat Luzern derart geprägt wie der Barock. Seine sinnenhafte und von Erzählfreude überquellende Welt, aber auch die im Barock sich äussernde Verbundenheit von Volk und Kirche entsprachen dem Luzerner Kunstgemüt ganz besonders. Der Barock hat nicht nur in der Stadt selbst bedeutende Akzente wie die Jesuitenkirche oder am Musegghang das formidable Kornmagazin (1685, Nr. 61) geschaffen, sondern namentlich auch auf dem Land eine grosse Zahl reizvoller Juwelen hinterlassen, darunter Klosteranlagen wie Werthenstein, Beromünster und St. Urban, Wallfahrtskirchen wie Blatten und Hergiswald sowie Landkirchen wie in Ettiswil, Hochdorf oder Ruswil mit seiner wohl schönsten Dorfkirche im ganzen Kanton (siehe S. 181ff.). In der Stadt trägt zudem manches Patrizierhaus, etwa die beiden Sonnenberghäuser links und rechts der Reuss, barocke Züge. Erst recht gilt dies für manchen Herrensitz, den sich vornehme Familien an schöner Lage draussen vor den Stadttoren errichteten, etwa für den Landsitz Himmelrich von 1772 (Nr. 48) in der Obergrundstrasse, den ehemaligen Jesuitenhof Seeburg von 1729

Das gewaltige Korn- und Salzmagazin (Nr. 61) von ca. 1685 am Musegghang, ein frühbarocker Nutzbau mit vier Voll- und drei Dachgeschossen, dient heute als Zeughaus.

Grosser Speisesaal des Architekten Leonhard Zeugheer von 1865 im Hotel Schweizerhof (Nr. 75): Höfischer Prunk wurde für bürgerliche Reisende demokratisiert.

oder den Landsitz Tribschen (um 1800), das heutige Richard-Wagner-Museum (Nr. 102). Mit den Familien Singer und Purtschert entstanden Baumeisterdynastien, die den spätbarocken Stil von 1750 bis weit ins 19. Jahrhundert und in über fünfzig Landkirchen fortsetzten.

Im 19. Jahrhundert stellten sich der Architektur mit dem Bau öffentlicher Gebäude für Bahn, Post, Verwaltung und Schule, aber auch mit Fabriken, Geschäftshäusern, neuen Wohnvierteln und in Luzern namentlich mit Hotelbauten ganz neue Aufgaben. Zur Anwendung kamen von etwa 1770 bis Anfang des 20. Jahrhunderts, der Zeit von Klassizismus, Neurenaissance, Neugotik und Neubarock, vor allem historische Formen. Es lohnt sich, einmal aufmerksam durch damals neu entstandene Viertel wie Hirschmatt (S. 108ff.) oder Bruchmatt und Säli zu schlendern, an deren Mehrfamilien- und Geschäftshäusern man die ganze Stilgeschichte Europas ablesen kann. Auch finden sich da und dort interessante Einflüsse des Jugendstils aus der Zeit zwischen 1890 und 1914. Im Hotelbau ging es oft darum, höfisch-adligen Prunk für die bürgerlichen Reisenden zu demokratisieren. So erstaunt es nicht, dass bei den in nur sechzig Jahren zwischen 1845 und etwa 1905 entstandenen Monumentalbauten der Hotels Schweizerhof (Nr. 75), National (Nr. 81), Kursaal (Nr. 82) und Palace (Nr. 83) die repräsentativen Formen von Neurenaissance und Neubarock dominieren. Das 1884 über der Stadt errichtete Hotel Gütsch (Nr. 95) nannte ein Kenner einmal «halb Gralsburg, halb Hochzeitstorte».

Das 20. Jahrhundert wandte sich mit neuen Baumaterialien wie Beton, Stahl, Glas und Kunststoffen von den historischen Formen entschieden ab und einer funktionalen oder oft einfach auch nur einer ökonomisch zweckmässigen Bauweise zu.

Luzern weist zahlreiche interessante Werke von einheimischen wie auch international tätigen Architekten auf. Zu den bedeutendsten Werken dürften bei den Sakralbauten die 1933/34 entstandene Kirche St. Karl (Nr. 96) und die St.-Johannes-Kirche im Würzenbach von 1970 zählen, bei den Wohnbauten das Hochhaus Alvar Aaltos (Nr. 104) im Schönbühl und bei den öffentlichen Bauten das im Jahr 2000 eingeweihte Kultur- und Kongresszentrum (Nr. 39) des französischen Architekten Jean Nouvel, das sein Schöpfer selbst von seiner Ausstrahlung her mit einer mittelalterlichen Kathedrale verglich.

Kleine Luzerner Geografie

Der Siedlungsraum der späteren Stadt war durch die Natur weit gehend vorgegeben, nämlich durch das flache Felsplateau, das sich am rechten Ufer der Reuss unweit der Stelle erhebt, wo sie den See verlässt, sowie ihm gegenüber am linken Ufer durch das flache Schwemmland des Krienbachs. Während dieses aber nur wenig über dem Flussniveau liegt, steigt die Felsplatte rechts einige Meter über das Flussufer an, bevor sie sich wieder zu einer Art Rinne – heute Löwengraben und Grabenstrasse – senkt. Von dort geht es bergan zum Höhenzug der Musegg, der knapp vierzig Meter höher liegt als das Flussufer. Den ältesten Siedlungskern bildete jedoch das Kloster im Hof etwa 450 Meter östlich dieser Felsplatte. Da das Seeniveau bis ins 16. Jahrhundert – vermutlich wegen der Mühlen- und Brückenbauten in der Reuss – um ein bis zwei Meter anstieg, ergab sich durch den vorrückenden See eine deutlichere Trennung des Klosters von der neu entstehenden Stadt. Andererseits wurde das erwähnte Felsplateau dadurch erst recht zum idealen Siedlungsraum, da es nun auf drei Seiten von Wasser umgeben war. Der Fluss verengt sich von seinem heutigen Seeaustritt bei der Seebrücke bis zur Stelle des ältesten Übergangs bei der Reussbrücke von rund 165 auf etwa 50 Meter. Er teilt Luzern in die Grossstadt auf dem rechten und die Kleinstadt auf dem linken Ufer oder in «meren stat» und «minre stat», wie es im Mittelalter hiess.

Die Häuser im «Zöpfli» (Nr. 28) aus dem 17. und 18. Jahrhundert am nördlichen Brückenkopf der Reussbrücke stehen zum Teil auf Mauern und Säulen direkt über dem Wasser. Rechts der Riegelbau des rekonstruierten Balthasarhauses von 1658.

Der Wasserarm des Grendel mit Lederturm, Gemälde von Xaver Schwegler (1832–1902). Schwegler malte für die Korporation Luzern 1897 eine ganze Serie von Bildern Alt-Luzerns vor der Entfestigung, wobei er zum Teil Vorlagen seines Vaters Jakob Schwegler benutzte.

Ein älterer oder innerer Befestigungsring, der vermutlich zwischen etwa 1230 und 1280 errichtet wurde, bestand auf beiden Seiten der Reuss aus kompakten Häuserzeilen. Er folgte in der Grossstadt auf einer Länge von rund 550 Metern der bereits erwähnten Rinne vom heutigen Mühlenplatz (Nr. 21) bis zum Hoftor. Dieser Ring zählte acht Türme oder Tore, von denen heute nur noch das Mühlentor (Nr. 58) steht. Sowohl in der Kleinstadt wie in der Grossstadt waren auch die Gassen und Treppen, die zur Reuss führten, mit Toren geschlossen. Der Graben vor dem Mauerring war mit Wasser gefüllt und der Grendel vom Seeufer bis zum inneren Weggistor bildete eine Art schmalen Seearm. Über dem seichten Uferwasser stellte die Hofbrücke die Verbindung vom Hof in die Grossstadt her.

Nach der Schlacht bei Sempach (1386) machte sich die Stadt Luzern in einem ausserordentlichen Kraftakt an den Bau des äusseren Befestigungsrings. Dazu zählte im Norden auf einer Länge von über 900 Metern die Museggmauer mit ihren zehn Türmen, von denen sich zwei – Schirmerturm und Äusserer Weggisturm – über Toren erhoben; der Äussere Weggisturm wurde als einziger von diesen zehn im 19. Jahrhundert wieder abgetragen. Am linken Reussufer entstanden die heute verschwundene Sentimauer und die Litzimauer, während die Stadt wasserseits durch Wasserturm und Kapellbrücke und reussabwärts durch die Spreuerbrücke gesichert wurde. Der äussere Ring machte nun den inneren weit gehend überflüssig. Die Tore zur Reuss hin verschwanden, während der Löwengraben zwischen 1520 und 1580 zugeschüttet wurde. Sein Name erinnert daran, dass jene, die bei dieser Arbeit den Frondienst nicht leisteten, einen «Löwenplappart», eine Entschädigung in Form einer Geldabgabe, zu bezahlen hatten.

Das alte Strassennetz war geprägt durch drei hauptsächlich in ostwestlicher Richtung verlaufende Längsachsen. Von den beiden Achsen auf der Grossstadtseite verband die nördliche den Hof über die heutige Hertensteinstrasse, Weggis- und Rössligasse mit den Mühlen, während die südliche von der Reussbrücke über Kramgasse, Weinmarkt und Kapellgasse zum Hoftor führte. Mit der Verlegung des Gotthardverkehrs ab 1545 auf die Grossstadtseite zwängte sich der ganze internationale Transitverkehr mit all seinen Saumpferden und Karren durch diese engen Gassen und dann über die Reussbrücke und durch die Pfistergasse zum Basler- oder Niedertor. Hier wie auch am «Platz» und auf dem Kapellplatz musste Umschlagraum für Güter und Gefährte geschaffen werden. Andere Plätze, zum Beispiel der Weinmarkt (Nr. 18), der Hirschenplatz (Nr. 16) oder der Franziskanerplatz (Nr. 5), entstanden – teilweise jedoch erst im 15. und 16. Jahrhundert – durch das Abreissen von Häusern oder ganzer Häuserzeilen. An ständigen Märkten gab es – alle auf der Grossstadtseite – den Rinder-, den Pferde- und den Schweinemarkt, die aber vor 1585 vor die Mauern verlegt wurden, da man ihre Gerüche als lästig zu empfinden begann. Es blieben Kornmarkt, Fischmarkt und Lebensmittelmarkt, die beiden Letztgenannten nahe am Reussufer, damit Fischer und Bauern, die teilweise über den See kamen, direkt am Markt anlegen konnten. Der Uferstreifen, auf dem heute noch der Fisch-, Obst- und Gemüsemarkt stattfindet, hiess früher An der Egg; seit dem 16. Jahrhundert, als die Bauten bis ans Wasser vorgezogen wurden und der Markt unter die schönen Arkaden zu stehen kam, lautet sein Name Unter der Egg (Nr. 26).

Die so genannten Quais, diese heute so beliebten Promenaden am Wasser, sind Werke des 19. Jahrhunderts. Der Schweizerhofquai (Nr. 77), dem die Hofbrücke weichen musste, entstand zwischen 1844 und 1860, der Rathausquai (Nr. 25) 1897/98 – mit dem Rathaussteg – und der St. Karliquai von der Spreuerbrücke (Nr. 32) hinunter zum Nölliturm (Nr. 63) im Jahr 1901.

Die bebaute Stadtfläche betrug seit dem Spätmittelalter, als die Stadt rund 4000 Einwohner zählte, gut 25 Hektaren. Erst im 19. Jahrhundert, als Luzern rasch wuchs, vergrösserte sich diese Fläche auf heute rund 950 Hektaren. Von etwa 1400 bis 1850, als der äussere Befestigungsring den Lebensraum der Stadt umriss, betrug die Distanz von einem Ende der Stadt zum andern, etwa vom Kloster im Hof zum Kriensertor, rund einen Kilometer; Luzern war also in einer Viertelstunde gemütlich zu durchqueren. Rund 600 Meter der Strecke konnte man bei Regenwetter erst noch trockenen Fusses auf den gedeckten Holzbrücken zurücklegen. Heute ist dieser Durchmesser auf das 5- bis 6-fache gestiegen.

Was die Bodennutzung betrifft, so entfallen von der gesamten Stadtfläche von 1578 Hektaren rund 26 Prozent auf Wald, 12 Prozent auf Landwirtschaftsflächen, 36 Prozent auf Siedlungs- und Industrieareale, 17 Prozent auf Verkehrsflächen und 8 Prozent auf Erholungs- und Grünanlagen. Eine territoriale Eigentümlichkeit ist, dass rund 150 Hektaren des städtischen Areals auf der anderen Seeseite am Nordabhang des Bürgenstocks liegen. Diese Luzerner Exklave ist praktisch nur auf dem Seeweg zu erreichen.

Das berüchtigte Luzerner Klima

Man spottet gern, Luzern sei mit seinen häufigen Niederschlägen das Regenloch der Schweiz. Ein Kenner des Landes bemerkte aber einmal klug, in Zürich oder Bern sehe man bei Regen oder Sonnenschein etwa gleich viel, während man Luzern mit seinen prächtigen Ausblicken bei schönem Wetter erleben müsse, sonst kenne man es nicht. Die Statistik zeigt jedenfalls, dass Luzern, was Niederschlagsmenge oder Durchschnittstemperaturen angeht, nicht schlechter dasteht als andere Schweizer Städte. Nur die Sonne – das stimmt – scheint hier etwas weniger als andernorts, woraus kluge Reisende folgern, dass hier eben etwas mehr Geduld nötig ist, wenn man die Stadt richtig sehen will.

Die wärmsten Monate 1998 waren Juni, Juli und August, mit mittleren Temperaturen von 18 bis 19 °C und an fast jedem zweiten Tag einem Tagesmaximum von 25 °C. Die meisten Sonnenstunden gab es im Mai, Juni und August und am wenigsten Regentage im Februar, Mai und August.

Die Bevölkerung Luzerns, die von 1800 bis 1970 von rund 4000 auf fast 70 000 gestiegen war, hat seither wieder um knapp 20 Prozent abgenommen. Die Familien sind kleiner geworden und ziehen zum Teil in die Vororte, wo grössere Wohnungen leichter zu haben sind. In 78 Prozent der Haushalte leben nur noch eine oder zwei Personen und der Anteil der über 65-Jährigen liegt in der Stadt mit rund 23 Prozent fast doppelt so hoch wie im Grossraumgürtel mit 12,5 Prozent. Der Ausländeranteil ist mit 19 Prozent international gesehen hoch, aber der tiefste aller grösseren Schweizer Städte. Er verteilt sich allerdings sehr ungleich auf die einzelnen Stadtviertel: An der Basel- und der Bernstrasse beträgt er 57, im Gebiet Langensand/Matthof nur etwas über 7 Prozent.

Beschäftigung finden weitaus die meisten Luzernerinnen und Luzerner im Dienstleistungssektor, auf den heute knapp 85 Prozent der Vollzeitstellen entfallen. Im zweiten Sektor (Industrie) sind heute nur noch 15,7 Prozent der Vollzeitbeschäftigten tätig, gegenüber 47 Prozent im Jahr 1955. Die Zahl der Arbeitsplätze ist während der Rezession um etwas mehr als 8 Prozent auf rund 51 700 zurückgegangen. Etwa 57 Prozent der Stellen sind von Zupendlern besetzt; das heisst, jeden Morgen strömen rund 28 000 Erwerbstätige – also halb so viele Menschen, wie in der Stadt insgesamt wohnen – zur Arbeit nach Luzern, während andererseits rund 10 000 Personen die Stadt verlassen, um auswärts zur Arbeit zu gehen. Fast die Hälfte (47%) der Arbeitsplätze befindet sich in der eigentlichen Innenstadt auf der Klein- und Grossstadtseite; dort gibt es etwa fünfmal mehr Arbeitsplätze als Einwohner.

Der Tourismus weist nach Einbrüchen zwischen 1986 und 1991 seit einigen Jahren wieder steigende Tendenz auf. 1999 kamen 508 000 Gäste

Kinder fernöstlicher Touristen vor den funkelnden Auslagen der Firma Bucherer am Schwanenplatz.

Luzern statistisch

1. Bevölkerungsentwicklung und Altersgruppen

Jahr	Einwohner	0–19 Jahre	20–64 Jahre	über 65 Jahre
1798	4314			
1860	11522	29,4	65,8	4,8
1900	29255	33,9	61,4	4,7
1950	60526	26,7	63,2	10,1
1970	69879	26,2	59,5	14,3
1980	63278	20,6	59,6	19,8
1990	61034	15,4	63,3	21,3
1998	56984	16,3	61,1	22,6

2. Ausländische Wohnbevölkerung (Anteil in %)

1860	5,1	1970	13,0		
1910	17,9	1990	17,2		
1950	6,1	1996	19,8	1998	19,0

3. Konfessionen

	röm.-kath.	prot.	jüd.	moham.
1860	94,2	5,7		
1910	78,6	19,1	1,1	
1950	72,3	24,0	0,8	
1990	68,8	17,8	0,5	1,6

Quelle: Statistisches Jahrbuch der Stadt Luzern 2000

nach Luzern, von denen 77 Prozent aus dem Ausland stammten. Sie buchten 926000 Übernachtungen, womit der Rekord von 1045000 aus dem Jahr 1984 wieder näher gerückt, wenn auch noch nicht ganz erreicht ist. Die Gäste hielten sich damals auch etwas länger in Luzern auf als heute, nämlich rund zwei Tage, während es 1999 noch 1,82 Tage waren – eigentlich zu wenig für eine Stadt, in der es so viel zu sehen gibt! Unter den ausländischen Gästen nehmen nach wie vor jene aus den USA den Spitzenplatz ein (30%) vor jenen aus Deutschland (12%), England (9%) und Japan (knapp 6%).

Luzern erleben

Einer Stadt auf der Spur

Eine Stadt lässt sich auf vielerlei Art erleben. Einige möchten sie erkunden und sorgfältig ihren Geschichten und Schätzen nachspüren, wie wir das mit den nachfolgenden Rundgängen empfehlen. Andere lassen sich lieber treiben und werden dabei in Luzern ganz bestimmt auch auf ihre Rechnung kommen; da die Sehenswürdigkeiten gut beschriftet sind, gelangt – wer des Deutschen mächtig ist – ohne Mühe zu wichtigen Informationen. Man kann es aber auch umgekehrt anpacken und ganz einfach von einem der Cafés aus das Leben an sich vorüberziehen lassen. Und hat man einmal Lust, dem eiligen Treiben zu entfliehen, sucht man sich die stillen Winkel aus, die auch in dieser Stadt nicht fehlen, zum Beispiel die Münzgasse (Nr. 30) mit dem zauberhaften Blick auf die vor dem Torbogen vorüberziehende Reuss oder, auf der anderen Flussseite, die malerische Häusergruppe im Zöpfli (Nr. 28) oder an der Rössligasse den Süesswinkel (Nr. 17), der zu seinem Spottnamen kam, weil früher hier der Mist aus den umliegenden Ställen lagerte. Etwas aber sollte niemand verpassen: die Stadt auch von oben zu sehen. Das verschafft Übersicht und ist in Luzern besonders reizvoll, weil der Ausblick – je nachdem, ob man von Norden oder von Süden her schaut – sehr stilvoll vom Kranz der Berge oder jenem der Museggtürme beschlossen wird.

Die vier schönsten Jahreszeiten

Das Bild Luzerns ändert sich wie die Jahreszeiten. In den Sommermonaten erscheint die Stadt mit ihren Musikfestwochen international und weltoffen. Touristenscharen schlendern durch die Gassen und Strassenmusikanten beleben die Plätze. In den Ufercafés bedienen Angestellte aus vielen Ländern Gäste aus aller Welt und an den Reussufern übt sich die Jugend «lässig cool» im süssen Nichtstun.

Fasnacht – Massenglückseligkeit auf der Rathaustreppe und auf dem Rathaussteg …

… individuelles Treiben und Tanzen auf dem Kornmarkt (Nr. 13).

In den Herbstmonaten wird es ruhiger in Luzern. Die Nebel über dem Wasser lösen sich oft erst gegen Mittag auf. Dann aber zeigen sich die fernen Berge nicht selten in einem wunderbar klaren Licht. Auf den Hügeln über der Stadt verfärben sich die Bäume und das tiefe Herbstblau des Himmels zieht viele Einheimische noch einmal hinauf in die Berge oder an die Seepromenaden. Im Winter versinkt Luzern, wie es einmal jemand umschrieb, «in biedermeierlich kleinstädtischer Ruhe». Das Leben zieht sich zurück in die Behaglichkeit vertrauter Gemeinschaften. In der früh dunkelnden Nacht streift man den Lichtern der Schaufenster nach; im Advent schaukeln die Sterne und weihnächtlichen Lichterketten über Gassen und Brücken. Diesem winterlichen Schlaf der Stadt bereitet dann

Luzern von oben: vier Aussichtspunkte

Schlosshotel Gütsch (Nr. 95)

Die Stadt präsentiert sich wie auf einem alten Stich. Der Blick streift über die Seebucht und die Reuss mit ihren vielen Brücken. Aus dem Häusergewirr ragen die Türme der Jesuitenkirche, des Rathauses und der Hofkirche heraus.

Zugang: Mit der 1884 erbauten Standseilbahn von der Haltestelle an der Baselstrasse oder in etwa 15 Minuten über den schönen Fussweg ein paar Schritte stadtenwärts.

Männliturm (Nr. 64)

Man steht direkt über der Altstadt. Die Reuss zieht glitzernd durch die Öffnung im Wehr, vorbei am neuen Kraftwerk und unter der Spreuerbrücke hindurch. Zu Füssen liegt der mächtige Kubus des einstigen Korn- und Salzmagazins.

Zugang: Geöffnet 8–19 Uhr, nur im Sommer. Achtung: 125 Stufen!

Kultur- und Kongresszentrum (Nr. 39)

Während unten die Schiffe ein- und ausfahren, erhält man von der Terrasse unter dem weit vorkragenden Dach einen Bildausschnitt wie auf einer Postkarte. Die Stadtgeschichte lässt sich gut ablesen, vom ältesten Kern bei der Hofkirche über die Museggmauer bis hinüber zu den Grandhotels.

Zugang: In der Regel nur mit Eintrittskarte zu Anlässen im KKL oder vom Restaurant des Kunstmuseums aus.

Villa Dreilinden (Nr. 106)

Die Stadt liegt verdeckt hinter Bäumen. Aber vom Park öffnet sich einer der weitesten Blicke über den See in die Berge. Hinter sich hat man den schönen Dreilindenpark mit dem um 1895 als englisches Landhaus erbauten heutigen Konservatorium.

Zugang: Mit Bus 14 ab Bahnhof, Haltestelle Konservatorium.

Über den Häusern Luzerns erscheint der Pilatus oft «... so nahe und so perpendikular, dass man glauben möchte, er werde einmal über die Häuser herabstürzen» (Karl Gottlieb Küttner 1778). Stich um 1840.

die Fasnacht, dieser anarchisch-orgiastische Frühlingsausbruch, mit Getöse ein Ende. Und wenn der laue Föhn im März den Schnee von den Bergen holt und das Grün langsam wieder die Voralpen hinanklettert, dann weiss man: Bald werden in den Luzerner Gasthäusern wieder die Tische und Stühle auf die Quais und Plätze hinausgestellt – und die ersten wärmehungrigen Gäste sich der Sonne entgegenrecken.

Markttage – die wöchentliche Versuchung

Zweimal in der Woche – am Dienstag- und am Samstagmorgen – wird die Stadt von lebhaftem Markttreiben erfüllt. An der Reuss von der Egg bis zur Seebrücke und auf der Kleinstadtseite von der Kapellbrücke bis zur Jesuitenkirche werden Gemüse und Obst, Früchte und Blumen, Honig und Eingemachtes, Eier, Käse und Brot und Unter der Egg auch Fische angeboten. Über den Markt zu schlendern, bereitet doppelten Spass. Die frische Pracht des Angebotenen ist eine wahre Augenweide; dazu kommt das Vergnügen, Bekannte zu treffen, mit denen man ein paar Worte wechselt, und den Fremden mit ihren Sprachen aus aller Welt zuzuhören.

Manche Anbieter sind wie von alters her Bauern und Bäuerinnen aus dem Luzernischen, nicht zuletzt von Weggis und Vitznau, der Luzerner Sonnenstube am See. Der Dienstagsmarkt wird seit 750 Jahren abgehalten! Der älteste Marktbereich erstreckte sich von der Reussbrücke über die Kramgasse Richtung Weinmarkt, den damaligen Fischmarkt. Auf diesem Platz stand bis 1481 auch die so genannte Schaal, ein gedeckter täglicher Markt, wo unter obrigkeitlicher Aufsicht die Metzger, Bäcker, Gerber und Schuhmacher ihre Produkte anboten. Hauptsächliche Produkte auf dem Luzerner Markt waren Wein, Getreide, Hülsenfrüchte, Salz, Fisch sowie Vieh von Schafen über Schweine bis zu Pferden und Rindern. Der Lebensmittelmarkt mit Butter, Eiern, Obst, Nüssen, Gemüse und andern bäuerlichen Produkten aber fand seit je und bis heute unter der Egg statt. Neben diesen Tages- und Wochenmärkten gab es seit der Frühzeit Luzerns auch die grossen Messen, von denen die zweiwöchige Leodegarsmesse Anfang Oktober vor allem als Buden- und Jahrmarktsbetrieb auf dem Inseli (Nr. 98) bis heute weiterlebt. Schliesslich ziehen auch die Spezialmärkte immer viel Publikum an, so in den Sommermonaten jeweils am Samstag der Flohmarkt auf der Kleinstadtseite unterhalb der Reussbrücke oder, vor allem an den Samstagen im Advent, der idyllische Handwerksmarkt auf dem Weinmarkt.

Marktvergnügen an der Reuss: Schlendern, schauen und sich plaudernd mit Köstlichkeiten eindecken.

Die jahrhundertelange Prägung Luzerns durch die katholische Kirche zeigt sich bis heute auch in einigen öffentlichen Bräuchen. Im Advent am Anfang des Kirchenjahres feiert man in der Hofkirche St. Nikolaus jeweils mit einem würdevollen Auszug des Heiligen samt Gefolge, darunter auch die schwarzen «Schmutzlis». Am ersten Adventssonntag zieht von der Pfistergasse her ebenfalls ein weithin hörbarer Klausumzug in die Stadt. Er umfasst unter anderem glockenschwingende «Treichler», peitschenknallende «Geisslechlöpfer» und die «Niffeleträger» von Küssnacht, die auf dem Kopf ihre grossen, reich verzierten Laternen tragen. Am vierten Adventssonntag kann man auf den Plätzen der Altstadt auch den Luzerner Spielleuten beim Adventssingen begegnen, zu deren Zug die Heilige Familie, die Hirten mit ihren Tieren sowie die Drei Könige gehören. In der Silvesternacht klingt das alte Jahr mit Musik von den Türmen der Hofkirche aus. In den Tagen um Dreikönige sind da und dort kleine

Die Sternsinger in der Vorweihnachtszeit auf dem Kornmarkt (Nr. 13).

Gruppen von Sternsingern unterwegs, die auf die Türbalken der besuchten Häuser mit Kreide neben die Jahreszahl ihr CMB hinschreiben, das heisst Caspar, Melchior, Balthasar, aber auch *casa mea benedicta* (das Haus sei gesegnet). In der Karwoche schweigen in den katholischen Kirchen vom Donnerstag bis zur Osterfeier in der Samstagnacht die Glocken; statt Geläut hört man da und dort das Knarren der hölzernen «Raffelen» oder «Rätschen». Auffahrt (Christi Himmelfahrt) ist vor allem ein Fest des ländlichen Luzern. In sechs Gemeinden, darunter Sempach, Beromünster und Ettiswil, gibt es Umritte, bei denen die Gläubigen mit dem Priester in einer Segensprozession hoch zu Ross durch Feld und Flur reiten. An Fronleichnam drei Wochen später findet in der Stadt die traditionelle Prozession alternierend von der Franziskaner- zur Hofkirche oder umgekehrt statt. Auf der Reussbrücke erteilt der Priester den Segen in alle vier Winde, während vom Gütsch her die Salven der Bruderschaft der Herrgottskanoniere über die Stadt donnern. Am Bettag im September finden seit 1991 auf mehreren öffentlichen Plätzen ökumenische Gottesdienste statt.

Rüüdig turbulent – Fasnacht in Luzern

Wer erleben will, wie gegen Winterende urtümliche Gefühle die Menschen überkommen, muss in die Luzerner Fasnacht eintauchen. Sie ist ein stürmisch-anarchischer Ausbruch von Lebenslust und in ihrer Spontaneität nicht zu vergleichen mit der Basler Fasnacht, die sich in ihrem strengen Ablauf daneben ausnimmt wie eine preussische Drillübung. Wenn auch seit fünfzig Jahren die «Guggenmusigen» (fasnächtlich verkleidete Musikgruppen) überhand genommen haben – am Monsterkorso der Fasnacht 2000 waren es fast hundert –, so haben sie doch die individuellen Masken nicht verdrängt. Im Gegenteil: Wenn sie durch die Gassen schränzen und ihre kakofonischen Wellen von den alten Mauern zurückbranden, bildet das recht eigentlich den Takt, zu dem buchstäblich die halbe Stadt tanzt, singt und hüpft. Es wäre auch falsch zu sagen, man gehe an die Fasnacht: Man taucht vielmehr in sie ein und wird vom Strom einfach mitgezogen. Früher oder später landet man dann dort, wo das eigentliche Herz der Fasnacht schlägt: bei der Eggstiege am Rathaus und den Arkaden Unter der Egg. Es gibt in Luzern Leute, die während der Fasnacht tagelang selig dahintreiben in einer chaotischen Woge von Lärm, grotesken Gestalten und Kaffee-Schnaps-Düften. Die wohl poesievollsten

Bilder dieser Tage sind die kleinen Gruppen und Einzelnen, die traumverloren umherziehen und deren fantastische Gewänder, bizarre Masken und mächtige «Grinde» (Masken, die den ganzen Kopf bedecken) sich im Wasser der Reuss widerspiegeln. Die grossen Umzüge hingegen, die am «Schmutzigen Donnerstag» (Donnerstag vor dem Rosenmontag) und am «Güüdis-Montag» (Rosenmontag) stattfinden, sind etwas konventionell:

Wer ist Bruder Fritschi?

Er ist der Held des «Schmutzigen Donnerstags». Seine Ankunft gibt das Signal zum Fasnachtsbeginn. Am Nachmittag bildet der Fritschiwagen, auf dem er sich mit der Fritschene – beide markiert von stämmigen Safranzünftlern – befindet, den Höhepunkt des langen Korsos. Ihr Wagen umrundet dreimal den Fritschibrunnen auf dem Kapellplatz. Die Safranzunft, deren Emblem er sozusagen ist, heisst auch Fritschizunft und ihr Zunftmeister Fritschivater.

Wer Bruder Fritschi aber eigentlich ist, weiss niemand. Seit er um 1450 in Luzern auftauchte, hat er vielerlei Gestalt angenommen. Im 15. und 16. Jahrhundert wurde er als Greisenpuppe aus Stroh abgebildet, die gelegentlich in andere eidgenössische Orte entführt wurde und dann jedes Mal unter tagelangen Festlichkeiten wieder zurückgeholt werden musste. Er war also eine Art freundeidgenössische Maskotte. Nicht selten wurde er aber auch als Luzerns ältester Bürger bezeichnet, der durch seinen unverwüstlichen Hang zum schönen Geschlecht und durch seine Potenz auffiel; das verweist eher auf einen Frühlingskult. Stadtschreiber Cysat wiederum glaubte, Fritschi sei ein um 1480 verstorbener wackerer Bauer und Kriegsmann gewesen, der der Safranzunft testamentarisch etwas Geld vermachte mit der Auflage, dem armen Volk während der Fasnacht Wein auszuschenken – was die Zunft übrigens bis heute tut –, aber gleichzeitig an diesem Tag auch Harnisch und Wehr zu überprüfen. Fritschi wäre also ein pädagogischer Patriot gewesen, der Unterhaltung und militärische Übung geschickt zu verbinden wusste.

Was auch immer solche und andere Geschichten besagen mögen: Für Luzern ist Bruder Fritschi heute wohl vor allem ein Sinnbild unverwüstlicher Lebenslust.

Die Sujets der vielen Wagen werden zwar kunstvoll und mit viel Aufwand gestaltet, aber Witz und Skurrilität finden sich eher im Individuellen.

Die Luzerner Fasnacht beginnt am «Schmutzigen Donnerstag» in aller Frühe. Ein paar Minuten vor fünf Uhr taucht am Schweizerhofquai aus dem Dunkel der Nacht der Nauen mit dem Bruder Fritschi und den Honoratioren der Zunft zu Safran auf, der dieser Tag seit undenklichen Zeiten gehört. Der Zug bewegt sich zum Kapellplatz, wo schon Tausende in der kalten Nacht auf ihn warten. Punkt fünf Uhr ertönt dann der gewaltige Urknall und wie unter dem Eis hervor brechen schlagartig Ausgelassenheit und Begeisterung los, die sich erst in der Morgenfrühe des Aschermittwochs wieder legen. Der Montag – der hier «Güüdis-Montag» heisst – gehört der Weyzunft, einer 1925 gegründeten Fasnachts-Gesellschaft. Am Abend des «Güüdis-Dienstags» lockt der Monsterkorso der «Guggenmusigen» dann noch einmal Zehntausende in die Stadt, wo das normale Leben für fast eine Woche aussetzte und wo nun die kollektive Depression ausbrechen würde – gäbe es nicht die Gewissheit, dass in einem Jahr wieder Fasnacht ist.

Musikstadt Luzern

Wenn es ein Ereignis gibt, das den Namen der Stadt Jahr für Jahr in die Welt hinausträgt, dann sind es die Internationalen Musikfestwochen (IMF), die neu *Lucerne Festival* heissen. Zusammen mit anderen grossen Festspielorten gehört Luzern zu den bekanntesten europäischen Festivalstädten. Im Rahmen der ersten Festwochen im Juli und August 1938 leiteten Dirigenten wie Ernest Ansermet, Fritz Busch und Bruno Walter etwa ein halbes Dutzend Konzerte. Am meisten Aufsehen erregte Arturo Toscanini, als er vor dem Landhaus Tribschen in einem «Concert de Gala» unter anderem Richard Wagners «Siegfried-Idyll» zur Aufführung brachte, das dort ein Menschenalter zuvor entstanden war. Nach dem Krieg wurde es dann möglich, neben dem 1943 gegründeten schweizerischen Festspielorchester vermehrt auch erstklassige ausländische Orchester zu verpflichten. 1957 traten erstmals die Wiener und 1958 die Berliner Philharmoniker auf, die mit Dirigenten wie Wilhelm Furtwängler, Karl Böhm und Herbert von Karajan viel zum wachsenden Prestige der IMF beitrugen. Die Festivalszene war damals noch recht idyllisch. Viele bedeutende Musiker hielten sich im Sommer längere Zeit in Luzern auf, gaben hier – wie die Komponisten Arthur Honegger und Paul Hindemith – Meisterkurse oder nahmen am Vierwaldstättersee sogar Wohnsitz wie Sergej Rachmaninow und Raffael Kubelik oder später Vladimir Ashkenazy und James Galway. Als im internationalen Konzertbetrieb die Hektik zunahm und die Festivalprogramme mehr und mehr austauschbar wurden, verstand es Luzern, ein eigenes Profil zu gewinnen. So stehen die Festwochen seit 1970 unter einem Leitthema. Ausserdem wurde dem zeitgenössischen Musikschaffen mehr Raum gewährt, wobei die 1956 gegründeten Festival Strings Luzern unter Rudolf Baumgartner den Anfang machten. Die IMF vergaben auch zahlreiche Kompositionsaufträge; seit einigen Jahren laden sie jeweils «composers in residence» und neuerdings auch eine Interpretenpersönlichkeit («artiste étoile») zu den Festwochen ein. Der Zyklus «debut.Lucerne» gilt der Förderung junger Interpretinnen und Interpreten.

Zum *Lucerne Festival – Sommer* im August und September mit heute rund achtzig Anlässen und über 80 000 Besucherinnen und Besuchern sind seit 1988 in Anknüpfung an eine alte Tradition mit *Lucerne Festival – Ostern* die Osterfestspiele getreten, in deren Programme vermehrt geist-

Konzert in der «Salle Blanche» des Kultur- und Kongresszentrums (Nr. 39). Der grosse Saal mit seinen 1840 Plätzen ist ein Gemeinschaftswerk des Architekten Jean Nouvel und des Akustikers Russell Johnson. Selbst auf den oberen Rängen ist das Hörvergnügen makellos.

liche Musik Eingang findet. Seit drei Jahren wird im November sodann das *Lucerne Festival – Piano* mit mehreren Rezitals durchgeführt. Grossartig ist, dass seit der Eröffnung des neuen Kultur- und Kongresszentrums 1998 mit der «Salle Blanche» für alle diese Anlässe ein Konzertsaal zur Verfügung steht, der akustisch zu den besten der Welt zählt. Mit ihm haben die Luzerner Musikfestwochen zweifellos den ihnen gemässen Aufführungsort gefunden.

Luzern international

Zu bedeutenden kulturellen Anlässen mit internationalem Flair haben sich in den letzten zehn Jahren in Luzern die folgenden entwickelt: das Comix-Festival Fumetto, jeweils im April, das seit 1992 zu einem der wichtigsten europäischen Stelldicheins der Comic-Welt wurde; das Blue Balls Festival (seit 1993), das Luzern jeweils Ende Juli während mehr als einer Woche in eine Jazz- und Rock-Stadt verwandelt; das World Band Festival mit mehrtägigen Darbietungen bester internationaler Brass Bands; die «Gwand» jeweils im Oktober, an der einem nationalen und internationalen Publikum junge Schweizer Mode präsentiert wird. Näheres dazu Seite 194ff.

Im Bereich Sport hat sich Luzern international vor allem im Pferde- und Rudersport sowie in der Leichtathletik einen Namen geschaffen:

Seit 1899 finden auf der Allmend im September internationale Galopp- und Trabrennen statt. Dazu kam 1909, in der Regel im Juni, der Internationale Concours Hippique (Springreiten), zuerst auf der Hausermatte am See und seit 1980 ebenfalls auf der Allmend. So wurde Luzern mit seinen idyllischen Anlagen zu einem Pferdesportzentrum von Weltruf. Die Springkonkurrenz wird künftig alternierend mit dem CSIO in St. Gallen durchgeführt, und zwar jeweils in den geraden Jahren in Luzern.

Ruderregatten auf dem Vierwaldstättersee mit Start bei der Seeburg und Ziel vor dem Hotel Palace gab es von 1899 an. Seit 1935 werden sie aber auf dem idyllischen Rotsee direkt vor den Toren der Stadt ausgetragen, wo sich jeweils die Ruderelite der ganzen Welt misst. Der windgeschützte Rotsee ist mit seiner Länge von 2,5 Kilometern für Wettkämpfe so geeignet, dass er in der Ruderszene als «Göttersee» bekannt ist. An den Wettkämpfen 2000 nahmen 850 Athletinnen und Athleten aus 46 Nationen teil. Wiederholt wurden hier auch die Ruderweltmeisterschaften ausgetragen, zum letzten Mal im Jahr 2001.

Seit 1987 gehört «Spitzen Leichtathletik Luzern» zu den drei führenden internationalen Meetings in der Schweiz. 2001 beteiligten sich daran über 300 Athletinnen und Athleten aus dreissig Ländern.

Zu einem Sportanlass besonderer Art hat sich seit 1978 der Luzerner Stadtlauf entwickelt, bei dem jeweils Ende April rund 7000 Läuferinnen und Läufer durch die Altstadtgassen dem Ziel auf dem Kapellplatz zustreben. Fast die Hälfte startet in der Kategorie Familien, andere in Kategorien für Schulklassen, Firmen, Vereinen usw., doch beteiligt sich auch die Weltelite.

Wie aufgrund der Geschichte fast nicht anders zu erwarten, weist die Luzerner Küche kräftige rustikale Züge auf, das heisst, Käse, Milch und Rahm (Sahne) sowie Obst und die daraus gebrannten Wasser spielen eine nicht geringe Rolle. Andererseits zeigen sich auch fremde, vor allem südliche Einflüsse; so sind für Festtagsspeisen wie die *Chügelipastete* (siehe Kasten) oder die bekannten *Luzerner Lebkuchen* raffinierte Zutaten und Gewürzmischungen erforderlich. Kommt dazu, dass man in Luzern kräftige Aromen gern mit einem Schuss Süssem mildert, was der Küche einen geradezu modernen Anstrich gibt.

Schnitz und Härdöpfel sind beispielsweise gekochte und klein geschnittene Birnen und Kartoffeln an einer Zucker-Mehl-Sauce, die mit geräucherten Rippchen und Speck sowie Zungenwurst gegessen werden – eine nahrhafte Herbstspeise, die in der Zentralschweiz überall verbreitet ist. Das Gleiche gilt für die *Älplermagronen,* bei denen geschälte und in Stücke geschnittene Kartoffeln mit Makkaroni weich gekocht und dann mit Sahne, Käse und gedünsteten Zwiebeln vermischt werden; dazu wird

Die Luzerner Chügelipastete

Schon die äussere Form verrät, dass die *Chügelipastete* eine Festtagsspeise ist. Das beinahe runde «Gehäuse» aus Blätterteig ist reich verziert und erinnert in Form und Grösse an eine Frauenhaube aus früheren Zeiten. Diese Form erhält man, indem der Teig um einen in Papier eingeschlagenen Ballen Papierstroh modelliert wird, der mitgebacken und erst nach dem Herausschneiden eines «Deckels» wieder entfernt wird. Die Füllung besteht meist aus Kalbfleisch, «Brätkügeli» (kleine Fleischklösschen) und Champignons an brauner Sauce, bei der Weisswein nicht fehlen darf, sowie Weinbeeren (Rosinen mit Kernen), die nach einem alten Rezept einen Tag in Cognac eingelegt werden. Sie erst geben dem Gericht den raffinierten Geschmack, der an die französische Küche erinnert und darauf hinweist, dass diese Festtagsspeise wohl durch Offiziere in französischen Diensten nach Luzern gekommen ist.

In den Luzerner Altstadtlokalen, wie hier dem Restaurant Schiff, lässt es sich wohl sein.

Apfelmus gereicht. Für dieses Gericht braucht man nur eine einzige Pfanne; schliesslich hing ja in den Alphütten über dem offenen Feuer auch meist nur ein Kessel. Eine deftige Winterspeise ist auch die *Luzerner Chässuppe,* für die fein geschnittene Brot- und Käsestreifen mit Milch oder Bouillon angerührt werden; auch zu diesem Gericht isst man Apfelmus oder aber Apfelstückli (Kompott). Zu den Zutaten für die *Luzerner Lebkuchen* gehören Birnenhonig (Birnendicksaft), Zimt und Anis, Muskat- und Nelkenpulver sowie ein ordentlicher Schuss *Träsch* (Schnaps aus Birnen und Äpfeln). Der noch ofenwarme Lebkuchen wird mit Birnenhonig bestrichen und meist mit süsser Schlagsahne serviert. In die Füllung der *Birnenweggen* gehören gedörrte Birnen und Zwetschgen sowie Feigen, Baumnüsse, Rosinen – und selbstverständlich wieder der unvermeidliche *Kirsch* oder *Träsch.*

Was die Getränke betrifft, so sind die Luzerner *Weine* durchaus nicht zu verachten. An den milden Ufern der Seen gedeihen ein feiner Blauburgunder und ein spritziger Riesling x Sylvaner. Aber das Luzerner Nationalgetränk ist nicht Wein, sondern der – in Luzern heisst es: das – *Kaffee Träsch* oder eben *Kafi Luz*, was nichts anderes ist als die Abkürzung für Luzerner Kaffee. Er ist so ziemlich das Gegenteil eines Espresso und wird auch nicht aus der Tasse, sondern aus dem Glas getrunken. Genau genommen haben wir es weniger mit Kaffee, als mit heissem Schnaps mit leichtem Kaffeegeschmack zu tun. Sprichwörtlich heisst es, man müsse Kaffee ins Glas giessen, bis man den Löffel darin nicht mehr sehe und dann mit *Träsch* nachfüllen, bis er wieder sichtbar werde. Jedenfalls ist dieses Nationalgetränk für Luzern so typisch wie das Bier für Bayern oder der Tee für England. Noch angenehmer als sein Geschmack ist die wohlige Wärme, die es verbreitet.

Spuren der Geschichte

Frühzeit und Stadtwerdung (um 750–1386)

Als politisches Gemeinwesen entsteht Luzern vom 12. bis 14. Jahrhundert in der Auseinandersetzung zwischen zwei Zentren: dem Kloster St. Leodegar im Hof mit seinem geschlossenen Herrschaftsgebiet am unteren See-Ende sowie an der Reuss, und der städtischen Siedlung nördlich und südlich der Reussbrücke mit ihrem Markt. Beide Seiten erleben in gewissem Sinn um 1300 einen Aufschwung: die Stadt, weil sie zum zentralen Markt zwischen den Alpentälern und dem Mittelland wird und zudem als Schlüsselstelle im wachsenden Gotthardverkehr an Bedeutung gewinnt. Auf der anderen Seite wird mit dem Übergang der klösterlichen Rechte an Habsburg 1291 absehbar, dass Luzern und sein Vorland Teil eines wachsenden Territorialstaats eben dieser Habsburger werden könnte, die nach dem Aussterben der Lenzburger, Kyburger und Staufer als einziges mächtiges Adelsgeschlecht im Alpenvorland übrig geblieben sind.

Gegen diese zunehmende Einbindung in die habsburgische Landesherrschaft sucht Luzern Zuflucht bei den Länderorten weiter oben am See. Mit ihnen verbindet die Stadt das Streben nach lokaler Selbständigeit gegenüber vereinheitlichenden Kräften, wie sie Habsburg vertritt. Der «Ewige Bund» vom 7. November 1332 zwischen Luzern und den drei reichsfreien Waldstätten Uri, Schwyz und Unterwalden stellt wohl die originellste politische Tat in der 800-jährigen Luzerner Geschichte dar, denn eine dauerhafte politische Verbindung zwischen einer Stadt und einem Bauernbund gab es sonst nirgends in Europa. Luzern wirkt denn auch bahnbrechend. Schon zwanzig Jahre später schliessen sich mit Zürich, Zug und Bern weitere Städte diesem Bündnis an, das zum Kern eines neuen Staatsgebildes wird – der Schweizerischen Eidgenossenschaft. Für Luzern selbst aber bestand eine schicksalshafte Folge dieses Bündnisses darin, dass es nun gleichsam mit dem Rücken zum Mittelland stand, von wo im 18. und 19. Jahrhundert die modernen wirtschaftlichen und politischen Strömungen kamen.

Historische Zeitzeugen – links die alten Gasthäuser, rechts die Kapellbrücke (Nr. 22) und im Hintergrund die Hofkirche (Nr. 52) …

... die Jesuitenkirche (Nr. 1), Patrizierhäuser und die älteste Reussbrücke (Nr. 27).

Überblick

Um 750: Entstehung des Benediktinerklosters St. Leodegar im Hof (Nr. 52), das Mitte des 9. Jhs. unter die Herrschaft der elsässischen Abtei Murbach gelangt.

1168: Erwähnung der Reussbrücke (Nr. 27).

1178: Mit der Stelle eines Leutpriesters an der St. Peterskapelle (Nr. 11) verlagert sich die Seelsorge vom Kloster in die Stadt.

1210: Erste Erwähnung der luzernischen Bevölkerung als «burgenses» (Bürger).

1240: Die Franziskaner errichten ihr Kloster (Nr. 4) am Südrand der Kleinstadt; es wird Gegenpol zum stadtherrlichen Kloster im Hof.

1230–80: Gross- und Kleinstadt erhalten ihren ersten Befestigungsring.

1252: Im «Geschworenen Brief» sind als Organe der Stadt die Bürgerschaft, die Schultheissen, der Rat der 36 und der Grosse Rat erkennbar. Seit 1241 führt die Stadt ihr eigenes Siegel.

1291: Das Kloster Murbach verkauft alle seine Rechte über Kloster und Stadt Luzern an König Rudolf von Habsburg.

Um 1300: Erstes Rathaus am Fischmarkt.

1332: Luzern schliesst ein ewiges Bündnis mit den drei Länderorten Uri, Schwyz und Unterwalden.

1333: Gescheiterter Aufstandsversuch der habsburgisch Gesinnten, so genannte Mordnacht.

Von der Stadt zum Stadtstaat (1386– um 1520)

Mit dem Sieg 1386 in der Schlacht bei Sempach über das Reiterheer Herzog Leopolds von Österreich beginnt – wenn man so will – die heroische Phase Luzerns. Dieser Sieg bedeutet das Ende der habsburgischen Staatsbemühungen im Raum der Schweiz; gleichzeitig zeigt die Niederlage des Reiterheers gegen die leicht bewaffnete Bürger- und Bauerninfanterie, dass die Zeit des Rittertums vorüber ist. Für Luzern aber beginnt eine Zeitspanne unglaublich rascher Expansion. In nur etwa drei Jahrzehnten wird durch Eroberung, Kauf oder Verburgrechtung das Herrschaftsgebiet erworben, das im Grossen und Ganzen dem heutigen Kanton entspricht. Diese Expansion kann allerdings nur auf relativ schmaler Front nach Norden erfolgen; im Süden verhindern sie die verbündeten Waldstätte und im Westen wie auch im Norden grenzt das aufstrebende Bern Luzerns Wachstum ein. Dennoch ist der Wandel erstaunlich: Wo noch 1350 ein habsburgisches Fürstentum zu entstehen schien, breitet sich nun die Stadtrepublik Luzern aus, die 1415 von Kaiser Sigismund die Reichsfreiheit erhält und ein kräftiges Glied des seit 1353 acht Stadt- und Länderorte umfassenden eidgenössischen Bundes bildet. Mit diesen

nimmt Luzern an manchen Eroberungszügen teil und erwirbt sich die Mitsprache und Nutzniessung an den eidgenössischen Vogteien im Aargau und Thurgau, im Rheintal und im Tessin. Gleichzeitig baut die Stadt ihre eigene Landeshoheit aus, unterwirft ländliche Gebiete (die so genannte «Landschaft») ihrem Recht, erhebt Steuern und setzt beamtete Vögte ein. Dass diese ihre Ämter von der Hauptstadt aus und nicht vor Ort verwalten, gibt der Luzerner Herrschaft von Anfang an einen zentralistischen Zug. Hier liegt der Keim für manchen späteren Konflikt, da es der Landschaft – namentlich dem Entlebuch – nicht an Selbstbewusstsein mangelt.

Die Expansion ist umso erstaunlicher, als sie in eine Zeit schwerer demografischer und wirtschaftlicher Krisen fällt. Die Pest um 1350 und später die zahlreichen Kriege bewirken, dass die Stadtbevölkerung um rund 40 Prozent zurückgeht. Auch die Landschaft ist von schweren Krisen betroffen, erholt sich davon aber schneller. Erst um 1570 dürfte es in Stadt und Land wieder etwa gleich viele Luzernerinnen und Luzerner gegeben haben wie um 1300, nämlich rund 30 000.

Überblick

1386: Sieg Luzerns über Habsburg in der Schlacht bei Sempach.

1380–1415: Erwerb des Herrschaftsgebiets, u.a. der «Ämter» Entlebuch, Willisau, Wolhusen und Rothenburg, der Landstädte Sempach und Sursee, des Stifts Beromünster und des Michelsamtes.

1392: Erste Einsetzung von Luzerner Vögten im neu erworbenen Herrschaftsgebiet.

1408: Fertigstellung des äusseren Befestigungsrings mit Museggmauer (Nr. 62), Kapell- und Spreuerbrücke (Nr. 22 und Nr. 32) usw.

1415: Luzern wird reichsfrei.

1415–1513: Beteiligung luzernischer Truppen an zahlreichen Kriegen, u.a. an den Burgunderkriegen (1474–1477) und am Schwabenkrieg (1499) sowie bei der Eroberung des Aargaus (1415), des Thurgaus (1460) und der Vogteien im Tessin (1512/13).

1416: Aufzeichnung aller Rechte Luzerns in seinem Herrschaftsgebiet.

1417: Einführung des «Bösen Pfennigs» als Weinumsatzsteuer auf dem Land.

um 1450: Bau des neuen Rathauses am Kornmarkt (Nr. 14).

1472: Bau des Zeughauses an der Reuss, etwa an der Stelle des Historischen Museums.

1474: In der «Ewigen Richtung» anerkennt Habsburg die eingetretenen territorialen Veränderungen.

1479: Im «Generalauskauf» erwirbt Luzern alle dem Kloster Murbach verbliebenen Rechte über die Stadt.

Ab 1500: Nach zahlreichen Grossbränden (1412 und 1462 Pfistergasse, 1422, 1444 und 1508 Weggisgasse) langsame, vom Rat durch mehrere Erlasse geförderte Umwandlung der Stadt aus Holz in eine Stadt aus Stein.

Die Reformation, die ab 1519 in der Schweiz zum Thema wird, hat in Luzern aus politischen und wirtschaftlichen Gründen keine Chance. Zum einen wirkt sich die starke Verbindung Luzerns zum Süden und zu den drei Urkantonen Uri, Schwyz und Unterwalden aus und zum andern gefährdet Zwinglis Ablehnung der Solddienste die Haupteinnahmequelle der führenden Luzerner Familien. Dazu kommt, dass Zwinglis Protestantismus mit

Ausschnitt aus der Luzerner Stadtansicht von Martinus Martini (1565–1610). Der ungemein lebendige Plan von 1597 misst im Original 105 x 51 cm. Der Ausschnitt zeigt in der Bildmitte die Reussbrücke (Nr. 27), im Vordergrund die Kleinstadt zwischen Pfistergasse links und Freienhof rechts und in der oberen Bildhälfte die südwestliche Altstadt und die Museggmauer (Nr. 62) mit Nölli- und Männliturm, Turm Luegisland, Heuturm und Zytturm.

seinem rationalen und asketischen Grundzug der einheimischen Bevölkerung fremd bleibt, die auch ihre Vorliebe für das Sinnenhafte und Überkommene an die alte Kirche bindet. Als die katholischen Orte 1531 in der Schlacht bei Kappel am Albis die Reformierten besiegen und in der Eidgenossenschaft eine Art Hegemonie errichten, fällt Luzern als ihrem Vorort fast automatisch eine Führungsstellung in der Eidgenossenschaft zu. Diese wird dadurch gekräftigt, dass die beiden Hauptstützen der Gegenreformation – Papsttum und Jesuitenorden – nun in Luzern präsent sind: Ersteres seit 1579 durch die Nuntiatur, die Jesuiten seit 1574 mit ihrem Kollegium, das in der Folge zur Kaderschmiede der katholischen Eidgenossenschaft wird. Aber diese Führungsstellung Luzerns und der katholischen Orte steht auf schwachen Füssen. Die Zukunft gehört reformierten Städten wie Zürich, Bern und Basel, die demografisch stärker und wirtschaftlich dynamischer sind. Als sie die Katholiken 1712 im Zweiten Villmergerkrieg besiegen, ist es mit deren und Luzerns führender Stellung in der Eidgenossenschaft für immer vorbei.

Im Innern zeigt sich seit Ende des 16. Jahrhunderts der europäische Zug zum Absolutismus in einer Aristokratisierung von Regierung und Gesellschaft, indem sich immer mehr Macht bei immer weniger Familien konzentriert. Schon im Spätmittelalter gibt es einen inneren Kern von Regierenden, der sich aber infolge der Ausfälle durch Seuchen und Kriege immer wieder erneuert. Als das Regieren indessen mehr und mehr zum Beruf wird, können sich diesen Zeit raubenden Einsatz nur noch

Überblick

Nach 1519: Luzern widersetzt sich zusammen mit den andern Orten der Zentralschweiz der Reformation.

1531: Nach dem Sieg über die Reformierten in der Schlacht bei Kappel dominieren die 7 katholischen Orte die gespaltene Eidgenossenschaft.

1574: Gründung des Jesuitenkollegiums (vgl. Nr. 2), das ab 1600 zur philosophisch-theologischen Hochschule erweitert wird.

Ab etwa 1580: Ausbildung des aristokratischen Regierungssystems mit absolutistisch-zentralistischen Zügen.

1579: Errichtung der päpstlichen Nuntiatur.

1583: Kapuzinerniederlassung auf dem Wesemlin.

1586: Goldener Bund der 7 katholischen Orte, der 1587 eine Allianz mit Spanien schliesst.

1602–06: Neues Rathaus am Kornmarkt.

1653: Bauernkrieg und Burgerhandel: gescheiterte Aufstände der Nichtprivilegierten in Land und Stadt.

1633–39: Neubau der Hofkirche (Nr. 52).

1666–77: Bau der Jesuitenkirche (Nr. 1).

1712: Sieg der reformierten Orte im 2. Villmergerkrieg. Ende der Vormachtstellung Luzerns.

Blick in den Schultheissensaal des Rathauses (Nr. 14), neu gestaltet 1785 im Stil Louis XVI. Der mächtige Ofen ist von Andreas Dolder, an den Wänden die Porträts der Schultheissen ab 1474.

Wohlhabende leisten und solche, die durch Solddienste zu einträglichen Pensionen gekommen sind. Alle zwei Jahre sind 15 Vogteistellen zu besetzen, dazu häufig Landvogtstellen im Aargau, Thurgau, Tessin usw. Kleinräte halten viermal in der Woche ihre Sitzungen ab und ungezählte Tagungen von Kommissionen kommen noch dazu. Als Kriege und Seuchen im 16. und 17. Jahrhundert seltener werden, nimmt die Bevölkerung und damit auch der Konkurrenzdruck namentlich vom Land her kräftig zu. Als Folge davon steigt aber auch die Tendenz zur Besitzstandwahrung und Abkapselung. Aufnahmen ins Bürgerrecht werden immer seltener; vom 16. zum 17. Jahrhundert gehen sie von 1805 auf 331 zurück. Es entsteht eine Schicht minderberechtigter so genannter Hintersässen, deren Anzahl bereits 1700 rund doppelt so gross ist wie jene der Bürger. Aber auch von diesen hat der grösste Teil keinen Zutritt zu den Ämtern mehr, da das regierende Patriziat die Ratsstellen in Selbstergänzung unter sich vergibt und sich alle wichtigen Ämter vorbehält. Im 18. Jahrhundert haben nur noch zwanzig Familien Zutritt zum Kleinen Rat und nur sechs – die Am Rhyn, Balthasar, Dürler, Fleckenstein, Pfyffer und Sonnenberg – stellen von 1601 bis 1798 über die Hälfte aller Schultheissen (Regierungspräsidenten). Luzern hat damit das konzentrierteste Patriziat aller Schweizer Städte.

Eine ähnliche Abschottung tritt auch in Handwerk und Gewerbe ein, wo die Zünfte alle Konkurrenz abzuwehren und die Arbeit auf ihre Kleinbetriebe aufzuteilen suchen. In der modernen Heimindustrie der Leinen- und Baumwollverarbeitung finden sich kaum Luzerner Unternehmer. Auch wenn einzelne Patrizier und Geistliche sich im 18. Jahrhundert den modernen Ideen der Aufklärung zuwenden, ist Luzern nicht mehr in der Lage, die politische und wirtschaftliche Erstarrung aus eigener Kraft aufzubrechen.

Luzern verändert sich in dieser Zeitspanne stärker als in den vier Jahrhunderten seit 1415 zusammengenommen. Im Grunde spielen sich fünf Revolutionen ab: Zwei politische, bei denen es einerseits um die Umformung der Patrizierherrschaft in eine Demokratie und andererseits um die Neudefinition der Stellung Luzerns und der anderen Kantone im eidgenössischen Bund geht; sodann die industrielle Revolution, die gleichzeitig eine Verkehrsrevolution ist, zu der die revolutionäre Umwandlung des Stadtbildes von der ummauerten und in sich gekehrten zu einer nach aussen geöffneten Stadt kommt. Gemeinsam ist diesen Umbrüchen, dass sie nicht schlagartig, sondern schubweise vor sich gehen und Zeit brauchen. Typisch sind die starken retardierenden Kräfte; typisch ist aber auch, dass die Industrialisierung die Stadt umgeht; in Luzern selbst entstehen fast keine Fabriken oder besser, wie einmal gesagt wurde: Seine Fabrik ist das Hotel, seine Industrie die Fremdenindustrie.

Die politischen Revolutionen beginnen am 31. Januar 1798, als das Patriziat vor dem Hintergrund der in die Schweiz einmarschierenden französischen Truppen von sich aus seine Privilegien abgibt und dem verblüfften Volk erklärt, die künftigen Fundamente des Staats seien Gleichheit, Menschenrechte, Demokratie und freie Wirtschaft. Nun setzen in Luzern für ein Menschenalter (1798–1875) Kämpfe zwischen vorwärts treibenden und retardierenden Kräften ein, die aus einheimischer Sicht als heftig und gewaltsam, vom Ausland her gesehen aber wohl als geradezu idyllisch erscheinen. Luzern erlebt in dieser Zeit zehn neue Verfassungen; 1875, als mit dem «allgemeinen» Wahlrecht – das natürlich nicht wirklich allgemein ist, denn die Frauen erhalten das Stimmrecht erst 1970! –, mit Verfassungsinitiative und Gesetzesreferendum die demokratische Form gefunden ist, beruhigt sich die Lage; von da an bis heute gibt es keine neue Verfassung mehr. Typisch luzernisch in diesen Auseinandersetzungen ist die Tatsache, dass sich die alte Spaltung zwischen Stadt und Land bis gegen Ende des 20. Jahrhunderts in der parteipolitischen Spaltung zwischen liberal und konservativ fortsetzt. Eigenartigerweise bildet die ländliche, kirchentreue und konservative Bevölkerung den eigentlichen Motor der Demokratisierung, weil sie glaubt, nur so die Herrschaft der liberal dominierten Stadt beseitigen zu können, die diese ihrerseits durch allerhand Tricks zu retten sucht.

Unseligerweise kommen diese Konservativen in Luzern 1841 ausgerechnet in dem Augenblick an die Macht, als die Neugestaltung des eidgenössischen Bundes allmählich spruchreif wird. Die liberalen, stärker industrialisierten Kantone des Mittellandes von Genf bis St. Gallen streben einen stärkeren Bund und eine Überwindung der kantonalen Sonderrechte an, die der wirtschaftlichen Entwicklung im Weg stehen; man kann sie gleichsam als Schweizer Nationalisten bezeichnen. Die katholischen Alpen- und Voralpenkantone mit Luzern an der Spitze hingegen beharren auf der Souveränität der einzelnen Republiken, da sie als Minderheit in

Überblick

1798: Ende der Patrizierherrschaft. Helvetische Verfassung mit zentralistischem Staatsaufbau und der Einführung u.a. der Glaubens-, Niederlassungs- und Wirtschaftsfreiheit.

1798/99: Luzern ist vom Oktober 1798 bis Mai 1799 Sitz der helvetischen Regierung.

1814: Durch einen Staatsstreich aristokratischer Kreise teilweise Rückkehr zu den Zuständen vor 1798. So genannte Restauration. Erneute Dominanz der Stadt über das Land. Luzern wird – abwechselnd mit Zürich und Bern – alle 4 Jahre eidgenössischer Vorort.

1826: Reformierte Gottesdienste in Luzern.

1831: Liberale Regenerationsbewegung. Zögernder Beginn der Industrialisierung.

1835: Hotel Schwanen (Nr. 74): erster Hotelbau am See.

1837: Erstes Dampfschiff auf dem Vierwaldstättersee.

1841: Konservative Verfassung: demokratisch-ländliche Bewegung gegen die Dominanz der Stadt.

1844: Rückkehr der Jesuiten nach Luzern.

1845: Luzern, Uri, Schwyz, Unterwalden, Zug, Freiburg und Solothurn gründen den Sonderbund.

1847: 4.–28. November: Sonderbundskrieg. Luzern kapituliert vor den eidgenössischen Truppen.

1848: Gründung des Bundesstaates mit Hauptstadt Bern. Liberale Dominanz in Luzern. Ausweisung der Jesuiten und Aufhebung einiger Klöster.

Ab etwa 1850: Entfestigung der Luzerner Altstadt; Schleifung zahlreicher Türme und Tore.

1856: Eröffnung der Bahnstrecke Basel–Emmenbrücke und 1859 Weiterführung bis Luzern.

Ab 1864: Bebauungspläne für neue Wachstumszonen wie Bruch, Wey, Obergrund usw.

1866–72: Richard Wagner in Tribschen.

1871: Konservativer Umschwung im Kanton.

1875 Demokratische, bis heute gültige Verfassung.

1875–85: Rezessionsjahre in der Landwirtschaft. Vermehrte Umstellung auf Vieh- und Milchwirtschaft.

1882: Eröffnung der Gotthardbahn.

1889: Eröffnung der Brünig- und der Pilatusbahn.

1894/95: Neubau des Bahnhofs; die jetzt von der Bahn befreite Pilatusstrasse und die Hirschmatt werden neue Bauzonen.

einem einheitlicheren Bundesstaat um ihre Selbständigkeit fürchten. 1845 bilden sieben von ihnen zum Schutz ihrer Interessen den Sonderbund mit Luzern an der Spitze dieser verlorenen Schar. Als liberale Kantone Klöster aufzuheben beginnen und Luzern darauf 1844 die Jesuiten zurückberuft, die bei den Liberalen als reaktionäres Schreckgespenst gelten, wird der latente Bürgerkrieg um die Bundesreform zum offenen Krieg. Nach ersten Scharmützeln, bei denen 1845 liberale Freischaren die konservative Luzerner Regierung zu stürzen versuchen, kommt es im November 1847 zum Kampf. Er dauert zum Glück nur 24 Tage und fordert weniger als hundert Tote. Luzern und seine Verbündeten aber sind geschlagen und bleiben im neuen Bundesstaat, der 1848 zustande kommt, für Jahrzehnte im Abseits. Als nationale Hauptstadt kommt Luzern nun nicht mehr in Frage; dafür verstärkt sich gerade in dieser Zeit seine internationale Ausstrahlung.

Die industrielle Revolution setzt in Luzern spät ein. 1860 sind nur 1,7 Prozent der Bevölkerung in der Heim- oder Fabrikindustrie tätig, das sind viermal weniger als in der übrigen Schweiz. Luzern ist – und bleibt bis heute – ein überdurchschnittlich von der Landwirtschaft geprägter Kanton; 1910 gehören immer noch rund 40 Prozent der Erwerbstätigen dem Bauernstand an, und noch heute ist dessen Anteil mit rund 7,5 Prozent etwa doppelt so hoch wie in der Schweiz insgesamt.

Dabei fehlte es eigentlich nicht an günstigen Voraussetzungen für die Industrialisierung. Reuss, Emme und andere Flüsse sind als Energieträger geeignete Wasserläufe, dazu ist in den wiederholt von Agrarkrisen und starker Abwanderung betroffenen Landgebieten ein Arbeitskräftepotenzial vorhanden und für einzelne Zweige wie die Stroh-, Leinen-, Bau- und Nahrungsmittelindustrie mangelt es auch nicht an Rohstoffen. In der Stadt hat es die Industrie wegen der engen Raumverhältnisse allerdings schwer; und vor allem sind weder das zwar kapitalkräftige Patriziat noch das auf Kleinbetriebe ausgerichtete Handwerkertum geneigt, als Industriepioniere aufzutreten. Dennoch zieht die Stadt etliche Industrien an, die sich aber

Bevölkerungsentwicklung Luzerns

	um 1350	1453	1798	1850	1910	1999
Stadtbevölkerung	ca. 4500	ca. 3500	4300	10068	39339	56789
Landbevölkerung	ca. 25000	ca. 15500	84800	122775	127884	287752
Verhältnis Stadt/Land	1:5,5	1:4,5	1:20	1:12	1:3,3	1:5
Bebaute Stadtfläche (ha)	11	25	26	1890: 147		950

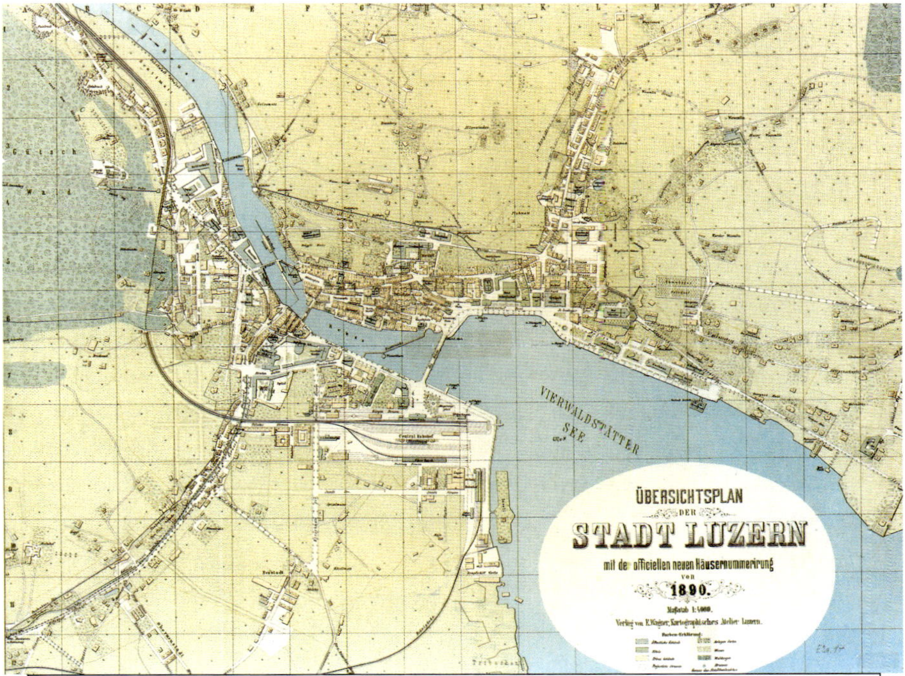

Übersichtsplan der Stadt Luzern von 1890. Gut erkennbar ist das fingerförmige Ausgreifen der Stadt mit den Hotels am rechten Seeufer und den Häusern entlang den Ausfallachsen Zürichstrasse, Untergrund und Obergrund. Die Eisenbahn wird noch durch die Pilatusstrasse zum Bahnhof geführt und schnürt die Stadt wie ein «eiserner Gürtel» ein.

vor ihren Toren – in den Gemeinden Kriens, Littau und Emmen – ansiedeln. Aus einigen, etwa den 1842 entstandenen von Moos'schen Eisenwerken, der Maschinenfabrik Bell in Kriens (1844) oder der Papierfabrik Perlen (1872) werden bedeutende Unternehmen; andere, wie die 1874 gegründete heutige Aufzügefabrik Schindler, entwickeln sich gar zu weltbekannten Firmen.

Vielleicht muss man in Luzern eher von einer technischen als von der industriellen Revolution reden. Was die Stadt nämlich seit 1830 von Grund auf umzugestalten beginnt, sind technische Errungenschaften, in erster Linie natürlich die neuen Verkehrsmittel. Als am 24. September 1837 mit der «Stadt Luzern» das erste Dampfschiff zu seiner Eröffnungsfahrt ausläuft, beginnt ein neues Zeitalter. Der Dampfer vermag bedeutend mehr Menschen und Güter aufzunehmen als die alten Nauen und legt den Weg nach Flüelen in 3 statt in 9 Stunden zurück. Ab 1856 folgen die Bahnen: zuerst jene nach Olten und Basel, 1864 jene nach Zug und Zürich, und

1897 endlich auch der Anschluss an die bereits 1882 erbaute Gotthardbahn. Diese Verbindungen hinaus in die Welt machen nun innerhalb etwa eines halben Jahrhunderts aus der in ihren Mauern schlummernden regionalen Hauptstadt ein europäisches Tourismuszentrum. Von 1850 bis 1913 vervierfacht sich die Zahl ihrer Bevölkerung und ihre Siedlungsfläche. Die Bebauung folgt zunächst fingerförmig den alten Ausfallstrassen Obergrund, Untergrund und Zürichstrasse. Zwischen 1866 und 1873 entstehen die rasterförmigen Bebauungspläne für die neuen Wachstumszonen in den Vierteln Bruch, Obergrund, Wey und um den Bahnhof. Die Stadtbevölkerung wächst viel schneller als jene auf dem Land. Das rasante Wachstum ist aber nur dank weiterer technischer Neuerungen möglich. So macht erst die neue Wasserversorgung von 1875 mit Druckleitungen vom Reservoir beim Gütsch die dichte Besiedlung der umliegenden Hügel überhaupt möglich. Weil die innerstädtischen Distanzen wachsen, wird 1899 die Trambahn eingeführt. Von 1858 an gibt es eine öffentliche Gasbeleuchtung und die elektrische Beleuchtung kommt 1891, zuerst natürlich dort, wo sich Luzern besonders vorteilhaft präsentieren muss: am Schweizerhofquai (Nr. 77). 1852 wird die erste Telegrafen- und 1883 die erste Telefonstation eröffnet.

Die revolutionäre Umgestaltung des Stadtbildes ist weit gehend eine Folge dieser technischen Neuerungen. Sie bewirkt eine Art Dreiteilung Luzerns: In der Grossstadt wie in der Kleinstadt lebt das in sich gekehrte «Storchennest» aus dem Mittelalter weiter, während die bis dahin unverbauten Seeufer dem Tourismus dienstbar gemacht werden: das rechte mit seinen Hotels und Uferpromenaden als Aussichtsterrasse, das linke mit dem Bahnhof auf der ehemaligen Fröschenburg als «Lieferanteneingang». Aber auch das Storchennest der Altstadt erfährt starke Eingriffe. Einige Randgebiete werden einbezogen, so der Grendel, der 1819–22 eingedeckt und ab 1860 mit seinen sechsstöckigen Wohn- und Geschäftshäusern zu einer Art Scharnier zwischen Hotelmeile und Altstadt wird. Vor allem aber spielt sich im Jahrzehnt nach 1855 jener städtebauliche Prozess der Entfestigung ab, dem insgesamt an die zwanzig Tore und Türme sowie Teile der Stadtmauern, die Sust und die Hofbrücke zum Opfer fallen. Dieser Vorgang, über den man heute den Kopf schütteln mag, erregt damals zunächst kein Bedauern. Viele, die in der Altstadt wohnen, fordern die Beseitigung der dunklen und feuchten Enge und freuen sich über die hellen Plätze, die sie hinterlässt; manche sehen in diesem Zerstörungswerk auch eine demokratische Tat, da die vor allem als Gefängnisse dienenden Türme als Symbole der alten Aristokratenherrschaft gelten.

Tore zur Hofbrücke und zur Schiffländе am Kapellplatz (Nr. 12), Gemälde von Xaver Schwegler 1897. Die Mauer mit den beiden Toren wurde 1835 abgetragen.

Eine Änderung tritt erst ein, als 1864 wegen ihres schlechten baulichen Zustands auch die Schleifung der Museggmauer (Nr. 62) erwogen wird. Da sie kaum ein Verkehrshindernis darstellt und man ihren touristischen Wert erkennt, bleibt sie jedoch verschont. Auch der Kapellbrücke (Nr. 22) droht Gefahr: 1869 wollen Geschäftsleute aus der Altstadt – um nicht ins Abseits zu geraten – die neue Seebrücke vom Bahnhof direkt auf den Kapellplatz führen lassen. Es existiert denn auch ein anonymes Bild aus dieser Zeit, ohne Kapellbrücke, auf dem der Wasserturm (Nr. 23) wie eine einsame, vom Sturm verschonte Eiche aus der Reuss ragt.

Die Umgestaltung des rechten Seeufers zur Hotelmeile und Aussichtsterrasse erfolgt in drei Etappen zwischen 1835 und 1906. Bahnbrecher ist der Wirt des Schwanen (Nr. 74), der den Neubau nach dem Brand seines Hotels in der Altstadt 1835 vor die Stadttore an das Seeufer zu stellen wagt, dorthin, wo schon zwei Jahre später die Dampfschiffe anlegen. Östlich davon entsteht 1845 der luxuriöse Schweizerhof (Nr. 75), der mit den 1856 erstellten Seitenflügeln ein neues Wahrzeichen in Luzern setzt. Erbauer sind die Gebrüder von Segesser, die zeigen, dass im Hotelbau – im Unterschied zur Industrie – das im Umgang mit vornehmen Gästen geübte Patriziat engagiert ist. In einer zweiten Phase, zwischen 1861 und 1871, schiessen 14 weitere Hotels aus dem Boden, darunter nun etliche in der Nähe des Bahnhofs. In einer dritten Phase, nach den Krisenjahren 1875–85, nimmt der Hotelbau mondäne Züge an. Er konzentriert sich auf die äussere Halde, wo man nach 1882 einige Zeit auf den Bau eines neuen Gotthardbahnhofs spekuliert. Im Anschluss an das 1870 eröffnete National (Nr. 81) entstehen 1882 der Kursaal (Nr. 82) und 1906 das Palace (Nr. 83); das Montana (1910) nützt, über eine Standseilbahn erschlossen, die erhöhte Prachtlage über dem See. Opfer dieses touristischen Baubooms ist die Hofbrücke, die zwischen 1834 und 1854 in drei Etappen abgebrochen wird; zu Füssen der Hofkirche (Nr. 52) müssen auch die verwinkelten Kaplanenhäuser und am See manche alten Gewerbebauten weichen.

Mit dem Kriegsausbruch 1914 wird es still in Luzern. 1915 kommen nur noch knapp 30 000 Gäste, sechsmal weniger als zwei Jahre zuvor. In den folgenden Jahren muss mehr als ein Viertel der seit 1836 erbauten Hotels schliessen. So richtig in Schwung kommt der Tourismus erst wieder mit der Hochkonjunktur nach 1950; aber die Bettenzahl von über 8000 wird nie mehr auch nur annähernd erreicht.

Entwicklungsakzente im 20. Jahrhundert (1914–2000)

Luzern durchläuft im 20. Jahrhundert ähnliche Entwicklungen wie andere Schweizer Städte auch. Dazu gehört etwa der Auszug in die Vororte. Während die städtische Bevölkerung in der Zeit von 1970 bis zum Ende des Jahrhunderts um ein Sechstel abnimmt, verdoppelt sich jene des umliegenden Grossraums; deren Zahl ist heute mit rund 120 000 doppelt so hoch wie jene der Stadt. Typisch ist aber, dass die etwa zwölf Gemeinden im Grossraum Luzern – im Unterschied zu Zürich – auf ihre politische Selbständigkeit pochen und nichts von Eingemeindung wissen

Überblick

1910: Bau einer Luftschiffhalle in Tribschen.

1912: Eröffnung der Dietschibergbahn.

1914: Beginn des Hotelsterbens als Folge des Ersten Weltkriegs.

1928/29: Erste Autobuslinien von Luzern in Vororte wie Horw, Meggen u.a.

1933: Eröffnung des Kunst- und Kongresshauses beim Bahnhof (1995 abgebrochen).

1938: Anfang der Internationalen Musikfestwochen (Lucerne Festival).

1949: Abbruch des in die Gotik zurückgehenden Freienhofs neben der Jesuitenkirche (Nr. 1).

1952–57: Erste Verkehrsampeln und Parkuhren.

1957: Gründung des Zentralschweiz. Technikums (Fachhochschule).

1959: Eröffnung des Verkehrshauses der Schweiz (Nr. 86).

Ab 1960: Die Agglomeration beginnt die Stadt bevölkerungsmässig zu überholen.

1964: Luzern-Stans-Engelberg-Bahn eröffnet.

1970: Frauenstimmrecht im Kanton Luzern.

1971: Brand des Bahnhofs.

1973–79: Anschluss an das Erdgasnetz und die regionale Kläranlage in Emmen.

1978: Eröffnung des Natur-Museums (Nr. 89).

1981: Luzern wird an die Autobahn Norddeutschland–Süditalien angeschlossen.

1986: Eröffnung Historisches Museum (Nr. 88).

1993: Brand der Kapellbrücke (Nr. 22).

1998/2000: Eröffnung des neuen Kultur- und Kongresszentrums (Nr. 39).

2000: Erste Stadtregierung mit nichtbürgerlicher Mehrheit.

2000: Luzerns Hochschule wird zur Universität mit drei Fakultäten.

wollen. In Bereichen wie Verkehr oder Kultur hat aber eine intensive Zusammenarbeit zwischen der Stadt und den Vorortgemeinden eingesetzt.

Dieser Auszug in die Vororte – und heute bereits in einen äusseren Ring in etwa 12 bis 15 Kilometer Entfernung – hängt natürlich mit dem Ausbau des Verkehrs und dem hohen Motorisierungsgrad zusammen. 1953 wird von Luzern zur Kantonsgrenze zum Halbkanton Nidwalden das erste Autobahnteilstück der Schweiz gebaut und 1981 folgt der Anschluss Luzerns an die durchgehende europäische Nord-Süd-Autobahn. Seit der ersten Fahrzeugzählung mit 219 Motorfahrzeugen im Kanton (1906) hat sich deren Bestand fast vertausendfacht. Verkehrsfragen stehen in der städtischen Politik seit langem im Zentrum.

Die Tendenz des 19. Jahrhunderts, als die Stadt zulasten der Landgebiete immer mehr an Gewicht gewann, hat sich vor ein paar Jahrzehnten gewendet: Luzern Land holt auf. Das ist erfreulich. Erfreulich aus der Sicht der Stadt ist dafür deren Aktivierung als Kultur- und Bildungszentrum im 20. Jahrhundert. In die Jahrzehnte seit 1930 fällt unter anderem der Bau von zwei Kunsthäusern, die Gründung der Musikfestwochen, die Eröffnung von vier bedeutenden Museen und in neuester Zeit die Bildung der Fachhochschule Zentralschweiz sowie der Ausbau der Hochschule zur Universität.

Eine bemerkenswerte Wende in der Stadtentwicklung fällt in die Jahre 1949–1959. Man könnte sie mit der Formulierung «Ende des sorglosen Umgangs mit der alten Bausubstanz und Besinnung auf das historische Erbe» zusammenfassen. 1949 wird zwar trotz öffentlicher Proteste als letztes historisches Baudenkmal der Freienhof abgerissen, eine gotische Gebäudegruppe zwischen Jesuitenkirche und Stadttheater. Doch als auf den frei gewordenen Platz, der die wuchtige Ostfassade der Jesuitenkirche erst voll zur Geltung bringt, die Zentralbibliothek gebaut werden soll, regt sich in der Bevölkerung so heftiger Widerstand, dass das Vorhaben unterbleibt. Und als 1959 das dreihundert Jahre alte stattliche Balthasarhaus direkt neben der Reussbrücke abgerissen werden soll, kommt es zu so massiven Protesten, dass es erhalten bleibt, wenn auch nur mit vorgeblendeter alter Fassade vor einem modernen Kern. Weitere Anstösse zur Pflege der historischen Bausubstanz bringt dann das Jahr 1978 mit der Feier zum 800-jährigen Bestehen Luzerns, als zahlreiche historische Bauten fachgerecht neu renoviert werden.

In der Kleinstadt

Jesuitenkirche – Ritterscher Palast – Jesuitengymnasium – Franziskanerkirche – Franziskanerplatz – ehem. Kantonsbibliothek – Fideikommisshaus Segesser v. Brunegg – Bürgerspital – Stadthaus – Luzerner Theater

1 1/4 Std.

Der linksufrige Stadtteil, die so genannte Kleinstadt, entwickelte sich im Dreieck zwischen Reussufer, Oberem Hirschengraben und dem alten Krienbach, der beim Reusssteg von Kriens herkommend in die Reuss mündet. Nur eine kleine Häusergruppe bildete ihren ersten Siedlungskern am südlichen Brückenkopf der Reussbrücke. Er umfasste vor allem Amts- und Zollhäuser, von denen aus der wichtige Umschlagplatz am Handelsweg zwischen Stadt, Reuss und See überwacht wurde. Die Kleinstadt oder «minre Stadt» war ursprünglich befestigte Vorstadt und Transitzentrum mit Schifflände und Trinkhäusern für den Markt- und Gerichtsflecken auf der anderen Seite der Reuss.

Doch wie sich die Grossstadt zum politischen und wirtschaftlichen Zentrum der Stadt entwickelte, so wurde die Kleinstadt zum kulturellen und spirituellen Zentrum. Mit dem Bettelorden der Franziskaner im 13. Jahrhundert und dem Jesuitenkollegium im 16. Jahrhundert liessen sich in der Kleinstadt zwei religiöse Bewegungen nieder, die das geistige Leben stark prägten. Das Franziskanerkloster, eng mit der Bürgerschaft und dem Rat der Stadt verbunden, wurde zum religiösen Mittelpunkt der noch jungen Stadt, während die Jesuiten, ganz im Zeichen der katholischen Erneuerungsbewegung, als neue geistige und moralische Autorität, Luzerns Stellung als Vorort innerhalb der katholischen Eidgenossenschaft festigten. Zwei religiöse Zentren, deren äussere Erscheinung nicht gegensätzlicher sein könnte: auf der einen Seite das schlichte gotische Franziskanerkloster und auf der anderen Seite die barocke Entfaltung der Jesuitenkirche.

Im 19. und 20. Jahrhundert wurde die Kleinstadt auch zum politischen Mittelpunkt der Stadt. Seit 1804 ist das ehemalige Jesuitenkollegium Sitz der Kantonsregierung und am Hirschengraben wurden Anfang des

Im kantonalen Regierungsviertel – über der Krongasse im ehemaligen Jesuitengymnasium (Nr. 3) das Bildungsdepartement …

… neben der Franziskanerkirche (Nr. 4) die Finanzverwaltung (Nr. 6).

20. Jahrhunderts das Kantonale Gerichtsgebäude und die Stadtverwaltung errichtet. Durch die Aufschüttung der Bahnhofstrasse und die Schleifung der Stadtmauern erhielt die Kleinstadt, ganz im Gegensatz zu der in sich geschlossenen Grossstadt, Anschluss an das schnell wachsende Bahnhofs- und Hirschmattviertel, das Kerngebiet des modernen Luzern.

Das Jesuitenkollegium

Unmittelbar an der Reuss erhebt sich die prächtige Jesuitenkirche (Nr. 1), der erste grosse Barockkirchenbau in der Schweiz. Die von verschiedenen Baumeistern – während der zweiten Bauperiode hautpsächlich von Jesuitenpater Heinrich Mayer – entworfene Kirche wurde zwischen 1666 und 1677 erbaut. Da sie ursprünglich vollständig in die Strassenzeile eingebunden war, konzentrierte man sich bei der Fassadengestaltung auf die der Reuss zugekehrte Eingangsfront. In fünf Achsen gegliedert, ist die zweigeschossige Schauseite von strenger Schlichtheit, aber doch reich ausgestattet. Das Erdgeschoss weist fünf Portale auf, über dem mittleren Hauptportal steht in einer Muschelnische die Figur des Kirchenpatrons Franz Xaver, zu seinen Füssen zwei bekehrte Heiden. Die beiden ursprünglich geplanten Turmaufsätze mit den Zwiebelhauben wurden erst 1893 errichtet.

Im Innern entfaltet sich eine barocke, lichtdurchflutete Monumentalität. Das Schiff und der gleich breite Chor bilden einen imposanten Einheitsraum, auf den sich die Arkaden der Vorhalle, der Seitenkapellen und des darüber geführten Emporenumgangs öffnen: ein Raumtypus ganz in der Tradition der Hauptkirche der Jesuiten in Rom, der Kirche Il Gesù. Besonders eindrucksvoll ist das einheitliche Stuckdekor, das den Raum

Fassade der Jesuitenkirche (Nr. 1) im Abendlicht; in der Nische über dem mittleren Hauptportal die Figur des Kirchenpatrons Franz Xaver.

«Die Jesuiten kommen»

Die Berufung der Jesuiten nach Luzern steht in engem Zusammenhang mit der katholischen Erneuerungsbewegung nach der Reformation. Nach dem Konzil von Trient (1545–1563) gelang es Kardinal Borromeo und Schultheiss Ludwig Pfyffer, die Jesuiten zur Gründung einer höheren Schule in Luzern zu bewegen. 1577 wurde das Luzerner Jesuitenkollegium als erste schweizerische Niederlassung der Jesuiten gegründet. Die Luzerner Obrigkeit verpflichtete sich, die Schul- und Wohngebäude zur Verfügung zu stellen und für den Unterhalt der Jesuiten zu sorgen, während diese ihrerseits für den Betrieb des Gymnasiums und auch für die Seelsorge verantwortlich waren. Mit der Stiftung des Kollegiums erhoffte man sich eine Reform des höheren Bildungswesens, aber auch eine Festigung der katholischen Glaubenslehre. Nach der Gründung wuchs das Jesuitenkollegium rasch und zählte zu den bedeutendsten Kollegien der oberdeutschen Jesuitenprovinz. In der Blütezeit um 1700 zählte die Schule bis zu 600 Studenten und Schüler. Im 17. Jahrhundert übernahmen die Jesuiten zudem das Luzerner Theater und führten die Tradition der Passions- und Osterspiele auf hohem Niveau weiter.

Der Rat überliess den Jesuiten 1577 den Ritterschen Palast (Nr. 2) als Kollegium, gleichzeitig baute man gegenüber das neue Jesuitengymnasium (Nr. 3). Mit dem Bau der Jesuitenkirche Franz Xaver erreichten die Bautätigkeiten der Jesuiten ihren Höhepunkt.

Mit der Aufklärung im 18. Jahrhundert setzte der Niedergang des Kollegiums ein, die Schülerzahlen gingen stark zurück und 1773 wurde der Orden vom Papst für einige Zeit aufgehoben. Doch die Geschichte der Jesuiten in Luzern erhielt eine etwas unrühmliche Fortsetzung. Die erneute Berufung von sieben Jesuitenpatres an das Gymnasium in Luzern 1844 löste heftige

Emotionen aus und barg politischen Zündstoff in der Auseinandersetzung zwischen den liberalen und den konservativen Kräften. Mit dem Ruf «Die Jesuiten kommen» warnten die Radikalen vor den Jesuiten als reaktionäres und ultramontanes (streng päpstlich gesinntes) Schreckgespenst. In dieser heftigen und aggressiven Auseinandersetzung schlossen sich die katholisch-konservativen Kantone zum Sonderbund zusammen, einer Schutzvereinigung gegen die vereinheitlichenden Tendenzen im Staatenbund. So kam es 1847 zur Ausweisung der Jesuiten und zum Sonderbundskrieg, einem verhältnismässig unblutigen Bürgerkrieg, aus dem, nach der ruhmlosen Niederlage der konservativen Orte, schliesslich der moderne schweizerische Bundesstaat von 1848 hervorging (siehe auch S. 54ff).

wesentlich mitgestaltet und den Innenraum in heller Festlichkeit erstrahlen lässt. Die üppige und kraftvolle Ornamentik der barocken Stuckaturen in unterschiedlichsten Formen in den Seitenkapellen sind ein Werk der Wessobrunner Schule und stammen aus der Bauzeit, während das Gewölbe im 18. Jahrhundert einen farbigen Rokokostuck erhielt. Die sechs Deckengemälde der Gebrüder Giuseppe und Giovanni Torricelli von 1749 zeigen das Leben und die Glorie des Kirchenpatrons Franz Xaver.

Der 19 Meter hohe monumentale Hochaltar aus rotem Stuckmarmor beherrscht den Innenraum. Hochaltar, Seitenaltäre und die Kanzel entstanden alle nach Entwürfen von Heinrich Mayer. In den acht Seitenkapellen finden sich bemerkenswerte Zeugnisse barocker Kunst: in der Karl-Borromäus-Kapelle eine bedeutende Silberbüste und Reliquienanhänger des heiligen Karl, in der Ignatiuskapelle ein prunkvoller Reliquientabernakel.

Anschliessend an die Jesuitenkirche steht der Rittersche Palast (Nr. 2), ehemals Teil des Jesuitenkollegiums und heute Sitz der Kantonsregierung. Der 1557 als Wohnpalast für Schultheiss Lux Ritter im Stil der florentinischen Frührenaissance errichtete Bau zeigt die Nähe Luzerns zur italienischen Renaissancearchitektur. Baumeister und Steinmetze aus dem Tessin und Oberitalien wurden eigens für diesen Bau nach Luzern geholt. Nach aussen zeigt sich der dreigeschossige Palast mit kräftigen Bossenquadern. Der Innenhof besticht durch eine harmonisch abgestufte, dreistöckige Loggia mit toskanischen Säulen. Die damalige Wirkung dieser in Stein gehauenen Machtentfaltung inmitten der kleinräumigen und engen, von Holzhäusern dominierten Stadt lässt sich heute kaum mehr vorstellen. Doch der im nördlichen Alpenraum wohl einzigartige und bisweilen auch fremd wirkende Bau wurde Vorbild für die eigenwillige Adaption der italienischen Renaissance im lokalen und auch bäuerlich geprägten Bauen. Nach dem Vorbild des Ritterschen Palasts entstanden in zahlreichen Patrizierhäusern weitere Säulenhöfe und Loggien und selbst die Fassade des Rathauses nimmt Bezug auf diesen Bau.

Die beiden Anbauten östlich und westlich des Ritterschen Palasts erschlossen neue Räumlichkeiten für das Kollegium und stammen aus dem späten 17. (Westflügel) und aus dem 18. Jahrhundert (Ostflügel). An der Rückseite des Gebäudes wurde 1843 der neue Grossratssaal hinzugefügt, ein halbkreisförmiger klassizistischer Anbau von Melchior Berri.

Dem Ritterschen Palast gegenüber befindet sich das ehemalige Jesuitengymnasium (Nr. 3), einer der bedeutendsten barocken Profanbauten Luzerns. Das repräsentative Gebäude wurde 1731 an der Stelle der ersten Jesuitenschule errichtet und diente bis 1894 als Gymnasium und später als Staatsarchiv. Seit der umfassenden Renovation 1996 ist hier das Bildungsdepartement der kantonalen Verwaltung untergebracht.

Die einfache Fassade mit den Arkaden zur Strasse, die betonten Eckpfeiler und das Mansardendach verleihen dem Bau eine kraftvoll kubische Wirkung. Die Nordfassade zieren Sgraffitomalereien (um 1914) von Seraphin Weingartner. Anlässlich der Restaurierung wurde der Marianische Saal wiederhergestellt, die ehemalige Aula des Gymnasiums und Versammlungsraum der Marianischen Männerkongregation. Der mit Stuckdecken aus der Bauzeit geschmückte Saal wird heute hauptsächlich für Konzerte genutzt.

Gemeinsam mit dem ehemaligen Jesuitengymnasium bilden vier weitere Gebäude einen malerischen Komplex: das Mettenwylhaus (Bahnhofstrasse 12) mit einer auffälligen Fachwerklaube aus dem 16. Jahrhundert, das Doppelhaus Dulliker (Bahnhofstrasse 14/16) sowie das schmale, so

Links: Innenraum der Jesuitenkirche (Nr. 1), Blick zur Eingangsempore. Die barocken Stuckaturen lassen den Raum in einem hellen Licht erstrahlen.
Rechts: Der Innenhof des Ritterschen Palasts (Nr. 2) ist im Stil florentinischer Säulenhallen des 15. Jahrhunderts gehalten.

genannte Hinterhaus; dieser turmartige Bau aus dem 13. Jahrhundert bildet den Kern des Komplexes und war vermutlich einst das Amts- und Zollhaus am Brückenkopf.

Franziskanerkloster St. Maria in der Au

Ganz im Gegensatz zur repräsentativen Lage und zum barocken Prunk der Jesuitenkirche zeigt sich die Franziskanerkirche (Nr. 4) in der gotischen Schlichtheit der Bettelorden. Das ehemalige Franziskanerkloster St. Maria in der Au in Luzern wurde im 13. Jahrhundert gegründet und um 1270–1280 erbaut. Wie viele Bettelordensklöster lag auch das Franziskanerkloster am Rand der mittelalterlichen Stadt und wurde in den Mauerbau mit einbezogen. Die dem Armutsideal verpflichteten Franziskaner wirkten vor allem in den Städten als Seelsorger der schnell wachsenden Stadtbevölkerung. Das Franziskanerkloster und die Bürgerschaft Luzerns waren denn auch eng miteinander verbunden und bildeten oft eine Interessengemeinschaft gegen das Benediktinerkloster im Hof, den damaligen Stadtherrn. Diese Verbundenheit äusserte sich auch darin, dass im Kloster regelmässig Ratsversammlungen stattfanden und die Stadt seit der Schlacht von Sempach (1386) die eroberten Banner (Beutefahnen) in der Kirche zur Schau stellte, weil sie hier die grösste Beachtung fanden.

Nach einer wechselvollen Geschichte erlangte das Kloster im 18. Jahrhundert seine grösste Entfaltung. Doch die Blütezeit war nur von kurzer Dauer. Der politische und gesellschaftliche Umbruch von 1798 führte 1838 zur Aufhebung des Klosters; bedeutende Teile der Anlage, insbesondere die beiden Kreuzgänge, wurden fast ganz abgebrochen. Seit 1895 ist die Franziskanerkirche eine selbständige Pfarrkirche.

Mit Ausnahme der beiden später angebauten Kapellen hat die Kirche ihr ursprüngliches Aussehen bis heute erhalten. Der schlichte lang gestreckte Bau folgt dem Vorbild der Bettelordenskirchen: kein Querhaus, kein Fassadenschmuck und anstelle eines Glockenturms ein kleiner Dachreiter über dem Chor. Der Chor mit den hohen, schmalen Fenstern ist vom Langhaus leicht abgesetzt und von einfachen Strebepfeilern umgeben. An die alte Antoniuskaplle am nördlichen Seitenschiff schliessen sich das im 17. Jahrhundert angebaute Marienchörlein und die neue Antoniuskapelle mit einer markanten Laternenkuppel an.

Der Innenraum ist eine Mischung aus verschiedenen Zeitepochen, doch überwiegt der gotisch-mittelalterliche Charakter – das dreischiffige

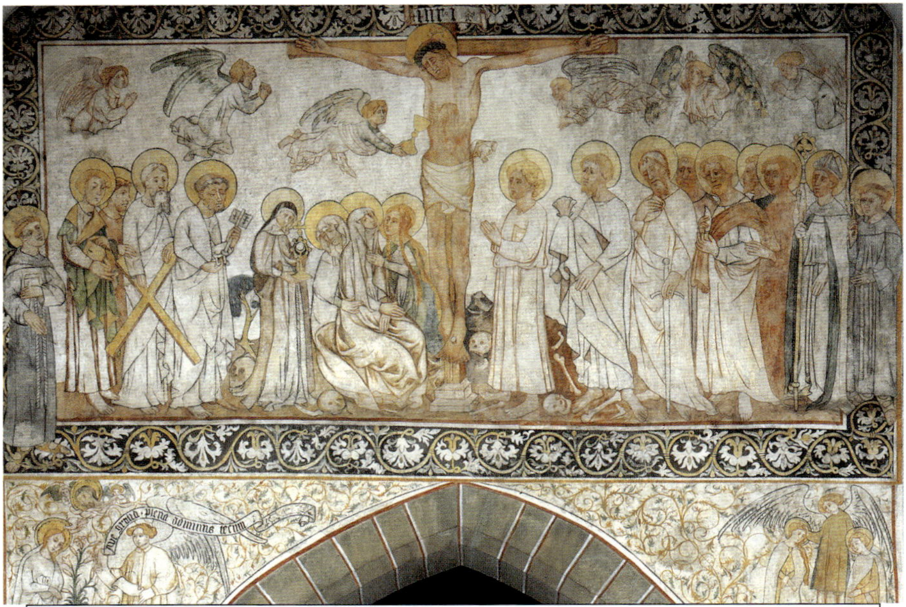

Das Chorbogenfresko der Franziskanerkirche (Nr. 4) zeigt die Kreuzigung Christi mit Aposteln und Ordensheiligen: von links der heilige Antonius, die Apostel Andreas und Petrus, die heilige Klara, kniend Maria, Maria Magdalena und eine weitere Frau, rechts des Kreuzes eine Apostelgruppe mit Johannes, Jakobus, Paulus, Bartholomäus, dem heiligen Ludwig von Tolosa und dem heiligen Franziskus.

Langhaus, die Arkaden ohne Kapitell und der kreuzrippengewölbte Chor stammen aus der gotischen Bauperiode. Die ursprünglich an der Mittelschiffwand präsentierten Beutefahnen wurden 1625/26 durch den gemalten Fahnenzyklus ersetzt. Den Chorbogen ziert ein Fresko aus dem 15. Jahrhundert; es zeigt Christus am Kreuz. Die reich mit Figuren und Formen geschmückte Kanzel und das Orgelgehäuse sind Arbeiten der Spätrenaissance, hervorragende Werke von Niklaus Geisler, der auch die Ausstattung der Hofkirche ausgeführt hat. Im 18. Jahrhundert wurde die Kirche barockisiert, aus dieser Zeit stammen die flache Stuckdecke, der Hochaltar und die vier Seitenaltäre aus Stuckmarmor. Die neugotischen Glasgemälde der Chorfenster stammen aus der Zeit um 1900.

An das nördliche Seitenschiff fügt sich eine reich geschmückte Kapellengruppe. Die ehemalige Antoniuskapelle von 1450 mit spätgotischem Netzgewölbe und die Marienkapelle von 1626 zeigen eine bemerkenswerte Renaissancestuckatur italienischer Prägung. Die farbig gefasste Stuckdekoration bildet einen starken Kontrast zur blendend weissen Üppigkeit der neuen Antoniuskapelle von 1656, die von den gleichen Meistern wie die Stuckaturen in den Seitenkapellen der Jesuitenkirche geschaffen wurden. Die gegensätzliche Deckengestaltung zeigt sehr anschaulich die Unterschiede zwischen Renaissance und Barock. In den Kapellen und in der Kirche befinden sich ausserdem eine Reihe bemerkenswerter Epitaphe aus dem 17. und 18. Jahrhundert.

Von der ehemaligen Klosteranlage sind heute nur ein Flügel des inneren Kreuzgangs und Teile des Konventsgebäudes erhalten. Der äussere Kreuzgang, das Beinhaus sowie die beiden Friedhöfe wurden abgebrochen und der Südflügel des Konventsgebäudes um 1900 zum kantonalen Gerichtsgebäude umgebaut.

Nördlich der Kirche, auf dem Franziskanerplatz (Nr. 5), steht der Barfüsserbrunnen, ein barocker Säulenbrunnen mit einer lebensgrossen Franziskusfigur von 1685. Das Original wurde um 1900 durch eine Kopie ersetzt und befindet sich heute im Historischen Museum (Nr. 88). Der strassenförmige Franziskanerplatz wird von einer Häuserzeile mit historischen Gebäuden aus verschiedenen Epochen gesäumt. Das umgebaute Gasthaus Schlüssel aus dem 16. Jahrhundert diente den Jesuiten als erste Herberge in Luzern und auch der in der Innerschweiz hochverehrte Kardinal Karl Borromäus wohnte zeitweise dort. Das grösste Gebäude am Platz ist die ehemalige Kantonsbibliothek (Nr. 6) von 1849. Das quadratische und frei stehende spätklassizistische Gebäude weist die typischen Rustikaquader im Sockelgeschoss und eine gleichmässige Fassadengliederung mit hochrechteckigen Fenstern auf. Der Durchbruch für die Fussgängerpassage auf der Nordseite wurde erst im 20. Jahrhundert geschaffen. Heute befindet sich im Haus die kantonale Finanzverwaltung.

Unweit des Franziskanerplatzes, am Krienbrüggli-Platz, befindet sich das Fideikommisshaus Segesser v. Brunegg (Nr. 7), ein Rokokopalais von 1752. Das frei stehende Haus weist anstelle einer regelmässigen Fenstereinteilung eine für die Zeit typische nach Geschossen und Achsen strukturierte Fassade auf. Gegenüber steht das Clooshaus aus dem 16. Jahrhundert, eines von zahlreichen Beispielen eines neugotischen Umbaus im Zeichen des Heimatschutzes um 1900.

Ausserhalb der Stadtmauern

Durch die Burgerstrasse, dort, wo früher der ab 1890 zugedeckte Krienbach vorbeirauschte, kommt man zum ehemaligen Bürgerspital (Nr. 8), der ersten barocken Anlage dieser Art in der Schweiz (1654–1660).

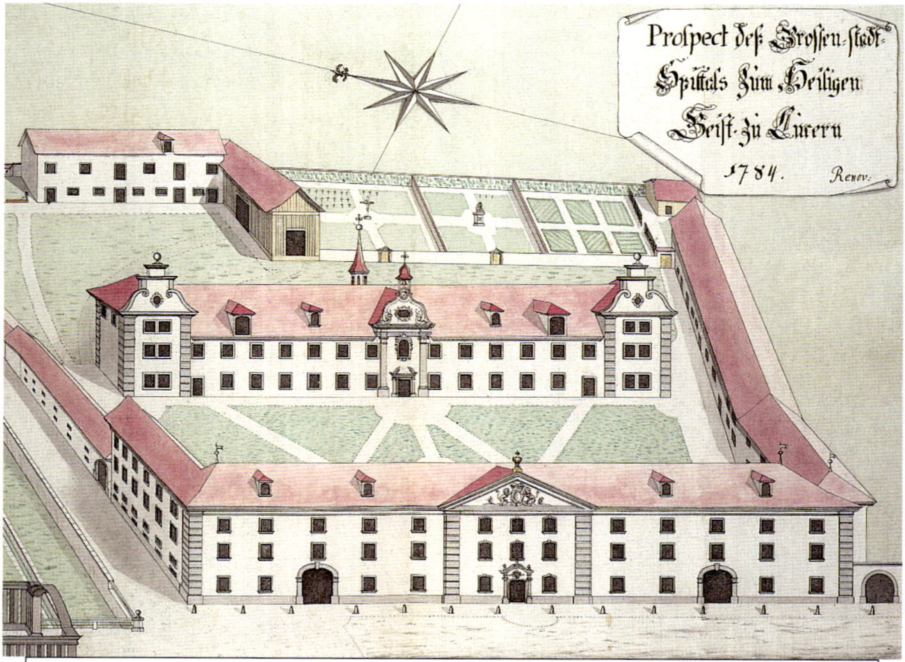

Die schmucklose und nüchterne Architektur des ehemaligen Bürgerspitals (Nr. 8). Einzig die Hauptfassade und die Spitalkapelle im Innenhof zeigen dekorative Bauteile. Aquarell von 1784.

An der nordwestlichen Ecke erinnert eine Platte mit Inschrift an den Pegelstand des Krienbachs während des Hochwassers von 1738.

Luzern besass wahrscheinlich seit dem frühen 13. Jahrhundert ein erstes mittelalterliches Spital. Dieses lag noch innerhalb der Befestigungsanlage der Kleinstadt, in der Nähe der Reussbrücke. Im 17. Jahrhundert verlegte man es in den Obergrund, ausserhalb der Stadtmauer, und errichtete in unmittelbarer Nähe des Franziskanerklosters das Bürgerspital zum Heiligen Geist. Die Aufgaben eines Spitals entsprachen bis ins 19. Jahrhundert nicht denen eines heutigen Krankenhauses. Ein Spital war fast ausschliesslich ein Asyl für Arme, Betagte und Behinderte sowie ein Hospiz für bedürftige Durchreisende und Pilger. Es war zudem ein letzter Zufluchtsort für Menschen, die im Alter oder bei einer Krankheit nicht auf ein familiäres Netz oder familiäre Unterstützung zählen konnten; wenn immer möglich liess man sich sonst zu Hause von den Angehörigen, vielleicht von einem Privatarzt oder auch einem Quacksalber pflegen und betreuen.

Die nüchterne, symmetrische Architektur mit den grossen und schmucklosen Gebäuden unterstreicht denn auch den funktionalen Charakter. Das Spital war ein Zweckgebäude mit einem Pflegetrakt und verschiedenen Ökonomiegebäuden. Der klassizistische Dreiecksgiebel der Westfassade mit dem Spitalwappen stammt aus dem 18. Jahrhundert. Erst mit diesem Umbau erhielt die Anlage ein etwas repräsentativeres Äusseres. Im öffentlich zugänglichen Innenhof befindet sich zwischen zwei symmetrischen Flügeln die ehemalige Spitalkapelle. In dieser Kapelle, deren Ausstattung verloren ging, finden heute öffentliche Anlässe und Ausstellungen statt.

1902 wurde der Betrieb in das neu errichtete Kantonsspital verlegt, der südliche Hofflügel wurde abgebrochen und an dessen Stelle 1917 das neue Stadthaus (Nr. 9) errichtet. Der ganze Komplex ist heute Sitz der Stadtregierung, der städtischen Verwaltung und der Stadtpolizei. 1997 wurde die gesamte Anlage umfassend restauriert und mit verschiedenen Neubauten versehen.

Über den Hirschengraben, den einstigen Stadtgraben der Kleinstadt, gelangen wir wieder zurück zum Ausgangspunkt des Rundgangs. Der Name Hirschengraben geht auf das Hirschgehege zurück, das sich seit dem 17. Jahrhundert an dieser Stelle befand. Mit der Schleifung der Stadtmauern öffnete sich hier die Stadt gegen Süden und Westen. An der Schwelle zum 20. Jahrhundert entstanden am Hirschengraben wichtige öffentliche Gebäude: das Stadthaus, das kantonale Gerichtsgebäude und die neue Kantonsschule (Hirschengraben 16 und 10) sowie das Luzerner Theater (Nr. 10) in der Bahnhofstrasse, das 1839 mit Schillers «Wilhelm Tell» eröffnet wurde. Nach einem Brand 1924 wurde es zum grössten Teil neu errichtet.

Durch die Gassen der Altstadt

Peterskapelle – Kapellplatz – Kornmarkt – Rathaus – Am-Rhyn-Haus – Hirschenplatz – Süesswinkel – Weinmarkt – Metzgerrainle – Weinmarktbrunnen – Mühlenplatz

1 1/4 Std.

Ein Rundgang durch die Gassen und über die Plätze der Altstadt vermittelt vor allem einen Eindruck der politischen und wirtschaftlichen Geschichte Luzerns. Bereits der alte Name Grossstadt oder auch «meren stat» im Gegensatz zur linksufrigen Kleinstadt oder «minre stat» demonstriert die dominante Stellung dieses Stadtteils im Mittelalter. In der Grossstadt befanden sich die erste städtische Kirche, die Marktstätten und das Rathaus. Die ältesten Siedlungskerne der Stadt lagen bei der Peterskapelle und rund um den Marktplatz, Zentrum und Herz der werdenden Stadt im südwestlichen Teil des heutigen Weinmarkts. Bereits im 13. Jahrhundert bildete die Grossstadt ein von einer einfachen Befestigung umgebenes, geschlossenes Siedlungsgebiet. Mit dem Bau des zweiten Befestigungsrings um 1400, der Museggmauer, erreichte die Grossstadt flächenmässig ihre heutige Ausdehnung.

Bis ins 15. Jahrhundert gab es in Luzern nur wenige Steinhäuser. Die meisten Wohnhäuser bestanden aus Holz und entsprechend gross war die Brandgefahr. Die Chroniken berichten immer wieder von verheerenden Feuersbrünsten; ein Tafelbild der Kapellbrücke zeigt den Brand der Grossstadt von 1340. Mit Subventionen und Verboten förderte der Rat den Bau von Steinhäusern. Seit dem 16. Jahrhundert liessen sich die in fremden Staats- und Kriegsdiensten zu Ruhm und Reichtum gelangten Luzerner Patrizier grosszügige und repräsentative Wohnbauten errichten. Die heute noch nach den Namen der Familien benannten Häuser prägten mit ihrer üppigen Fassadenmalerei, mit architektonischen Verzierungen und bildhauerischem Schmuck die Gassen und Plätze der Grossstadt.

Mit der raschen städtebaulichen Entwicklung Luzerns im 19. Jahrhundert verloren die engen Gassen und die Plätze der Grossstadt ihre Bedeutung als politische, religiös-kultische oder wirtschaftliche Zentren.

Unterwegs auf Pflastersteinen – beim Einkaufsbummel in der Kapellgasse …

… nach Ladenschluss vorbei an Fritschibrunnen und Peterskapelle (Nr. 11) zum Schwanenplatz.

Viele gewerbliche Betriebe wurden an den Stadtrand verlegt und bauliche Eingriffe wie der Abbruch der Hofbrücke und die Aufschüttung der Uferanlagen, die Schleifung eines Teils der Befestigungsanlagen und der Neubau zahlreicher mehrgeschossiger Wohn- und Geschäftshäuser veränderten das Stadtbild massiv. Zu den wohl schmerzlichsten Verlusten zählt der Abbruch des spätgotischen Hertensteinhauses am Kapellplatz im Jahr 1825; das mit aussergewöhnlichen Fresken der beiden Hans Holbein, Vater und Sohn, geschmückte Haus war das herausragendste Beispiel spätmittelalterlicher Fassadenmalerei in Luzern. Immerhin löste der Abbruch die Debatte um Bewahrung und Erneuerung von Alt-Luzern aus. Nachdem die Stadt Luzern als touristische Kulisse entdeckt war, setzten sich die Heimatschutzbewegung und Fremdenverkehrskreise für den Erhalt ihres mittelalterlichen Charakters ein. Zahlreich sind die neugotischen Umbauten um 1900. Mit gotischen Giebeln und Erkern sowie historisierenden Fassadenmalereien sollte der mittelalterliche Charakter Luzerns im Zeitalter der Modernisierung bewahrt werden.

Brand einer teilweise noch in Holz erbauten Häuserzeile an der Weggisgasse, im Vordergrund Helfer mit Löschgeräten. Der von Diebold Schilling 1513 dargestellte Brand vom 24. April 1444 lässt sich in anderen Quellen nicht nachweisen.

Heute zeigt sich die Grossstadt als buntes Neben- und Durcheinander von Alt und Neu, von Echt und Falsch. Wertvolle historische Substanz und qualitätvolle Neubauten stehen neben ausgekernten Bauten mit kaschierenden Fassaden und anderen Bausünden der Nachkriegszeit.

Vom Kapellplatz zum Kornmarkt

Der Rundgang beginnt bei der ältesten innerhalb der Stadtmauern gelegenen Kirche, der Peterskapelle (Nr. 11). Das Alter der erstmals 1178 erwähnten Kapelle ist ungewiss, man nimmt jedoch an, dass hier bereits im frühen Mittelalter eine karolingische Kirche stand. Obwohl die Peterskapelle nie eine eigenständige Pfarrkirche war, bildete sie den religiösen Mittelpunkt der werdenden Stadt. Der Leutpriester war für die Seelsorge der Stadtbevölkerung verantwortlich. Die Peterskapelle diente aber auch als Versammlungsort der weltlichen Gemeinde. Hier schwor die Bürgerschaft jeweils den Eid und wählte den Rat.

Stilistisch ist die seit dem 12. Jahrhundert immer wieder veränderte Peterskapelle nur schwer einzuordnen; ihre heutige Form erhielt sie hauptsächlich im 16. und 17. Jahrhundert. An der Südfassade zur Reuss ist ein Steinrelief mit Christus am Ölberg aus dem frühen 16. Jahrhundert eingelassen. Das Innere wird durch die weite, fast quadratische Halle des Schiffs mit einer leicht gewölbten Decke bestimmt. Im kleinen Altarraum stehen drei um 1840 geschaffene klassizistische Altäre mit Gemälden des Stanser Malers Paul Deschwanden. Zur Ausstattung gehört ein gotisches Kruzifix aus dem 14. Jahrhundert und das Arbedo-Gedenkwappen, eine Engelsfigur mit den beiden Wappenschildern Luzern und Uri, die an die Waffenbrüderschaft in der Schlacht um Arbedo 1422 erinnert.

Bei der Peterskapelle, auf dem Kapellplatz (Nr. 12), lag der erste urkundlich erwähnte Friedhof der Stadt. Eine Bestattungsverordnung aus dem 13. Jahrhundert erwähnt Kinder, Unverheiratete, Knechte, Mägde und Fremde, die hier beerdigt wurden. Im 16. Jahrhundert hob der Rat den Friedhof auf und errichtete die Sust, ein Kornmagazin und Warenlager der Kaufleute. Das heutige Erscheinungsbild erhielt der Platz mit dem Abbruch des Sustgebäudes 1862. An den Kapellplatz grenzen verschiedene stattliche Bürger- und Patrizierhäuser. Das Engelbergerhaus (Kapellplatz 2) und das Haus Schwytzer von Buonas (Kapellplatz 3), beide im späten 18. Jahrhundert umgebaut, sind typische Beispiele für das barocke Reihenhaus. Auf der anderen Platzseite befindet sich das zu Beginn des 17. Jahrhun-

Links: Die Masken der Fritschifamilie am Fritschibrunnen. Nach der Legende soll sich das Grab des Bruders Fritschi unter dem Brunnen auf dem ehemaligen Friedhof hier bei der Peterskapelle (Nr. 11) befinden.
Rechts: Vom Schnee wie verzuckert: Das mächtige, abgewalmte Satteldach des Rathauses (Nr. 14) mit dem 41 Meter hohen Turm.

derts errichtete und später mehrmals umgestaltete Balthasarhaus (Kapellplatz 7). Der Fritschibrunnen im Stil der Neurenaissance stammt aus dem Jahr 1918. Er erinnert an die legendäre Fasnachtsgestalt des «Bruders Fritschi» (siehe auch S. 40).

Kornmarkt und Rathaus

Durch die Kapellgasse gelangt man zum Kornmarkt (Nr. 13). Dieser fast quadratische Platz erhielt seinen Namen von den mittelalterlichen Kornhäusern, die sich hier befanden. Mit dem Neubau des Rathauses (Nr. 14) erhielt er sein heutiges Aussehen und wurde zum politischen Zentrum der Stadt.

Bereits vor 1300 besass die Stadt Luzern ihr erstes Rathaus. Das beim Fischmarkt gelegene, 1318 erstmals erwähnte Gebäude war Ausdruck des

Selbstbewusstseins der Bürgerschaft und der zunehmenden Emanzipation gegenüber den Stadtherren. Um 1450 wurde auf dem Kornmarkt ein neues, gotisches Rathaus errichtet, das indessen bereits gegen Ende des 16. Jahrhunderts wegen eines mangelhaft ausgeführten Umbaus wieder abgebrochen werden musste und durch den heutigen Bau ersetzt wurde. Dieses zwischen 1602 und 1604 vom Werkmeister Anton Isenmann aus Oberitalien erbaute Rathaus gehört zu den wichtigsten profanen Renaissancebauten der Schweiz. Der repräsentative Bau zeigt eine eigenwillige Verschmelzung einheimischer und italienischer Bautradition; während das weit ausladende, abgewalmte Satteldach und die Raumordnung lokale und vor allem auch bäuerliche Elemente aufweisen, ist der einem Palazzo ähnliche Charakter mit den Rustikaquadern der Sockelgeschosse von der italienischen Renaissance beeinflusst. Die zweigeschossige, zur Reuss hin dreigeschossige Fassade ist reich verziert; Fruchtgehänge und antikisierende Büsten schmücken die Friese über den Fenstern. Im Portal des Treppenturms sitzen, flankiert von zwei korinthischen Säulenpaaren, zwei Relieffiguren als Allegorie der Gerechtigkeit und Mässigkeit – wenn auch nur als Kopien. Ebenfalls eine Rekonstruktion ist das von zwei Löwen gehaltene Luzerner Wappenschild über dem Fries.

Das Rathaus war ein Mehrzweckgebäude. Über dem Keller befand sich im Erdgeschoss eine grosse Korn- und Kaufhalle. Diese so genannte Kornschütte wird heute hauptsächlich als Ausstellungs- und Empfangsraum genutzt. Die eigentlichen Ratsstuben befanden sich im Obergeschoss. Der äusseren Erscheinung entsprechend sind auch diese Räume sehr repräsentativ und prunkvoll gestaltet, so der im Stil Louis XVI gehaltene Tagsatzungssaal (um 1785) mit den Porträts der Schultheissen der Stadt Luzern und Gemälden zur Schweizergeschichte, der Rats- und Gerichtssaal von 1605 mit einer aussergewöhnlichen Kassettendecke und prachtvoller Täferung sowie das Vorzimmer zum Ratssaal, einer der bedeutendsten Renaissancesäle der Schweiz, mit prunkvoller Wand- und Deckentäferung. In diesen Räumen tagten bis zum Zusammenbruch des Ancien Régime die verschiedenen Räte der Stadt und des Standes Luzern. Die Verwaltung ist inzwischen längst umgezogen, doch der Rat der Stadt Luzern, der Grosse Stadtrat, tagt heute noch im historischen Ratssaal.

Der 41 Meter hohe, mittelalterlich wirkende Rathausturm war noch Teil des alten, gotischen Rathauses und wurde als Wacht- und Beobachtungsturm um 1505 auf den Resten eines sehr frühen Steinhauses errichtet. Nach dem Neubau wurde er erhöht und mit einer neuen Kuppel und vier Ausguckerkern für die Feuerwachen versehen. Im obersten Turmgeschoss befindet sich die Rathausuhr von 1788; das erste Uhrwerk des Rathausturms stammt aus der ersten Hälfte des 16. Jahrhunderts und befindet sich heute im Historischen Museum (Nr. 88). Der Rathausturm war bis ins 20. Jahrhundert mit immer wieder erneuerten Wandmalereien ausgestattet. 1924 wurde auf eine erneute Bemalung verzichtet, der Turm vom Verputz befreit und das rohe Mauerwerk restauriert. Im Turminneren ist vor allem die 1485 eingerichtete Kanzlei, das so genannte Cysat-Stübli, zu erwähnen, ein fast quadratischer Raum mit einem gotischen Sternengewölbe und barocken Archivschränken. Daran schliesst die neue Kanzlei von 1698 an, ein aussergewöhnlicher Barockraum in der Art einer Klosterbibliothek mit Deckengemälden, darunter einer Allegorie der Leuchtenstadt Luzern.

Unweit des Rathauses, in der Furrengasse, befindet sich das 1616–18 errichtete Am-Rhyn-Haus (Nr. 15). Die weit gehend im ursprünglichen Zustand erhaltene Renaissancefassade verleiht der schmalen Gasse einen südländischen Charakter; die viergeschossige, einheitliche Fassade sowie das Portal sind nach dem Vorbild des Ritterschen Palasts (Nr. 2) geschaffen. Das Hinterhaus zur Reuss wurde in der zweiten Hälfte des 18. Jahrhunderts umgebaut und ist durch eine viergeschossige Loggia mit dem Vorderhaus verbunden. Das Vorderhaus verfügt im Erdgeschoss über eine monumentale Halle mit grätigem Kreuzgewölbe. Das überaus prachtvoll gestaltete Patrizierhaus demonstriert Macht und Selbstverständnis einer vor allem vom 16. bis 18. Jahrhundert sehr einflussreichen Familie. Heute beherbergt das Am-Rhyn-Haus die Picasso-Sammlung der Stadt Luzern der Stiftung Rosengart (siehe auch S. 200).

Vom Kornmarkt zum Mühlenplatz

Nur wenige Schritte sind es vom Kornmarkt bis zum nahe gelegenen Hirschenplatz (Nr. 16), dem ehemaligen Schweinemarkt. Er erhielt seine heutige geschlossen wirkende Gestalt durch den Abbruch zweier Häuser nach einem Brand um 1550. Etwa zur gleichen Zeit wurde auch der Schweinemarkt vor die Stadttore verlegt. An der Ostseite des Platzes steht das Göldlinhaus (Hirschenplatz 12), ein spätgotisches Bürgerhaus aus dem 16. Jahrhundert mit zwei vorstehenden Erkern und einem viergeschossigen Säulenhof. Beachtenswert ist das reich verzierte Rokokoschild aus vergoldetem Schmiedeeisen beim Gasthaus Hirschen aus dem 18. Jahrhundert. Das Dornacherhaus (Hirschenplatz 7), ein neugotischer

Umbau mit manieristischer Freskomalerei – neugotische Ornamentik und historische Kriegerfiguren der Schlacht von Dornach 1499 – nach Entwürfen von Seraphin Weingartner zeigt beispielhaft den Einfluss der Heimatschutzbewegung auf die bauliche Entwicklung Luzerns um 1900. Ein kleiner Abstecher führt durch das Gässchen Zum Eselstall zum stillen Süesswinkel (Nr. 17), der zu seinem Spitznamen kam, weil hier früher der Stallmist gelagert wurde.

Danach geht es weiter zum Weinmarkt (Nr. 18), dem früheren Fischmarkt. Der südwestliche Teil dieses Platzes, das Metzgerrainle (Nr. 19), war lange Zeit der wichtigste Punkt der Stadt. Hier befand sich das erste Rathaus und der älteste Marktbereich. Gleichzeitig war das Metzgerrainle auch Richtplatz mit Prangersäule, Lasterbank und Gerichtslaube, einer balkonartigen Tribüne, von der jeweils die Gerichtsurteile öffentlich verkündet wurden. Der Name des Restaurants Linde erinnert möglicherweise noch an die bei mittelalterlichen Richtplätzen übliche Gerichtslinde. Der Weinmarkt war seit dem 15. Jahrhundert auch Schauplatz der berühmten Oster- und Fasnachtsspiele. Bei diesen prachtvoll inszenierten Anlässen handelte es sich um eigentliche Staatsfeste der

Strassenmusiker auf dem Hirschenplatz (Nr. 16). Im Sommer verwandeln Musiker und Gaukler die Plätze und Gassen der Altstadt in Theater- und Konzertbühnen.

Fassadenmalerei von Seraphin Weingartner aus dem Jahr 1893 am Hotel Balance (Metzgerrainle 7): Trommler, Pfeifer und ein geharnischter Krieger. Der Kriegeraufzug an der vierten Etage erinnert an das Zunfthaus der Safran und der Gesellschaft zum Schützen, das sich früher hier befand.

Bürgerschaft mit Dutzenden von Darstellern und Musikanten. Die Tribüne zog sich rings um den Platz und reichte bis zum ersten Stock der Häuser; bis zu 4000 Personen von nah und fern verfolgten die meist mehrtägigen Spiele. Das Fassadengemälde «Hochzeit zu Kana» (1928) von Eduard Renggli am Haus zur Sonne (Weinmarkt 20) nimmt Bezug auf eine Szene aus diesen Osterspielen. Dargestellt ist eine Tischgesellschaft in einer Bühnenarchitektur des 16. Jahrhunderts, gespielt von Luzerner Schauspielern in Renaissancekostümen.

Mitten auf dem Platz erhebt sich der 1481 von Konrad Lux geschaffene Weinmarktbrunnen (Nr. 20), der bedeutendste und repräsentativste Brunnen der Stadt. Auf der Spitze des sechsseitigen gotischen Pfeilers steht eine Figur des heiligen Mauritius, die sechs Krieger an den Seiten erinnern an die Harnischschau, einen mittelalterlichen Militärumzug. Bei dem jetzigen Brunnen handelt es sich allerdings um eine Kopie aus dem 20. Jahrhundert, wobei der obere Teil des Brunnenstocks nach einer angenommenen Urform frei nachgebildet wurde. Das Original befindet sich im Historischen Museum (Nr. 88).

Zahlreiche stattliche Bürger- und Patrizierhäuser geben auch diesem Platz ein grosszügiges Gepräge. Das Pfyffer-Bell-Haus (Weinmarkt 5) aus dem 16. Jahrhundert besitzt eine dekorative barocke Fassadenmalerei (um 1720) und auf der Rückseite, gegen das enge Fischmarktgässlein, einen gotischen Treppenturm. Am Weinmarkt befindet sich auch das Haus der Metzgerzunft (Weinmarkt 3), wo der Legende nach die Verschwörung der österreichfreundlichen Luzerner, die so genannte Mordnacht von 1333, aufgedeckt worden sein soll (s. Kasten S. 85).

Vom Weinmarkt gelangt man durch die Kramgasse zum Mühlenplatz (Nr. 21). Dieser im Mittelalter am Stadtrand gelegene Platz war die eigentliche Verkehrsdrehscheibe; hier wurde das Mahlgut für die Mühlen angeliefert und hier befand sich der Parkplatz für Karren und Wagen. Heute ist

Grimmig blicken die geharnischten Krieger des Bildhauers Konrad Lux vom Weinmarktbrunnen (Nr. 20).

der Mühlenplatz der einzige nicht vom Verkehr befreite Platz der Grossstadt, und seit Jahren diskutiert man über die Aufhebung der Parkplätze zugunsten einer Fussgängerzone. Am westlichen Platzende, beim Kraftwerk, befindet sich der Neptunbrunnen. Der 1718/19 geschaffene Brunnen stellt mit seinen vielen Rokokoornamenten und dem pagodenförmigen Häuschen ein Beispiel für die im Rokoko äusserst beliebte Chinoiseriekunst dar. Auf der Spitze des Brunnenstocks steht eine kleine bronzene Neptunfigur. 1891 wurde der Brunnen vom Hirschenplatz an den Rand des Mühlenplatzes verlegt, weil er am alten Ort den zunehmenden Verkehr behinderte.

Der Mühlenplatz war auch Schauplatz wichtiger politischer Ereignisse. Hier schwor 1798 die Bürgerschaft nach dem Zusammenbruch der alten Ordnung den Eid auf die neue, helvetische Verfassung und hier fand 1844, während des ersten Freischarenzugs, ein Gefecht zwischen den liberal gesinnten Aufständischen und den Milizen der konservativen Regierung statt. Zwei Häuser am Mühlenplatz stehen heute noch für die wechselvolle Geschichte und das Ringen zwischen den liberalen und den konservativen Kräften um die politische Vorherrschaft im 19. Jahrhundert. Auf der einen Seite das Rüttimannhaus (Mühlenplatz 1), ein um 1800 klassizistisch umgebautes Wohnhaus; hier wohnte Vinzenz Rüttimann (1769–1844), ein von den Ideen der französischen Aufklärung begeisterter Patrizier, der während der helvetischen Bestrebungen eine steile politische Karriere machte, sich aber später der konservativen Bewegung anschloss und massgeblich am reaktionären Staatsstreich von 1814 beteiligt war. Gegenüber, im Feer-Fleckenstein-Haus (Mühlenplatz 10) wohnte der liberale Politiker, Jurist und Historiker Kasimir Pfyffer (1794–1875), ein Gegenspieler Vinzenz Rüttimanns und Vorkämpfer des schweizerischen Bundesstaates.

Die Mordnacht von Luzern

Als Luzern mit den drei Waldstätten einen ewigen Bund schwor, um die Herrschaft der Österreicher abzuschütteln, war das aber in der Stadt Luzern nicht allen genehm. Manche wären lieber Österreicher geblieben. Diese schlossen miteinander ein Bündnis und bekräftigten es mit Eid und Gelübde. Sie trugen gemeinsame Tracht, damit sie einander erkennen könnten. Sie beschlossen, sich in einer bestimmten Nacht zu sammeln, denen, die Eidgenossen werden wollten, mit Gewalt in die Häuser zu dringen und sie ums Leben zu bringen.

Als sie sich um Mitternacht in der Stadt sammelten, kam ein Knabe dort vorbei. Da er aber die Leute raunen und die Harnische klingeln hörte, erschrak er in der Meinung, es sei ein Gespenst, und wollte fliehen. Da gewahrten ihn einige, liefen ihm nach, fingen ihn und drohten ihm bei seinem Leben, er müsse sofort sterben, wenn er schreie oder sich etwas merken liesse. Der Knabe tat es willig, um nicht gestört zu werden, und als sich immer mehr versammelten, vernahm der Knabe ihren Entschluss, was sie in dieser Nacht verüben wollten. Als sie so untereinander berieten, hatte keiner mehr auf den Knaben Acht, und als dieser das merkte, schlich er ganz leise davon. Er sah in der Metzgernstube noch ein Licht brennen, begab sich hinauf und setzte sich hinter den Ofen.

Es waren da aber noch viele Leute, die spielten und tranken. Als der Knabe hinter dem Ofen sass, begann er laut zu reden: «O Ofen, Ofen!» Dann sprach er nichts mehr, denn von den anderen achtete keiner auf ihn. Aber nach einer Weile fing er wieder an: «O Ofen, Ofen, dürfte ich reden!» Das hörten nun die Gesellen, schnauzten ihn an und sprachen: «Was treibst du da für Dummheiten hinter dem Ofen. Was hat er dir getan? Bist du ein Narr oder was bist du?» Da sagte er: «Ach, nichts, nichts, ich sage nichts!» Bald fing er zum dritten Mal an und sprach: «O Ofen, Ofen, ich muss dir klagen, denn ich darf es sonst keinem Menschen sagen. Da sind die Leute, die sammeln sich und wollen in dieser Nacht, wenn es ihnen nicht bald gewehrt wird, ein Morden in dieser Stadt vollbringen. Das ist, o Ofen, die Wahrheit.»

Da die Gesellen das hörten und von dem Knaben die Verschwörung vernahmen, liessen sie ihn stehen. Sie brachen schnell auf und machten das Gehörte überall in der Stadt kund, so dass jedermann gewarnt war und dem Unheil zuvorkommen konnte. Wie es dann denen erging, die ein solches Morden vorhatten, kann man sich leicht denken.

Nach Anton Müller, Sagenhaftes Luzernbiet

Über Brücken und am Wasser

Kapellbrücke – Wasserturm – Haus Zur Gilgen – Rathausquai – Unter der Egg – Reussbrücke – Zöpfli – Reusssteg – Münzgasse – Nadelwehr – Spreuerbrücke – Stadtmühlen

1 1/4 Std.

Wie andere Siedlungen an See- oder Flussufern ist auch die Lage und Erscheinung der Stadt Luzern durch den Lauf des Wassers geprägt. Luzern liegt am nördlichen Ende des Vierwaldstättersees, dort, wo die vermeintlich trägen Wassermassen in die bisweilen reissende Reuss abfliessen. Die Lage zwischen See und Fluss bedeutete, sich den Bedingungen des Wassers anzupassen, aber auch das Wasser zu dämmen, zu kanalisieren und zu nutzen. Sümpfe, Schwemmland und Geschiebe beeinflussten die frühe Siedlungstätigkeit, gleichzeitig boten See und Fluss bequeme und relativ sichere Transportwege und die Wasserkraft der Reuss war Voraussetzung für den Antrieb der im Mittelalter wichtigen Mühlen und anderer Gewerbebetriebe.

Der Spiegel des Vierwaldstättersees war am Ende der letzten Eiszeit viel tiefer als heute und lag noch im 9. Jahrhundert rund zwei Meter unter dem heutigen Wasserstand von 435 Metern über Meer. Die frühmittelalterliche Siedlung Luzern befand sich nicht direkt am See, denn die Uferlinie verlief viel südlicher als heute. Erst als der Seespiegel durch die ausgedehnten Flussverbauungen und Stauungen der Reuss im 14. Jahrhundert anstieg, kam der Ort unmittelbar an das Seeufer zu liegen. Und erst damit waren die Voraussetzungen für den Aufschwung zur mittelalterlichen Kleinstadt geschaffen. Es folgten Uferverbauungen, die Anlage von Kanälen und Wehren sowie vor allem Brückenbauten. Das mittelalterliche Luzern besass nach 1400 bereits vier Brücken, für eine Stadt von der Grösse Luzerns wohl einzigartig in Europa. Zwei dieser ältesten Brücken, die Kapellbrücke und die Spreuerbrücke, haben sich, wenn auch ein wenig verkürzt, bis heute erhalten. Die um 1260 erbaute Hofbrücke wurde im 19. Jahrhundert abgebrochen; erhalten blieb einzig der Bilderzyklus, der 119 zum Teil beidseitig bemalte dreieckige Tafeln mit Szenen aus dem

Auf dem Nadelwehr (Nr. 31) – Reussabwärts wird bei der Spreuerbrücke (Nr. 32) seit Jahrhunderten die Wasserkraft genutzt …

… flussaufwärts reguliert das Wehr den Wasserstand des Vierwaldstättersees.

Ansicht der Hof- und Kapellbrücke als Teil der Stadtbefestigung, Kupferstich von ca. 1780.

Alten und Neuen Testament umfasst. Die 1168 als erste Brücke Luzerns erwähnte Reussbrücke stammt in der heutigen Form aus der zweiten Hälfte des 19. Jahrhunderts. Heute überqueren zwischen Seebecken und Stadtgrenze elf Brücken die Reuss.

Kapellbrücke und Wasserturm

Die bekannteste Luzerner Brücke und das Wahrzeichen der Stadt ist die Kapellbrücke (Nr. 22) mit dem Wasserturm (Nr. 23). Millionenfach fotografiert und touristisch vermarktet, ist sie aus dem Erscheinungsbild der Stadt nicht wegzudenken. Diese älteste noch erhaltene Holzbrücke der Schweiz stammt wahrscheinlich aus der Mitte des 14. Jahrhunderts und wurde 1367 erstmals schriftlich erwähnt. Auffallend schräg, mit einem kleinen Knick beim Wasserturm, verbindet die Brücke die Kleinstadt mit der Grossstadt. Der nördliche Brückenkopf stiess einst direkt an die Fassade der Peterskapelle (Nr. 11), die der Brücke damit den Namen gab. Im Süden endete sie beim Freienhof, einem 1949 abgebrochenen gotischen Gebäude.

Die mit Schwirren – in den Seegrund gerammte Pfähle – verstärkte Brücke schloss zum einen die Lücke zwischen dem linksufrigen und dem rechtsufrigen Befestigungsring und hatte auch den Zweck, bei einem möglichen Angriff vom See her als Wehrgang zu dienen; die seeseitig höhere Brüstung der Brücke weist noch heute auf diese wehrhafte Funktion hin. Doch die Kapellbrücke war nicht nur Wehrgang, sondern immer auch Fussgängersteg. Sie stellte die kürzeste und vor der Witterung geschützte Verbindung zwischen den religiösen Zentren der Stadt dar,

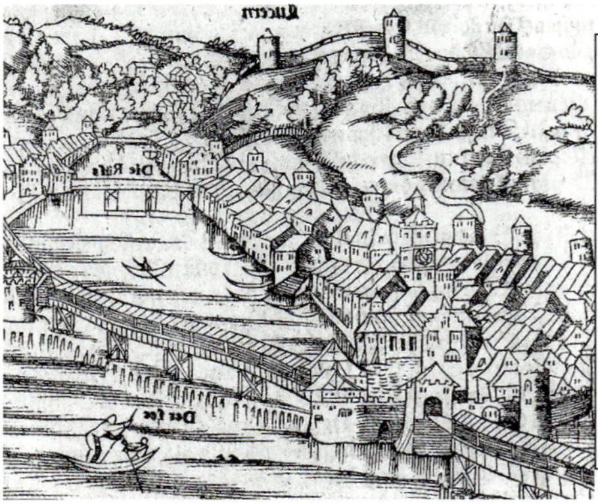

Eine der ältesten Darstellungen Luzerns und der mit Schwirren verstärkten Kapellbrücke (Nr. 22) findet sich in Sebastian Münsters «Cosmographia universalis» von 1543.
Dort ist die Ansicht allerdings seitenverkehrt wiedergegeben, dafür ist die Beschriftung korrekt.

Luzerns Wahrzeichen – die Kapellbrücke (Nr. 22) – im Winternebel.

nämlich vom Franziskanerkloster zur Peterskapelle sowie – über die etwas ältere Hofbrücke, die von der Peterskapelle ausgehend die Grossstadt mit dem Hofbezirk verband – zum Kloster St. Leodegar im Hof.

Bereits um 1300, noch einige Jahre vor der Kapellbrücke, entstand der Wasserturm als Teil des inneren Befestigungsrings. Der achteckige Turm mit dem markanten Pyramidendach diente bis Anfang des 18. Jahrhunderts als Verlies und Folterkammer sowie als Archiv und Schatzkammer. Während im untersten Geschoss, einem nur von oben zugänglichen, kreis-

Die Kapellbrücke brennt

Gross war die Bestürzung in Luzern, als in der Nacht vom 17. auf den 18. August 1993 die Kapellbrücke fast vollständig niederbrannte. Ein Feuer auf einem unter der Brücke verankerten Boot, wahrscheinlich ausgelöst durch einen Zigarettenstummel, entfachte einen Grossbrand, der sich innerhalb weniger Minuten rasend schnell über die Brücke ausbreitete. 160 Feuerwehrleute standen im Einsatz, konnten jedoch nur noch die beiden Brückenköpfe und den Wasserturm retten. Unfassbar und voller Trauer standen die Luzernerinnen und Luzerner am nächsten Morgen vor den verkohlten Resten ihrer Brücke: Der Brand der Kapellbrücke traf nicht nur das touristische Wahrzeichen, sondern gleichsam das Herz der Stadt. Aus der ganzen Schweiz und selbst aus dem Ausland trafen Sympathiekundgebungen ein. Fernsehen und Zeitungen aus aller Welt berichteten über den Brand. Rasch stand denn auch fest, dass die Brücke nach altem Vorbild wieder aufgebaut werden sollte. Am 14. April 1994, nicht einmal ein Jahr nach dem Unglück, wurde sie mit einem grossen Fest wieder eröffnet. Damit hatten die Luzernerinnen und Luzerner – und die Touristen – ihren liebsten und schönsten Weg der Stadt wieder. Mediengerecht inszeniert, wurde der Brückenbrand schliesslich zu einer der grössten Werbeaktionen in der Geschichte des Tourismus.

Bei den Diskussionen um den Wiederaufbau hat sich aber auch herausgestellt, dass die Brücke schon seit dem 14. Jahrhundert immer wieder erneuert worden war. Eine bauhistorische Untersuchung ergab, dass das Holz des Unterbaus zu rund 40 Prozent aus der Zeit zwischen dem 14. und dem 19. Jahrhundert stammt. In diesem Sinn war der Wiederaufbau der Brücke eine Reparatur, wie sie in der Geschichte eines 600-jährigen Holzbaus immer wieder vorkommt. Viel verheerender war der Brand für die Brückengemälde. Von den 110 aufgehängten Originalen sind 85 verbrannt; 25 Bilder konnten restauriert und wieder platziert werden. Mit den eingelagerten Tafeln und Repliken der verbrannten Bilder sollen die Lücken im Gemäldezyklus nach und nach wieder gefüllt werden. Einige der verbrannten Tafeln werden schliesslich als Erinnerung an den Brand weiterhin auf der Brücke gezeigt.

runden Kuppelgewölbe, die erbarmungswürdigen Gefangenen ihre Strafe verbüssten, wurden im oberen Geschoss der Luzerner Staatsschatz und kostbare Stücke der Burgunderbeute sowie weitere Beutestücke aus verschiedenen Schlachten aufbewahrt.

Ab 1611 erhielt die Kapellbrücke einen einzigartigen Bilderzyklus. Die im Stil der Spätrenaissance vom Maler Heinrich Wägmann geschaffenen dreieckigen Tafelbilder zeigen Szenen aus der Stadt- und der Schweizer Geschichte sowie Stationen aus dem Leben der beiden Stadtpatrone St. Leodegar und St. Mauritius. Jedes Bild ist unten in den Ecken mit den Wappen des Stifters und der Stifterin versehen und ein Vierzeiler des Stadtschreibers Renward Cysat und Hans Rudolf Sonnenbergs erklärt den Bildinhalt. Von Cysat stammt auch der Entwurf für den Ablauf des Bildprogramms. Der Zyklus beginnt am Kleinstadtufer, führt zur Peterskapelle und schliesslich zum Ausgangspunkt zurück. Bis zum Brückenbrand von 1993 (s. Kasten S. 91) waren von den 158 Tafeln 147 erhalten geblieben; von diesen wurden 110 auf der Brücke gezeigt.

Im 19. Jahrhundert mussten der südliche wie auch der nördliche Brückenkopf den neuen Anlagen am Reussufer weichen; die einst 285 Meter lange Kapellbrücke «verlor» dadurch 85 Meter. Sie beginnt heute in der Bahnhofstrasse und endet am Rathausquai, der Ende des 19. Jahrhunderts als Verkehrsweg und Promenade zwischen dem Rathaus und dem Haus Zur Gilgen angelegt wurde.

Am Reussufer

Das 1510 errichtete Patrizierhaus Zur Gilgen (Nr. 24) gehört zu den ältesten bürgerlichen Steinhäusern der Stadt und ist eines der wenigen Zeugnisse spätgotischer Wohnbauten. Der mit dem Haus verbundene, bereits im 14. Jahrhundert erwähnte Baghardsturm war Teil der städtischen Befestigungsanlage; er brannte 1495 nieder und wurde mit dem Haus neu aufgebaut. Das nach allen Seiten frei stehende Bürgerhaus lag ursprünglich – bis zum Bau des Rathausquais – direkt an der Reuss. Wie viele gotische Bürgerhäuser wurde auch das Haus Zur Gilgen im Barock umgebaut und verändert. Einzig der Turm mit seinen gotischen Masswerkfenstern behielt im Wesentlichen den ursprünglichen Zustand bei.

Über den 1833 aufgeschütteten Rathausquai (Nr. 25) führt der Weg zu den Arkaden Unter der Egg (Nr. 26). Die Gewölbe unter dem Rathaus waren – und sind auch heute noch – die Marktstätten, wo die Bauern und

Ein lauschiger Sommerabend am Rathausquai (Nr. 25).

Fischer der Region ihre Produkte anboten. Weiter am rechten Reussufer, vorbei am 1899 errichteten Rathaussteg, an den Arkaden unter dem Zunfthaus zu Pfistern (Bäcker) entlang und die Treppe hoch über Fischmarkt und Metzgerrainle gelangt man schliesslich zur Reussbrücke (Nr. 27), einer zweijochigen Eisenbrücke aus der zweiten Hälfte des 19. Jahrhunderts. Hier, an der schmalsten Stelle der Reuss, befand sich bereits im 12. Jahrhundert ein Übergang; diese erstmals 1168 erwähnte Reussbrücke, die einzige ungedeckte der vier alten Luzerner Brücken, hatte eine grosse Bedeutung für die Gründung und Entwicklung der Stadt. Als Landstrasse, für Fuhrwerke befahrbar, war sie ein wichtiger Übergang für den regionalen Warenverkehr.

Lohnend ist ein Abstecher zum malerischen Zöpfli (Nr. 28). Direkt an der Reuss gelegen, bietet es einen interessanten Blick auf das Nadelwehr (s. u.) und die gegenüberliegende Häuserzeile am Reusssteg (s. u.). Hier am rechten Reussufer, haben zahlreiche Patrizierfamilien ihre stattlichen Häuser errichtet. Am nördlichen Brückenkopf, direkt über dem Wasser, steht das 1787 errichtete Von-Sonnenberg-Haus mit Grisaillemalereien an der Süd- und Ostfassade sowie einem bemerkenswerten ganz aus Holz geschnitzten Doppelportal und gegenüber der Neubau mit der vorgeblendeten Fachwerkfassade des 1971 abgebrochenen Balthasarhauses aus dem 17. Jahrhundert.

Auf dem anderen Reussufer, beim südlichen Brückenkopf, befinden sich flussabwärts am Reusssteg (Nr. 29) das Pfyffersche Stipendihaus, ein gotisches Bürgerhaus mit zwei schlanken Erkertürmchen aus dem Jahr 1579, direkt daneben das stattliche Sonnenberghaus oder Korporationsgebäude aus dem 18. Jahrhundert, das 1859 mit figürlichen Reliefs als allegorisches Abbild Luzerns geschmückt wurde, sowie etwas weiter unten das Mitte des 18. Jahrhunderts vollständig barockisierte Feerhaus. Durch einen gedrungenen Torbogen beim Pfyfferschen Stipendihaus gelangt man in die

Die Arbeiter des städtischen Zimmereiwerks beim Regulieren des Nadelwehrs (Nr. 31).

etwas verborgen gelegene Münzgasse (Nr. 30). Hier, abseits der geschäftigen Gassen und Plätze, wird der spätmittelalterliche Charakter der Stadt noch fast unmittelbar spürbar.

Auf der Höhe des Reussstegs befindet sich das 1859 errichtete Nadelwehr (Nr. 31). Mit seinen 175 so genannten Nadeln, das sind 3,5 Meter lange, einzeln einsetzbare Tannenbalken, wird heute noch der Seespiegel reguliert. Bereits im 13. Jahrhundert leiteten hier fest eingebaute Schwellen das Wasser der Reuss auf die Stadtmühlen am gegenüberliegenden Ufer. Bei Hochwasser staute sich das Wasser jedoch so stark, dass viele Uferorte am Vierwaldstättersee überschwemmt wurden. Mit dem Bau des flexiblen Nadelwehrs anstelle der starren Schwellen liessen sich die schlimmsten Überschwemmungen vermeiden.

Die Spreuerbrücke

Ein schmaler Durchgang führt zur Spreuerbrücke (Nr. 32). Die Gewölbe am südlichen Brückenkopf, der so genannte Weite Bogen mit dem Herrenkeller – einer ehemaligen Weinkellerei –, sind die Überreste eines Korn- und Zeughauses. Bis auf den Bogen im Erdgeschoss stammt das heutige Gebäude aus den siebziger Jahren des 20. Jahrhunderts.

Die Spreuerbrücke wurde in zwei Phasen gebaut. Bereits im ausgehenden 13. Jahrhundert bestand ein Zugang vom Mühlenplatz (Nr. 21) zu den teilweise auf künstlichen Inseln in der Reuss gelegenen Mühlen: der Mühlensteg. Der südliche Teil der Brücke wurde dagegen erst im letzten Drittel des 14. Jahrhunderts errichtet; noch heute sind die beiden Brückenteile klar getrennt. Die Spreuerbrücke bildete einen Teil des äusseren Befestigungsrings und diente sowohl als gedeckter Wehrgang wie auch als Fussgängersteg und Verbindung zwischen dem Mühlenplatz (Müller-Viertel) und der Pfistergasse (Bäcker-Viertel). Ihr Name kommt wahrscheinlich daher, dass nur von dieser untersten Stadtbrücke Spreu und Laub in die Reuss geschüttet werden durften. 1566 wurde die Spreuerbrücke während eines heftigen Unwetters fast vollständig zerstört und später wieder aufgebaut; der erkerartige Holzaufbau mit Spitzgiebel entstand wahrscheinlich beim Wiederaufbau der beschädigten Nordhälfte 1568/69. Als Brückenkapelle wurde er indessen erst im Lauf des 17. Jahrhunderts eingerichtet; die Unserer Lieben Frau geweihte Kapelle weist zum Brückeninnern eine Neurenaissancewand (1890) und zwei Glas-

Tafel 39 des Totentanzes auf der Spreuerbrücke (Nr. 32): Der Tod überrascht den Maler an der Staffelei. Vermutlich ein Selbstporträt des Malers Kaspar Meglinger.

gemälde von Eduard Renggli (1905) auf. Im Winter wird die gegen die Wetterseite offene Kapelle mit einer Bretterwand geschützt.

In den Jahren 1626 bis 1635 erhielt die Spreuerbrücke wie die beiden anderen Holzbrücken einen Gemäldezyklus. Unter der Leitung des Malers Kaspar Meglinger entstand ein 67 Tafeln umfassender Totentanz. Die Bilder wurden wie bei der Hof- und Kapellbrücke gestiftet, weshalb auch hier im unteren Teil jeweils die entsprechenden Wappen angebracht sind. Ebenso erklärt ein Vierzeiler den Bildinhalt. Der Bilderzyklus steht stark in der Tradition des bekannten Totentanzes von Hans Holbein dem Jüngeren. Stilistisch weisen die in Landschaften und Interieurs gestellten Figurengruppen jedoch über die mittelalterliche Malerei hinaus und sind von der französischen Malerei der Zeit beeinflusst. Durch die Verkürzung der Spreuerbrücke auf der Nordseite 1785 und die Auslagerung von Gemälden gingen einzelne Tafeln verloren; heute werden 45 Tafeln auf der Brücke gezeigt.

Am nördlichen Brückenkopf der Spreuerbrücke, beim Mühlenplatz (Nr. 21), befanden sich früher die Stadtmühlen (Nr. 33). Die Wasserkraft war

«Gwüss ist der Tod»

Der Totentanz genoss vor allem im Spätmittelalter höchste Wertschätzung und Verbreitung. Auf Friedhöfen, in Beinhäusern und Kirchen war das Motiv des tanzenden Todes ständiger Begleiter der Menschen und erinnerte an die Vergänglichkeit des Lebens und die Allmacht des Todes. Im Mittelalter waren Sterben und Tod keine Angelegenheit privater Natur, sondern allgegenwärtig. Allein im Kanton Luzern sind noch drei weitere Totentänze aus dem 17. Jahrhundert bekannt: der Totentanz von Jakob von Wyl, dem Lehrer Kaspar Meglingers, im Ritterschen Palast, sowie die beiden Totentänze in den Beinhäusern von Wolhusen und Hasle.

Die klassische Darstellungsform des Totentanzes besteht aus einer Folge musizierender und tanzender Todesgestalten, die jeweils einen Todgeweihten mitten aus dem Leben zum Tanz, das heisst zum Sterben, auffordern. Tod und sterbende Person bilden dabei ein Paar. Die Todesgestalten sind als verwesende Leichen oder Skelette dargestellt, während die sterbenden Menschen mit den Kleidern und Attributen ihres Standes oder Berufs versehen sind. Ein Grundmotiv ist die Gleichheit aller vor dem Tod. Der Tod trifft unterschiedslos alle sozialen Schichten, Frauen und Männer, Kinder und Greise, geistliche wie weltliche Personen, Gläubige und Heiden, Reiche und Arme. Doch ist das Motiv der Gleichheit vor dem Tod nicht etwa als Kritik an der mittelalterlichen Ständeordnung zu verstehen. Erst im Jenseits galten alle Menschen als gleich, im Hier und Jetzt gab es sehr wohl eine gesellschaftliche Hierarchie. An dieser orientiert sich denn auch die Abfolge des Totentanzes; sie beginnt meist mit Papst und Kaiser und endet mit dem Bauernvolk, Bettlerinnen und Gauklern.

Schiffbruch von Kaufleuten bei der Reussschwelle zwischen der Reuss- und der Spreuerbrücke, 1504. Im Hintergrund ein Wasserrad der Stadtmühlen (Nr. 33). Darstellung aus der Chronik Diebold Schillings von 1513.

im Mittelalter die wichtigste Energiequelle. Bereits vor der Stadtgründung betrieb hier das Kloster im Hof seine Mühlen. Die Anlage wurde seit der Stadtgründung immer wieder ausgebaut, zum Teil auf künstlichen Inseln in der Reuss. Mittels Schwellen und Kanälen leitete man das Wasser zu den Mühlrädern. Zahlreiche Wasserräder trieben verschiedene Mühlen an: Neben den vier Getreidemühlen gab es eine Harnisch- und Poliermühle für das Bearbeiten von Waffen, eine Münzmühle zum Prägen von Münzen, eine Walke für die Tuchproduktion, eine Pulver- oder Gewürzstampfe sowie weitere Gewerbebetriebe, die Wasser benötigten.

In der zweiten Hälfte des 19. Jahrhunderts wurden die traditionellen Wasserwerke allmählich durch die Elektrizitätswerke verdrängt. Nach zwei Bränden in den siebziger Jahren des 19. Jahrhunderts beschloss man, die Stadtmühlen abzubrechen und durch ein Kraftwerk mit direkter Transmission zu ersetzen. Dazu kam ein Gewerbegebäude mit zahlreichen kleingewerblichen Betrieben, welches seinerseits 1932 niederbrannte. Erst seither öffnet sich der Platz zur Reuss hin. Heute produziert an der Stelle der 1977 stillgelegten Anlage ein modernes Laufkraftwerk mit zwei Turbinen elektrischen Strom für rund 1500 Haushalte. Der Wasserstrahl beim Einlauf des 1998 errichteten Kraftwerks zeigt an, wie viel Energie im Augenblick erzeugt wird. An der Fassade des Hauses Fischerstube am Mühlenplatz erinnert ein Wandbild von 1939 in Anlehnung an den Martiniprospekt von 1597 an die mittelalterlichen Stadtmühlen.

Rund um den Bahnhof

Bahnhofsgebäude – Postgebäude – Hotel Monopol – Hotel Waldstätterhof – Schifflandebrücke – Kultur- und Kongresszentrum

1 Std.

Mit der Ankunft der ersten Dampflokomotive 1859 begann auch in Luzern das Eisenbahnzeitalter. Die Eisenbahn, Symbol für Mobilität und Moderne, beschleunigte den Wandel von der beschaulichen Kleinstadt zur Touristenmetropole. Innerhalb weniger Jahrzehnte veränderte sich das Stadtbild markant. Der Bau des Bahnhofs gab den Anstoss für die Erschliessung und Überbauung des ursprünglich ausserhalb der Stadt gelegenen sumpfigen Landstrichs am linken Seeufer und bestimmte in den folgenden Jahren die Stadtentwicklung massgeblich. Der Bahnhofsvorplatz wurde zum verkehrsreichsten Strassenplatz Luzerns, zum eigentlichen städtischen Verkehrszentrum. Der öffentliche Verkehr – Bahn, Bus und Schiff – und vor allem das Auto bestimmten von nun an weit gehend das Gesicht dieses Platzes. Um 1900 bildete er mit dem Bahnhof, dem Postgebäude und den verschiedenen Hotelbauten das neue städtische Zentrum Luzerns. Mobilität, Kommunikation und Tourismus waren zentrale Koordinaten im schnellen Wachstum der Stadt Luzern an der Schwelle zum 20. Jahrhundert.

Hundert Jahre später ist der Bahnhofplatz mehr denn je von der Mobilität geprägt. Doch sein Gesicht hat sich in dieser Zeit immer wieder stark verändert. In den knapp 150 Jahren seit der Aufschüttung des Sumpfgebiets entstanden hier nicht nur drei Bahnhöfe, sondern auch zwei Kunsthäuser, eine Festhalle aus Holz im Stil einer mittelalterlichen Burganlage sowie verschiedene Hotels und Verwaltungsgebäude. Heute setzen der Bahnhof und vor allem das Kultur- und Kongresszentrum (KKL) neue architektonische Akzente im Stadtbild. Insbesondere das KKL wurde an der Schwelle zum 21. Jahrhundert zum neuen Wahrzeichen Luzerns und zu einem Symbol kultureller Visionen über die Stadt- und Landesgrenzen hinaus.

Pulsierendes Leben – am Verkehrsknotenpunkt Bahnhofplatz ...

… an der Geschäfts-, Bank- und Einkaufsmeile Pilatusstrasse.

Der Bahnhof

Der erste eingleisige Schienenstrang der 1859 eröffneten Eisenbahnlinie Luzern–Basel führte damals durch die heutige Pilatusstrasse direkt ans Seeufer. Ein kleines «Chalet» (Holzhaus) diente als erstes Abfertigungsgebäude, dahinter lag ein Güterbahnhof für das Verladen der Waren auf die Schiffe zum Weitertransport Richtung Gotthard. Auch die Passagiere, die nach Italien weiterreisen wollten, stiegen hier auf die Dampfschiffe um. Mit dem Bau der ersten Seebrücke 1869/70 wurde der Bahnhof direkt mit den neuen Hotels am See verbunden. Der Bahnhofsvorplatz stand nun dem Durchgangsverkehr offen und rückte so in den Mittelpunkt der städtischen Verkehrswege.

Doch der kleine Holzbahnhof erwies sich für die stetig wachsende Zahl der Reisenden bald als zu klein und vor allem auch als zu wenig repräsentativ. Als der deutsche Kaiser Wilhelm II. 1893 die Stadt besuchte, schämten sich die Einheimischen derart ihres kleinen Bahnhofs, dass sie das Häuschen üppig mit Girlanden, Fahnen und Pflanzen schmückten, bis es kaum noch zu erkennen war. Bereits ein Jahr später verschwand der alte Bau und 1896 wurde ein neues Bahnhofsgebäude feierlich eröffnet sowie gleichzeitig die heutige Linienführung der Bahntrasse festgelegt. Der neue Bahnhof, ein eigenwilliger Monumentalbau, demonstrierte die Bedeutung der Eisenbahn auch architektonisch. Seine markante Kuppel und die zentrale städtebauliche Lage machten deutlich: Hier befindet sich das neue Stadttor Luzerns. Der Bahnhof blieb bis zu seiner Zerstörung durch einen Grossbrand das Wahrzeichen des modernen Luzern.

Es geschah am frühen Morgen des 5. Februar 1971. Im Dachstock entzündete sich ein Feuer und bald hingen dicke Rauchwolken über der Stadt. Die Feuerwehr blies zum Grosseinsatz, doch es half nichts. Der

Der noch weit gehend verkehrsfreie Bahnhofplatz um 1940. Rechts der 1971 abgebrannte Bahnhof und im Hintergrund das 1995 abgebrochene Kunst- und Kongresshaus von Armin Meili.

Das elegant geschwungene Vordach und die transparente Vorhalle des Bahnhofs von Santiago Calatrava (Nr. 34).

Bahnhof wurde durch den Grossbrand weit gehend zerstört, die Kuppel stürzte ein und die Bahnhofsuhr blieb um 9.03 Uhr stehen. Da der Bau jedoch ohnehin den Anforderungen an einen zeitgemässen Bahnhof längst nicht mehr genügte, verzichtete man auf einen Wiederaufbau und beschloss, das gesamte Bahnhofsareal neu anzulegen. So entstanden in den folgenden Jahren ein Geschäfts- und Wohnhaus am Inseliquai (1984), das Postbetriebsgebäude (1985), das Gewerbeschulzentrum über den Gleisen (1989), der Westtrakt mit der Fachhochschule für Wirtschaft (1996) und schliesslich 1991 das neue Bahnhofsgebäude (Nr. 34). Der mit dunkelgrünem Serpentin ausgekleidete Bau besticht vor allem durch die transparente Vorhalle, die den Blick auf den Bahnhofplatz und den See freigibt. Die Vorhalle und auch das Vordach des nahen Postbetriebsgebäudes sind erste öffentliche Arbeiten des spanischen Architekten Santiago Calatrava. Das elegant geschwungene Vordach setzt wie ein Flügel die transparente Glaskonstruktion fort. Calatrava verbindet hier wie in vielen seiner späteren Grossprojekte die Gesetze der Statik mit organischen Grundmustern – die skelettartige Dachkonstruktion mit dem auf Beton- und Stahlpfeilern ruhenden Vordach macht die Konstruktion, die Zug- und Druckkraft sichtbar und wird über ihre Funktion hinaus zu einem ästhetischen Gestaltungsmittel.

Der alte Bahnhof ist allerdings nicht vollständig verschwunden. Das Hauptportal und das grosse Wandbild «Nord et Sud» des Genfer Malers Maurice Barraud von 1928 in der Schalterhalle hatten das Feuer von 1971 überstanden und wurden in den Neubau integriert. Das Bild wurde nach dem Brand unter Schutz gestellt und mit grossem Aufwand von seinem ursprünglichen Standort abgelöst und in einer klimatisierten und durch Sicherheitsglas abgeschlossenen Nische an der Westfassade des neuen Bahnhofs wieder montiert. Der beste Blick darauf bietet sich von der Strassenecke vor dem Hotel Monopol (s. u.) aus. Das Fresko zeigt in Form einer etwas idealisierten Vorstellung südländischer Lebensart Luzerns Stellung als Tor in den Süden.

Einen prominenten Platz fand das Hauptportal des ehemaligen Bahnhofs. Es steht neu als monumentaler Torbogen mitten auf dem Bahnhofsvorplatz, bekrönt mit der Figurengruppe «Zeitgeist» des Bildhauers Richard Kissling. Der Jüngling auf dem geflügelten Räderpaar verkörpert als Genius der Zeit den Fortschritt der Eisenbahn; links und rechts schaffen zwei Arbeiter mit Werkzeugen die Hindernisse vor dem Wagen beiseite. Richard Kissling (1848–1919) war wohl der berühmteste Schweizer Bildhauer seiner Zeit. Der heute fast vergessene Schweizer Nationalbildhauer, Schöpfer zahlreicher Denkmäler, schuf mit dem Telldenkmal in Altdorf (Kanton Uri) das gleichsam «gültige» Tellbild des bärtigen, in einfache Bauerntracht gekleideten legendären Freiheitshelden.

Der Bahnhofplatz

Den nördlichen Abschluss des Bahnhofplatzes zur Reuss hin bildet das vom bekannten Zürcher Architekten Gustav Gull 1888 erbaute Postgebäude (Nr. 35). Der im Stil der Neurenaissance errichtete Bau ist zusammen mit dem ehemaligen Verwaltungsgebäude der Gotthardbahngesellschaft (Nr. 78) am Schweizerhofquai (Nr. 77) ein architektonisches Zeugnis der so genannten «Bundesrenaissance», eines Baustils, der die Bedeutung wichtiger staatspolitischer Aufgaben des jungen Bundesstaates wie Post-, Bahn- oder Schulbetrieb zum Ausdruck brachte. Auf den kolossalen Säulen des über Eck gestellten Eingangstrakts stehen vier allegorische Figuren – die Post, die Telegrafie, die Schifffahrt und die Eisenbahn – als Zeichen der grenzenlosen Begeisterung für die neuen Kommunikationsmittel.

Den zweiten Eckpfeiler am Bahnhofplatz, gleichsam den westlichen Abschluss, bildet der Tourismus mit den beiden Hotels Monopol (Nr. 36) und Waldstätterhof (Nr. 82). Beide Gebäude wurden kurz vor 1900 von Emil Vogt erbaut: das Monopol mit einem Kuppelaufbau und einer reich gestalteten neubarocken Fassade, die besonders bei abendlicher Beleuchtung zur Wirkung kommt, und der Waldstätterhof eine Strassenecke weiter als Neurenaissancebau mit einer Prachtfassade aus rotem Sandstein und zwei grossen Turmerkern. Weitere vornehme Hotels aus der Jahrhundertwende rund um den Bahnhof fielen in der Nachkriegszeit dem Abbruchhammer zum Opfer.

Der Architekt Emil Vogt (1863–1936) war der erfolgreichste Luzerner Hotelbauer um die Jahrhundertwende. Neben den beiden Hotels beim Bahnhof realisierte er die Erweiterung des Hotels National (Nr. 81) und des Kursaals (Nr. 82) sowie zahlreiche Villen und Verwaltungsgebäude, beispielsweise den Hirzenhof am Hirschengraben 33. Nach seinen Plänen entstanden aber auch verschiedene Hotels in der übrigen Schweiz und im Ausland, so das Grandhotel in Brunnen und das Kurhaus Chantarella in St. Moritz, das Excelsior in Rom und Neapel, das King David in Jerusalem und das Ritz in Kairo.

Auf dem Weg zum nächsten sehenswerten Punkt unseres Rundgangs durchqueren wir das Bahnhofsgebäude und treten dann hinaus auf den Bahnhofplatz. Genau in der Hauptachse des ehemaligen Bahnhofs, in der Verlängerung des alten Torbogens, befindet sich die Schifflandebrücke (Nr. 38) von Armin Meili. Mit seiner schlichten Stahl- und Glaskonstruktion von 1936 hob Meili die Bedeutung des Bahnhofsvorplatzes als Verkehrsdrehscheibe zwischen Bahn und Schiff hervor. Hier stieg – und steigt – man von der Bahn kommend auf die eleganten Raddampfer des Vierwaldstättersees um.

An dieser Stelle sei als Ergänzung des Rundgangs zu Fuss eine Seerundfahrt auf einem der kleinen Motorschiffe «Rütli» oder «Reuss» empfohlen. Die knapp einstündige Fahrt kreuz und quer durch das Luzerner Seebecken ist eine eigentliche Stadtbesichtigung von weitem. Wie Landmarken erzählen die verschiedenen Stadtteile und Wahrzeichen die Geschichte Luzerns; die Museggmauer (Nr. 62) und ihre Türme von der mittelalterlichen Vergangenheit, die mondänen Hotelbauten von der touristischen Erschliessung, die Kuppel des Suva-Gebäudes (Nr. 73) von den Anfängen der Dienstleistungsgesellschaft, das Hochhaus Schönbühl (Nr. 104) vom modernen Wohnen und, nicht zuletzt, das weit auskragende Dach des Kunst- und Kongresszentrums (s. u.) von kulturellen Visionen.

Wie eine Messerklinge ragt das Dach des neuen Kunst- und Kongresszentrums hinein ins vertraute Bild mit dem Raddampfer «Uri».

Mit Dampf über den See

Eine Schifffahrt auf dem Vierwaldstättersee ist für Touristen wie für Einheimische eine besondere Attraktion. Fünf alte Schaufelraddampfer und zahlreiche Motorschiffe der Schifffahrtsgesellschaft verkehren heute fahrplanmässig auf dem See. Schon bevor der deutsche Kaiser Wilhelm II. mit dem Dampfschiff von Flüelen nach Luzern fuhr, erfreuten sich Generationen von Passagieren an der Fahrt entlang der atemberaubenden Naturkulisse und auch heute noch zählt die Schifffahrt zur Rütliwiese zu den Klassikern unter den Schulausflügen.

Die Schifffahrt auf dem Vierwaldstättersee blickt auf eine lange Tradition zurück. Mit der Öffnung des Gotthardpasses wurde der See zum wichtigen Transportweg zwischen Nord und Süd. Auf so genannten Nauen (mit Ruder und Segel ausgerüsteten Transportkähnen) beförderte man Waren wie auch Personen zwischen Luzern und Flüelen. Bis zum Bau der Gotthardbahn 1882 bildete die Schifffahrt die einzige Verkehrsverbindung vom und zum Gotthard. Die Inbetriebnahme des ersten Dampfschiffs 1837 läutete eine neue Ära der Schifffahrt auf dem Vierwaldstättersee ein. Der erste Raddampfer konnte rund 300 Personen, dazu zehn Tonnen Güter aufnehmen und benötigte für die Strecke zwischen Luzern und Flüelen nur noch 3 Stunden. In den folgenden Jahrzehnten gewann der Ausflugsverkehr immer grössere Bedeutung. Während die Dampfschiffe nach der Eröffnung der Gotthardbahn ihre ursprüngliche Funktion als Warentransportmittel verloren, nahm ihr Stellenwert als wichtiger Teil der touristischen Infrastruktur für die Erschliessung der Innerschweiz mehr und mehr zu.

Immer grösser und prächtiger wurden die Dampfer, immer reicher und kostbarer präsentierte sich ihre Innenausstattung. In den prunkvollen Salons gab es Parkettböden mit Intarsien aus Ebenholz, Perlmuttverzierungen und üppige Schnitzereien. Die vier heute noch erhaltenen eleganten Salondampfer «Uri», «Unterwalden», «Schiller» und «Gallia» wurden Anfang des 20. Jahrhunderts in Betrieb genommen, im Zeitalter der Belle Epoque, als der Tourismus in Luzern seinen Höhepunkt erlebte, während das etwas bullig wirkende Flaggschiff «Stadt Luzern» in den zwanziger Jahren dazukam.

In der Nachkriegszeit verdrängten leichte und im Betrieb einfachere Dieselmotorschiffe die schwerfälligeren Salondampfer, denen die Verschrottung drohte, da sie ihres Alters und ihres langjährigen intensiven Betriebs wegen in schlechtem Zustand waren. Nur dank dem Einsatz zahlreicher Dampferfreunde und Spenden in Millionenhöhe gelang es, die alten Raddampfer zu retten, die Maschinen vollständig zu überholen und die Schiffe sorgfältig zu restaurieren. Heute bilden die fünf Dampfer eine stolze Flotte, die majestätisch und fast wie vor hundert Jahren über den Vierwaldstättersee kreuzt.

Gross war die Begeisterung, als im Sommer 1998 der prächtige Konzertsaal des neuen Kultur- und Kongresszentrums, KKL (Nr. 39), des Pariser Architekten Jean Nouvel der Öffentlichkeit vorgestellt wurde. Gestaunt wurde über den wohl spektakulärsten Neubau in der Schweiz seit langem, gestaunt wurde aber auch über die Tatsache, dass Jean Nouvel mit seinem mondänen Kulturtempel der Kleinstadt eine Attraktion von internationalem Rang bescherte. In der Tat war die Realisierung des Kultur- und Kongresszentrums nur dank des ideellen und finanziellen Engagements seitens Politik, Wirtschaft, Kultur und vor allem auch der Bevölkerung möglich – mit grosser Mehrheit bewilligten die Luzernerinnen und Luzerner in einer Volksabstimmung einen Kredit von 94 Millionen Franken aus der Stadtkasse an die Baukosten. Doch das Engagement hat sich gelohnt. Einheimische wie Fremde, Fachleute wie Laien, sie alle schwärmen voller Begeisterung vom neuen Wahrzeichen Luzerns.

Das 12 000 Quadratmeter grosse Schwebedach ist gleichsam das Epizentrum des Gebäudes; kein anderes Element veranschaulicht deutlicher

Licht- und Wasserspiele unter dem ausladenden Dach des Kunst- und Kongresszentrums, KKL (Nr. 39).

das inhaltliche und formale Programm des KKL. Das markant ins Stadtbild eingreifende Dach evoziert je nach Licht, Witterung und Entfernung verschiedenste Bilder und Stimmungen und beim atemberaubenden Ausblick von den Terrassen verwandelt sich die Stadt zur Miniatur, zum gerahmten Postkartenidyll. Das gigantische Dach schafft aber auch einen grossen, vor der Witterung geschützten Platz und fasst gleichzeitig die drei unterschiedlichen Einzelbauten zu einem Ganzen zusammen: Unter seiner Spiegelfläche sind das rot, blau und grün schimmernde Konzertsaalgebäude, der schwarze Kubus der Mehrzweckhalle und das von einem Gitter umhüllte, transparente Kunsthaus vereint. Das von ferne wie ein schwarzes Loch wirkende Gebäude gewinnt aus der Nähe durch die verschiedenen Materialien und Formen eine starke plastische Wirkung, die durch Spiegelungen und Durchblicke noch zusätzlich betont wird.

Zu ebener Erde betritt man das Foyer des Konzertgebäudes. Hier entfaltet sich eine fantastische Innenwelt mit Wassergräben, Brücken, Treppen und Gangways. Wie ein Schiffsheck oder ein monumentaler Geigenkasten aus edlem Holz präsentiert sich die äussere Hülle des Konzertsaals im dezenten Rot des Foyers. Der eigentliche Saal erstrahlt in blendendem Weiss unter einem nachtblauen Sternenhimmel. Mit seinen 1840 Plätzen besticht er vor allem durch seine akustische Qualität, die sich durch Echokammern zusätzlich variieren lässt.

Wie das Dach drei verschiedene Gebäude zusammenfasst, vereint das KKL auch unterschiedliche Funktionen. Neben dem Lucerne Festival (früher: Internationale Musikfestwochen), den Kongressen und Kunstausstellungen finden hier auch Rock- und Jazzkonzerte, Volksfeste sowie politische Veranstaltungen statt (siehe auch S. 203f.).

Bis fast unters Dach des KKL reichen die Fontänen des Wagenbachbrunnens auf dem Europaplatz, den Uhrmacher Xaver Wagenbach der Stadt schenkte. Entworfen hat ihn Armin Meili, der Architekt des ersten Kunst- und Kongresshauses, 1934. Mit diesem ersten Kunsthaus, das dem Neubau des KKL weichen musste, hatte er einen für Luzern modernen, sachlichen Bau geschaffen, in dessen Konzertsaal Dirigenten wie Arturo Toscanini, Herbert von Karajan und andere Aufstieg und Ruhm der Internationalen Musikfestwochen erst begründeten.

Von der Hirschmatt in den Obergrund

Sempachergarten – Zentral- und Hochschulbibliothek – Lukaskirche – Viktoriaplatz – Hotel Astoria – Spitalmühle – Sälischulhaus – Dulaschulhaus – Landsitz Himmelrich – Lindengarten – Pauluskirche – Schloss Steinhof

🕒 1 1/2 Std.

← Bus Nr. 1, 20 ab Paulusplatz bis Bahnhof

Am Ende des 19. Jahrhunderts befand sich Luzern im Aufbruch. Der Tourismus blühte, Hotels wurden gebaut, die Eisenbahn brachte Gäste. Mit dem Aufbruch kamen aber auch Arbeiter, Angestellte, Beamte und Unternehmer. Wie in allen Schweizer Städten verzeichnete Luzern in dieser Zeit einen massiven Bevölkerungszuwachs. Allein von 1850 bis 1910 vervierfachte sich die Wohnbevölkerung von 10 000 auf 40 000. Die in sich geschlossene beschauliche Kleinstadt drohte aus allen Nähten zu platzen; es gab viel zu wenig Wohnraum und die Wohnverhältnisse selbst waren eng und oft schlecht.

So begann sich die Stadt in alle Richtungen auszudehnen, zuerst in die alten Vorstädte und entlang den Ausfallstrassen; später wurden ganze Gebiete neu erschlossen. Um 1900 setzte die Überbauung der Hirschmatt ein, die konsequenteste städtebauliche Erschliessung jener Zeit. Unmittelbarer Anlass hierzu waren der Bahnhofsbau von 1893 und die neue Linienführung der Eisenbahn. Diese fuhr ursprünglich durch die Pilatusstrasse und ihre Gleise umschlossen den südlichen Stadtteil wie ein eiserner Gürtel. Erst die neue Linienführung, die um die Stadt einen weiten Bogen schlug, ermöglichte die Erschliessung dieses Gebiets und dessen Anbindung an die Kernstadt. In der Folge des Bahnhofsneubaus entwarfen Pilatusbahndirektor Robert Winkler und Architekt Heinrich Meili-Wapf 1897 einen Bebauungsplan für die Gebiete Tribschen, Bahnhof, Hirschmatt, Neustadt und Bruch. Nach diesen Plänen entstand innerhalb weniger Jahre auf der bis dahin weit gehend landwirtschaftlich genutzten Fläche ein modernes, rasterförmig angelegtes Stadtviertel.

Schachbrettartig wurde die Hirschmatt mit mehrgeschossigen Geschäfts- und Mietshäusern überbaut. Mit der Blockbauweise wurden nicht nur grosszügige, zum Teil begrünte Innenhöfe geschaffen, sondern es ent-

Zum Lesen oder einfach zum Ausruhen – der Stadtpark «Vögeligärtli» (Nr. 40) mitten in der hektischen Neustadt …

… die Zentral- und Hochschulbibliothek (Nr. 41) mit ihren stillen Räumen.

Der Stadtbauplan von 1897 diente als Grundlage für die schachbrettartige Überbauung des Hirschmattquartiers.

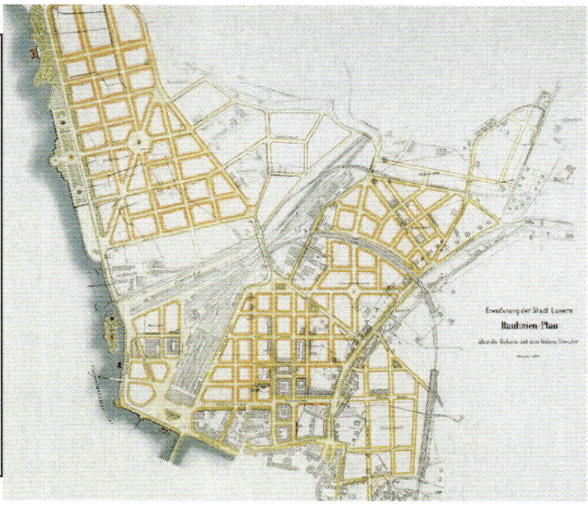

standen auch zahlreiche markante Eck- und Stirnbauten. Die Bebauung sah eine gemischte Nutzung mit Wohnungen, Büros, Geschäften und Hotels vor. So entstanden boulevardähnliche Strassen mit grossen, repräsentativen Geschäfts-, Verwaltungs- und Hotelbauten.

In der Nachkriegszeit trat mit der Hochkonjunktur erneut Wohnungsmangel und vor allem eine Verteuerung der Bodenpreise ein und der wirtschaftliche Druck auf die Hirschmatt nahm zu. Viele Wohnungen wurden zu Büros umgenutzt, sanierungsbedürftige Bauten aus der Jahrhundertwende abgerissen und durch reine Geschäftshäuser ersetzt und Innenhöfe Autoparkplätzen geopfert. Aus dem Wohn- und Geschäftsviertel Hirschmatt wurde ein wichtiger Arbeitsplatz. Beinahe die Hälfte aller Arbeitsplätze in der Stadt Luzern befindet sich hier und in der Altstadt. Auf eine Person, die hier wohnt, kommen 4,5 Arbeitsplätze.

Um das «Vögeligärtli»

Erste Station des Rundgangs ist der Sempachergarten (Nr. 40), eine kleine grüne Oase mitten im Stadtzentrum mit Spielplatz und Gartenschachspiel. Wer Lust hat, spielt hier eine Partie Schach oder mischt sich unter das zahlreiche Publikum, das oft lautstark einzelne Züge kommentiert und den Spielenden gute Ratschläge erteilt.

Auf dem Areal des Sempachergartens stand einst Luzerns erste Gasfabrik. 1858 gingen in Luzern die ersten Gaslichter an, allerdings nur wenige, auf den wichtigsten Strassen und Plätzen der Stadt. Die Nebenstrassen und Aussenviertel blieben dunkel oder wurden mit Ölfunzeln erhellt. Bei Vollmond blieben übrigens die meisten Laternen ohnehin aus. Noch bis zum Ende des Ersten Weltkriegs betrieb die Stadt die Strassenbeleuchtung mit Gas. Elektrisches Licht gab es aber bereits seit 1891 ebenfalls. Vor allem touristische Einrichtungen wie der Gletschergarten (Nr. 56) oder die Hotels versuchten, mit einer wirkungsvollen Illumination zusätzlich an Attraktivität zu gewinnen. Elektrische Beleuchtung galt als schick und modern.

Die Gasfabrik musste um 1900 der Erschliessung der Hirschmatt weichen. An ihrer Stelle wurde ein englischer Garten mit einer Tropfsteinhöhle und einem Hirschpark angelegt. Das Hirschgehege wurde später durch eine Volière ersetzt, die dem Park seinen den Einheimischen geläufigen Namen «Vögeligärtli» gab. Die Vögel sind inzwischen längst auf das Inseli (Nr. 98) umgezogen, doch der Name hat sich bis heute erhalten. Die kleine Parkanlage wurde in der Folge mehrmals umgestaltet.

Direkt beim Sempachergarten befindet sich die von Otto Dreyer entworfene Zentral- und Hochschulbibliothek (Nr. 41) von 1951. Die Eingangsfassade schmückt ein Relief von August Blaesi. Die Bibliothek sollte ursprünglich auf dem Areal des ehemaligen Freienhofs neben der Jesuitenkirche (Nr. 1) errichtet werden, doch nach heftigen Protesten gegen die Verbauung der Seitenfassade dieser Barockkirche wurde der heutige Standort gewählt.

Schräg gegenüber erhebt sich die 1935 von den Architekten Alfred Möri und Friedrich Krebs errichtete reformierte Lukaskirche (Nr. 42). Sie verweist stilistisch auf die nur ein Jahr früher eingeweihte Kirche St. Karl (Nr. 96). Bei beiden Kirchen handelt es sich um frühe Stahlbetonbauten nach einem kubischen Konstruktionsprinzip. Die Lukaskirche mit dem breiten Turm, der direkt aus dem Kirchenbau aufsteigt, wirkt jedoch gedrungener und der Innenraum ist schmucklos und nüchtern.

Rund um den Sempachergarten stehen noch einige Miets- und Geschäftshäuser aus der ersten Bauperiode auf der Hirschmatt um 1900. Die einzelnen Bauwerke weisen abwechslungsreiche stilistische Einflüsse auf und sind äusserst unterschiedlich; Erker, Balkone und Ecktürme schaffen bewegte Ansichten. Jede Fassade, sogar jedes einzelne Wohngeschoss ist etwas anders gestaltet. Diese reich und individuell geschmückten Bauten sind Ausdruck eines selbstbewussten städtischen Bürgertums, das seinen persönlichen Wohnstil auch nach aussen demonstriert.

Der Gutenberghof mit seinem markanten Eckturm (Frankenstrasse 7) ist ein typisches Beispiel für die kombinierte Geschäfts-/Wohn-Bauweise. Das Erdgeschoss und das Hochparterre als die eigentlichen Geschäftsetagen heben sich mit grossflächigen Fenstern deutlich ab von den mit Balkonen und Erkern ausgezeichneten Wohngeschossen. In der Sempacherstrasse 3 befindet sich eines der wenigen Wohnhäuser mit bedeutenden Elementen des Jugendstils. Charakteristisch sind die Auflösung des horizontalen Dachrandes mit dem schwungvollen Giebelaufbau und das ausgeprägte plastische Dekor. Ganz in der Nähe, beim Viktoriaplatz (Nr. 43), erhebt sich der Kellerhof, ein mit Türmchen und Zinnen bekröntes Wohn- und Geschäftshaus im neugotischen Stil. Gegenüber, auf der anderen Strassenseite, steht der Viktoriahof; das Backsteingebäude war ursprünglich ein Hotel, bevor es in den zwanziger Jahren zum Geschäftshaus umgebaut wurde.

Nur einige Schritte entfernt gelangt man zum Hotel Astoria (Nr. 44). Das 1956/57 nach Plänen von Fedor Altherr und Theo Hotz errichtete, wohl «amerikanischste» Gebäude der Stadt wirkt durch seine sachlich elegante Architektur zeitlos modern. Das Astoria verkörpert den damaligen innovativen Hoteltypus der innenstädtischen Lage mit Restaurants und Läden im Erdgeschoss und einer Lobby im Dachgeschoss mit Blick über die Dächer. Die Lobby wurde inzwischen in eine Bar umgewandelt.

Im Obergrund

Die Obergrundstrasse war im Mittelalter eine wichtige Ausfallstrasse nach Kriens. Der Weg folgte dem Krienbach, der heute gedeckt unter der Strasse fliesst. Am Krienbach liessen sich bereits früh zahlreiche Gewerbebetriebe nieder, die sein Wasser nutzten. Verschiedene Mühlen, Badestuben, eine Salpeterhütte und eine Sägerei sind aus den Quellen überliefert. Heute erinnert einzig die Spitalmühle (Nr. 45) von 1674 am Pilatusplatz an diese ehemalige Gewerbezone; die wie ein Findling inmitten moderner Häuser stehende ehemalige Mühle belieferte das Spital mit Mehl. Durch einen Seitenkanal, den Mühlebach, wurde das Wasser auf die Mühlen geleitet. Um 1800 wurde der Betrieb eingestellt; heute befinden sich hier Unterrichts- und Proberäume der städtischen Musikschule. Der zierliche zweistöckige Fachwerkbau über einem Erdgeschoss aus Stein steht stilistisch dem Anderallmendhaus (Nr. 90) nahe und stammt ebenfalls aus dieser kurzen Periode des Fachwerkbaus in Luzern. Nach einem Brand wurde die Spitalmühle 1995/96 wieder aufgebaut.

Hinter der ehemaligen Spitalmühle befinden sich drei Schulhäuser. Das Sälischulhaus (Nr. 46), ein markanter Backsteinbau von 1898, und das Pestalozzischulhaus (1904) sind noch Beispiele für den Schulhausbau des 19. Jahrhunderts. Das benachbarte Dulaschulhaus (Nr. 47) hingegen, 1933

Der Landsitz Himmelrich (Nr. 48) mit seinem markanten Türmchen ist eines der stattlichsten Herrenhäuser des Luzerner Patriziats.

nach Plänen von Albert Zeyer errichtet, markiert den Durchbruch des Neuen Bauens in Luzern. Der konsequent moderne Bau besticht durch eine funktionale, nüchterne Architektur, die den Schulhausbau in der Schweiz nachhaltig beeinflusste.

Im Obergrund entstanden im 18. und 19. Jahrhundert auch eine Reihe stattlicher Landhäuser, namentlich der Grundhof von 1818 (Obergrundstrasse 11), der Landsitz Himmelrich (Nr. 48) und das Schloss Steinhof (s. u.). Der für Franz Placidus Schumacher 1772 errichtete Landsitz Himmelrich ist ein zierliches Werk des Rokoko. Auf dem hohen Mansardendach prangt ein markantes Türmchen mit Observatorium und einer Uhr. Der nach französischem Vorbild angelegte Garten blieb vor allem auf der Vorderseite gut erhalten. Im südlichen der beiden symmetrisch angelegten Nebenbauten befindet sich eine kleine Hauskapelle. Der Bauherr und sein Sohn Franz Xaver Schumacher waren beide sehr gebildete und vor allem wissenschaftlich interessierte Vertreter des Patriziats. Sie betrieben auf ihrem Landsitz verschiedene naturwissenschaftliche Studien, darunter Versuche mit Heissluftballons und Blitzableitern. Franz Xaver ist auch der Schöpfer des bekannten Schumacherprospekts von 1792, eines bedeutenden Stadtplans, der die spätmittelalterliche Kleinstadt kurz vor dem städtebaulichen Aufbruch im 19. Jahrhundert zeigt.

In der Obergrundstrasse befindet sich auch der Lindengarten (Nr. 49), eine historische Anlage von 1759. Dieser öffentliche Park wurde im Auftrag von Jakob Thüring von Sonnenberg angelegt, dem Bauherrn des Landsitzes Steinhof (s. u.), und war ursprünglich ein regelmässig mit Linden bepflanztes Rechteck. Den Brunnen ziert eine Tellfigur von Hugo Siegwart von 1912. Der Lindengarten war ein eigentlicher Volkspark. 1798 fand hier

Balthasar, Pfyffer, Segesser, Schumacher: Luzerner Patrizierfamilien

Seit dem 16. Jahrhundert wurden die Stadt Luzern und ihre Untertanengebiete, die so genannten Landvogteien, von einer kleinen, in sich geschlossenen Oberschicht regiert. Diese Familien, auch als Patrizier bezeichnet, dominierten den Rat und besetzten die wichtigsten Ämter der Stadt. Eine Mitgliedschaft im Rat oder die Ausübung eines Amtes als Landvogt oder Schultheiss (Regierungspräsident) war finanziell sehr lukrativ. Die Ämter und die Ratsmitgliedschaft waren mit einträglichen Einkünften aus Pensionen und Pfründen verbunden. Dazu kamen Renten aus dem eigenen Grund und Boden sowie beträchtliche Einnahmen aus dem Söldnerwesen. Viele Patriziersöhne waren als Offiziere in fremden Diensten tätig und zusätzlich sicherten sich die Regierenden mit lukrativen Soldverträgen einen regelmässigen Geldfluss aus den französischen oder savoyischen Herrscherhäusern. Die führenden Luzerner Familien teilten die politische, wirtschaftliche und militärische Macht unter sich auf und etablierten eine eigentliche Geschlechterherrschaft. Diese Tendenz zur Machtkonzentration und Aristokratisierung erreichte im 17. und 18. Jahrhundert ihren Höhepunkt. Mit dem Zusammenbruch der Alten Ordnung 1798 und der Umbildung der Eidgenossenschaft zur Helvetischen Republik verloren die Patrizierfamilien an Macht und Einfluss.

Das Patriziat entwickelte auch einen eigenen Lebensstil. Man pflegte die französische Sprache und Kultur und wohnte in Patrizierhäusern in der Stadt oder in den palastartigen Herrensitzen auf dem Land. Diese Herren- oder Landsitze erfüllten als repräsentative Sommerresidenzen des Patriziats eine wichtige gesellschaftliche Funktion. So entstanden rund um die Stadt zahlreiche stattliche Landsitze, die inzwischen von Häusern umschlossen sind. Die ersten dieser Landsitze waren meist schlichte Bauten mit Walmdach und einer einfachen Gartenanlage. Erst im 18. Jahrhundert wurden die Landsitze üppiger gestaltet und nach französischem Vorbild zu eigentlichen schlossartigen Palästen ausgebildet. Nach aussen demonstrierte man den patrizischen Lebensstil nicht nur mit dem eigenen Haus. Die reich ausgestatteten Säle im Rathaus, das Prunkgeschirr und die kunstvollen Bilderzyklen von Ratsherrenporträts, die grossartigen Epitaphe in der Franziskanerkirche und in der Gräberhalle im Hof zeugen heute noch von dieser barocken Machtentfaltung einer kleinen Gruppe.

ein Volksfest anlässlich des Eides auf die neue helvetische Verfassung statt. Der Garten diente aber auch als militärisches Exerzierfeld und im 19. Jahrhundert verschiedentlich als Bühne für eidgenössische Turn- und Sängerfeste.

Ein markantes Wahrzeichen im Obergrund ist die Pauluskirche (Nr. 50) von Karl Moser. Bereits früher befand sich hier eine kleine Kapelle am Weg nach Kriens. Mit der Erweiterung des Hirschmattviertels wurde indessen auch bald der Ruf nach einer eigenen Kirche für dieses neu erschlossene Gebiet laut. So sammelte die Kirchengesellschaft Obergrund Geld und wählte schliesslich unter verschiedenen Projekten jenes des Architekten Karl Moser aus Baden aus. Moser zählte zu den bedeutendsten Architekten in der deutschsprachigen Schweiz am Übergang vom Historismus zur Moderne; er schuf unter anderem 1928 mit der Antoniuskirche in Basel die erste unverputzte Betonkirche in der Schweiz. Die Einweihung der Pauluskirche 1912 war die erste katholische Kirchenweihe in der Stadt Luzern seit jener der Jesuitenkirche, und St. Paul war auch die erste selbständige Pfarrgemeinde in den neuen Aussenvierteln.

Das kreuzgrätige Netzgewölbe und die Ausmalung in verschiedenen Grüntönen – Elemente der Neugotik und des Jugendstils – verschmelzen im Innern der Pauluskirche (Nr. 50).

Die Pauluskirche überrascht mit einer einzigartigen Verschmelzung von Neugotik und Jugendstil. Schwungvoll erhebt sich die nach oben strebende Silhouette mit dem dominierenden Turm direkt aus einer Strassengabelung. Die unverputzte Fassade aus unregelmässigen Bruchsteinquadern und die Masswerkfenster verweisen auf den neugotischen Grundcharakter der Kirche, während beim Gestaltungsprinzip Elemente des Jugendstils überwiegen, etwa die dekorative Behandlung der Oberfläche und vor allem die in verschiedenen Grüntönen variierte Ausmalung des Innenraums mit stilisierten Baum- und Pflanzenmotiven. Die dreischiffige Halle wirkt mit den schmalen Seitenschiffen wie ein Einheitsraum. Im Tympanon über dem Eingangsportal befindet sich ein Relief des Kirchenpatrons.

Zur künstlerischen Ausstattung gehören das Chorwandgemälde und die Seitenaltarbilder. Das streng axsialsymmetrische Chorfresko von Théophil Robert zeigt eine figurenreiche Kreuzigungsgruppe, im Hintergrund erkennt man eine Stadtbefestigung, die an die Museggmauer erinnert. Das kuppelbekrönte Bauwerk verweist auf die Stadt Jerusalem und deren Grabeskirche. Die Bilder der Seitenaltäre wurden von Künstlern aus der Region geschaffen.

Auf einer Anhöhe über dem Obergrund liegt Schloss Steinhof (Nr. 51), 1771–77 nach Plänen des Bauherrn Marschall Johann Thüring von Sonnenberg nach französischem Vorbild errichtet. Der palastartige Landsitz ist der grösste profane Barockbau im Kanton. Der fast quadratische Grundriss wird von vier Ecktürmen beherrscht, am Balkon befindet sich die Sonne als Wappenzeichen der Familie von Sonnenberg. 1924 wurde das Schloss an die Krankenbrüder von Mariahilf aus Trier verkauft, die hier seitdem ein Pflegeheim führen. 1986–97 wurde das Wohn- und Pflegeheim erweitert und die ganze Anlage umfassend restauriert.

Hofbezirk und Tourismus

Hofkirche – Bourbaki-Panorama – Löwendenkmal – Antoniuskapelle – Gletschergarten – Alpineum

➔ Bus Nr. 1, 2, 6, 7, 8, 14, 19, 22, 23 ab Bahnhof bis Luzernerhof

🕒 1 1/4 Std.

← Bus Nr. 1, 19, 22, 23 ab Löwenplatz bis Bahnhof

Es ist heute nur schwer vorstellbar, dass der See an dieser Stelle früher bis tief in die Stadt eine Bucht bildete, die von der gedeckten Hofbrücke überspannt wurde. Das ehemalige Kloster mit seinen verschiedenen Gebäuden, der so genannte Hofbezirk, und die Stadt waren ursprünglich zwei getrennte Siedlungen und nur über den 385 Meter langen Wehrgang miteinander verbunden. Die Hofbrücke blieb bis zu ihrem definitiven Abbruch 1854 der einzige repräsentative Zugang von der städtischen Siedlung an der Reuss zur Stiftskirche.

Mit dem Beginn des Fremdenverkehrs im 19. Jahrhundert wurde der im Mittelalter noch ausserhalb der Stadtmauern gelegene Hofbezirk in die stürmische Stadtentwicklung mit einbezogen. Der städtische Schwerpunkt verschob sich von der in sich gekehrten Altstadt zum offenen See hin, zu Uferpromenaden mit den neuen repräsentativen Hotelbauten und der freien Sicht auf die Alpen. Nach dem Abbruch der Hofbrücke begann mit dem Bau der neuen Quaianlage (Uferpromenade) eine rasche Erschliessung des Gebiets rund um die Stiftskirche. Hotels, Souvenirläden, Biergärten und zahlreiche Bauten zur Unterhaltung der Fremden – wie das Alpineum, das Bourbaki-Panorama, der Gletschergarten und vor allem das Löwendenkmal (s. u.) – machten es bald zum wichtigen Fremdenverkehrsviertel der Jahrhundertwende. Im nördlichen Teil, an der Ausfallstrasse nach Zürich, siedelten sich gleichzeitig verschiedene kleingewerbliche Betriebe, Brauereien, Fuhrdienste und andere an, die heute alle wieder verschwunden sind.

Von Bedeutung waren die verschiedenen Steinbrüche in diesem Gebiet. Seit dem Mittelalter bis ins 19. Jahrhundert wurde hier der Luzerner Sandstein als wichtiges Baumaterial abgebaut. Gut sichtbar sind diese Sandsteinschichten beim Löwendenkmal, dem ehemaligen Antonisteinbruch.

Ausblick vom Kurplatz (Nr. 79) – auf die spätmittelalterlichen Türme der Hofkirche (Nr. 52) …

… auf die Schiffswerft, das Inseli (Nr. 98) und das KKL (Nr. 39).

Der Hofbezirk

Schon von weitem wird der Blick von der auf einer kleinen Anhöhe stehenden Hofkirche (Nr. 52) angezogen. Denn trotz aller Veränderungen beherrscht sie das rechtsufrige Stadtbild noch immer. Die Westfassade mit den beiden 69 Meter hohen Türmen und der monumentale Treppenaufgang sind eines der Wahrzeichen der Stadt Luzern. Obwohl nur wenige Stufen von der mehrspurigen Verkehrsachse entfernt, spürt man die Ausstrahlung und Ruhe der über tausendjährigen Geschichte des Hofbezirks.

Der ehemalige Klosterbezirk war die eigentliche Urzelle der Stadt Luzern. Lange vor der Stadtgründung im 12. Jahrhundert bestand auf der kleinen Hügelrippe am nördlichen Seeufer ein Benediktinerkloster, zu dessen Grundbesitz auch das Gebiet der heutigen Stadt Luzern gehörte. Die erste kirchliche Anlage ist urkundlich im 9. Jahrhundert verbürgt. Aus dieser frühen Bauperiode haben sich jedoch nur einige Fragmente erhalten, denn am Ostersonntag 1633 geriet die mit Holzschindeln gedeckte Kirche in Brand und wurde bis auf die beiden Türme vollständig zerstört. Der Dachdeckermeister Peter Steiner soll den Brand ausgelöst haben, als er das Kirchendach bestieg, um Dohlen zu schiessen. Der arme Mann wurde darauf mit Frau und Kind aus der Stadt verbannt, doch bereits im folgenden Jahr vom Rat begnadigt. Noch im Jahr der Brandkatastrophe wurde der Grundstein zum Neubau gelegt und nach elfjähriger Bauzeit erfolgte 1644 die feierliche Einweihung der Kirche.

Die Kaplaneigebäude des Hofbezirks mit der Pfarrkirche St. Leodegar und die Hofbrücke auf einem Gemälde des Luzerner Malers Xaver Schwegler. 1853 musste die dörfliche Idylle dem Schweizerhofquai Platz machen.

Detail des Seelaltars im südlichen Seitenschiff der Hofkirche (Nr. 52). Das halbplastische Relief in gotischer Formensprache von 1640 zeigt die Kreuzabnahme Christi.

Stilistisch vereinigt die vom Jesuitenpater Jakob Kurrer aus Ingoldstadt gebaute Kirche Elemente der Gotik, der Renaissance und des Barocks. Besonders eindrucksvoll kommt diese Synthese an der Westfassade zum Ausdruck mit den beiden gotischen Türmen, dem Mittelstück als reinem Werk der Renaissance und dem 1788 aufgesetzten geschweiften Barockgiebel mit Zifferblatt. Am Fuss des Nordturms befindet sich in der rundbogigen Nische eine Ölberggruppe aus der Zeit um 1512. Sie zeigt den knienden Jesus umgeben von den schlafenden Jüngern und die herannahenden Soldaten. Die Kirchenvorhalle mit dem Portal ist reich gestaltet: links und rechts in den Nischen je drei Heiligenfiguren, über dem Portal mit zwei korinthischen Säulen eine Muttergottesstatue mit Kind und in den geschnitzten Türflügeln als Relief die Kirchenpatrone Leodegar und Mauritius.

Der dreischiffige und fünfjochige Kirchenbau ist im Innern von einfacher, aber feierlicher Strenge. Die Innenausstattung weist eine seltene stilistische Einheit auf und stammt mit wenigen Ausnahmen aus der Bauzeit (1634–43); die Oberaufsicht lag in den Händen des Bildhauermeisters Niklaus Geissler aus Schweinfurt. Die sechseckige Kanzel und das Chorgestühl sind Prunkstücke der Holzschnitzkunst, von den 13 Altären ist besonders der nach römischem Vorbild geschaffene Hochalter aus schwarzem Marmor und weissem Alabaster hervorzuheben. Das dreiteilige Chorgitter ist das älteste bekannte perspektivische Gitter, wobei besonders der mittlere Bogen mit den sich zu einem Doppeltor hin verjüngenden Arkadenwänden beeindruckt.

Die Hofkirche zählt zu den wichtigsten Kirchenbauten in der Schweiz am Übergang von der Gotik zum Barock. Trotzdem blieb ihre stilbildende Ausstrahlung gering, da mit der wenig später erbauten Jesuitenkirche (1666–77) bereits das Barockzeitalter in der Innerschweiz begann.

Bemerkenswert ist, wie der Stiftsbezirk über all die Jahre hinweg seine Geschlossenheit bewahren konnte. Stilistisch ganz unterschiedliche Gebäude, die alle nicht öffentlich zugänglich sind, bilden zusammen ein Ensemble mit mittelalterlichem Charakter. Auf dem Kirchenvorplatz stehen zwei barocke Chorherrenhäuser: links der grossen Freitreppe der Peyersche Chorhof und rechts der Zurmühlehof sowie an der südwestlichen Ecke der Gräberhallen die Leutpriesterei (das heutige Pfarrhaus). Von der spätgotischen St.-Leonhards-Kapelle aus dem 15. Jahrhundert ist vom Kirchenvorplatz lediglich der Dachreiter zu sehen; das karge Innere des ehemaligen Beinhauses zeigt freigelegte Teile eines Freskenzyklus von 1624. Der prächtigste Bau, die Propstei, erhebt sich im nordöstlichen Teil. In dem 1535 erbauten und Ende des 18. Jahrhunderts zu einem frühklassizistischen Palais umgebauten Gebäude befindet sich auch der Kapitelsaal der Chorherren mit den Wappen sämtlicher Kloster- und

Das Kollegiatstift St. Leodegar

Über Gründung und Anfänge des Benediktinerklosters Luzern ist nur wenig bekannt. Bereits im 9. Jahrhundert gelangte das Kloster mit seinen 16 Höfen, darunter Luzern, unter die Oberhoheit der Abtei Murbach im Elsass und verlor so seine Selbständigkeit. 1291 verkaufte Murbach seine weltlichen und teilweise auch die geistlichen Rechte über die Stadt und die Höfe an die Habsburger. Die Stadt Luzern wehrte sich jedoch gegen den Verlust ihrer gewohnten Rechte und gegen die zunehmende Einbindung in die Habsburger Herrschaft und schloss 1332 ein Bündnis mit den Waldstätten Uri, Schwyz und Unterwalden. Selbstbewusst und gestärkt übernahm die Stadt nach und nach zahlreiche Rechte und Lehen – auch diejenigen über das Kloster – von den Habsburgern und erreichte mit der Reichsunmittelbarkeit 1415 die endgültige Ablösung aus der österreichischen Abhängigkeit. Das Kloster im Hof verlor in dieser Zeit zusehends an Bedeutung. Auch die klösterliche Disziplin liess zu wünschen übrig. 1456 wandelte sich die bisherige Klostergemeinschaft in ein Kollegiatstift um. Seither wirken im Hof Weltgeistliche, die vor allem mit der Seelsorge der Stadt betraut sind. Mit dem so genannten «Generalauskauf» von 1479 verzichtete das Stift schliesslich auf sämtliche Güter und Rechte in und um Luzern.

Die Blütezeit erlebte das Stift im Hof im 17. und 18. Jahrhundert mit 28 Klerikern – Propst, Chorherren, Kaplane, Leutpriester sowie Theologen der höheren Lehranstalt. Ihre Aufgabe bestand vor allem in der Pflege des Choralgesangs während des Gottesdienstes. Zusätzlich führten sie die Hofschule. Die Hofkirche war zudem die Kathedrale des päpstlichen Nuntius.

Stiftspröpste. Der Propsteigarten ist in barocker Manier streng geometrisch angelegt. Ausserhalb der Gräberhallen befindet sich das Rothenburgerhaus. In diesem wahrscheinlich ältesten erhaltenen städtischen Holzhaus der Schweiz (um 1500) schrieb und illustrierte Diebold Schilling seine berühmte Chronik.

Der ganze Kirchplatz wird von den Gräberhallen des Friedhofs umfasst, die im Stil der florentinischen Renaissance-Säulenhallen erbaut wurden. Die Hallengräber blieben als privilegierte und repräsentative Grabstätten der Geistlichkeit und dem städtischen Patriziat vorbehalten. Ein Rundgang unter den Arkaden vermittelt ein Stück Geschichte über Lebensart und Lebenshaltung dieser einflussreichen Oberschicht. Hier wurden seit dem 17. Jahrhundert die Mitglieder der verschiedenen Räte von Stadt und Kanton begraben, die Söldneroffiziere in fremden Diensten, die Theologieprofessoren der höheren Lehranstalt und die Stiftspröpste. Nicht minder bemerkenswert ist auch die Gestaltung der Grabdenkmäler; die ältesten barocken Epitaphe stammen aus dem 18. Jahrhundert. Im nordöstlichen Teil des Friedhofs steht ein Obelisk zur Erinnerung an die in Luzern verstorbenen Internierten der Bourbaki-Armee von 1871.

Militärgeschichten

Durch das Zinggentor verlässt man den Friedhof. Die Ansicht der Ringmauer von aussen veranschaulicht noch einmal den mittelalterlichen Charakter der Anlage. An der Mauer entlang führt der Weg zur Weystrasse und durch die Friedenstrasse zum Löwenplatz, wo sich der neu gestaltete sechzehneckige Zylinderbau mit dem Bourbaki-Panorama (Nr. 53) befindet, einem illusionistischen Rundgemälde von Edouard Castres. Das Bourbaki-Panorama zeugt als eines der wenigen noch erhaltenen Panoramabilder weltweit in einzigartiger Weise von der Mediengeschichte des 19. Jahrhunderts. Das 110 Meter lange und 10 Meter hohe Rundgemälde stellt eine Episode aus dem Deutsch-Französischen Krieg im Winter 1870/71 dar, nämlich den Übertritt der französischen Bourbaki-Armee in die Schweiz bei Les Verrières, deren Entwaffnung sowie deren Verpflegung und Betreuung durch das Rote Kreuz. 1899 wurde es von seinem ersten Standort Genf nach Luzern verlegt. Das Rundbild als eine Art Vorläufer des Kinos erwies sich schnell als touristische Attraktion und verlor erst mit der Verbreitung des Films an Anziehungskraft; 1926 wurde im Untergeschoss des Gebäudes eine Autogarage eingerichtet. Anlässlich baulicher

Ausschnitt aus Edouard Castres' Bourbaki-Panorama (Nr. 53): Im Vordergrund erteilt ein Feldpater des Roten Kreuzes einem sterbenden Bourbaki-Soldaten die letzte Ölung.

Veränderungen mehrfach in der Höhe verkleinert und umgehängt, erlitt das Bild bedeutende Schäden. 1996–2000 wurde das Gebäude restauriert und erneuert sowie durch einen Neubau aus Glas und Stahl ergänzt. Gleichzeitig erfuhr das Rundbild eine sorgfältige Sicherung und wird seither laufend restauriert. Der Neubau mit der Stadtbibliothek, dem Panoramamuseum, mit Kinos, Ausstellungsraum, Restaurants und Geschäften präsentiert sich als Shopping-Mall und Kulturzentrum.

Nur wenige Schritte vom Bourbaki-Panorama entfernt, erzählt das Löwendenkmal (Nr. 54) ein anderes Kapitel aus der schweizerischen Militärgeschichte. Hoch über einem kleinen Weiher, eingehauen in den Fels, erinnert der Löwe von Luzern seit 1821 an das Schicksal der Schweizer Gardisten bei der Verteidigung der Tuilerien in Paris. Als die revolutionären Volksmassen in Paris am 10. August 1792 voller Zorn den königlichen Palast stürmten, stellten sich etwa 800 Schweizergardisten, die im Sold des französischen Königs Ludwigs XVI. standen, als Verteidiger vor die Monarchie – allerdings vergeblich. Die Niederlage der

Das Löwendenkmal (Nr. 54) inmitten einer romantischen Naturkulisse ist bis heute eine der wichtigsten Touristenattraktionen der Stadt. Kolorierter Stich um 1830.

Schweizergarde fiel vernichtend aus, die meisten Gardisten kamen bei den Kämpfen um.

Initiant des Löwendenkmals war Carl Pfyffer von Altishofen, Spross einer einflussreichen Luzerner Patrizierfamilie, Unterleutnant im Schweizer Garderegiment in Paris und zur Zeit der Revolution auf Heimaturlaub. Er fühlte sich verpflichtet, zur Ehrung und Erinnerung an seine Kameraden, die gefallenen Offiziere und Soldaten, ein Denkmal zu errichten. Pfyffer gelang es trotz zahlreicher Widerstände und vor allem auch finanzieller Schwierigkeiten, den berühmten dänischen Bildhauer Bertel Thorvaldsen für sein Projekt zu gewinnen. Der Steinmetz Lukas Ahorn übernahm die Aufgabe, den Entwurf eines überlebensgrossen Löwen in die Felswand des ehemaligen Steinbruchs zu hauen.

Am 10. August 1821 erfolgte die offizielle Einweihung des Denkmals – ein Fest der Aristokratie aus ganz Europa, nicht aber für die liberalen und fortschrittlichen Kreise. Sie sahen im Löwen vielmehr eine reaktionäre Demonstration und eine Verherrlichung der Alten Ordnung. All diesen

In fremden Diensten

Seit den Burgunderkriegen im 15. Jahrhundert waren die Schweizer als Krieger in fremden Diensten überaus begehrt. Der Sieg über das grosse und überlegen ausgerüstete Heer Karls des Kühnen begründete ihren Ruf als unerschrockene und tapfere Soldaten. Ob in französischen, spanischen, päpstlichen oder deutschen Diensten, vom 15. bis zum 18. Jahrhundert kämpften Schweizer Söldner auf den zahlreichen Schlachtfeldern Europas – nicht selten auch gegeneinander. Bis zu 50 000 Mann sollen während dieser Zeit in fremden Armeen gestanden haben.

Es war nicht allein die Abenteuerlust, die viele junge Männer zum Solddienst trieb, sondern handfeste wirtschaftliche Interessen. Die Soldverträge, vor allem jene mit dem französischen Königshaus, waren ein wichtiger Bestandteil der Staatsfinanzen; Luzern konnte dank diesem Geldfluss auf direkte Steuern verzichten. Solddienst und Pensionen bildeten in der frühen Neuzeit die wichtigsten Quellen für grosse Privatvermögen in der Schweiz. Mehrere Luzerner Patrizierfamilien – die politische Führungsschicht der Stadt – verdankten ihren Reichtum den Einnahmen aus dem Söldnerwesen, ja der Kriegsdienst war geradezu ihr Hauptgeschäft. Militärische Karrieren, wirtschaftlicher Erfolg und politische Macht gingen oft Hand in Hand. Der Solddienst war gleichzeitig auch Lebensschule für die Patriziersöhne. Als Offiziere an den Fürsten- und Königshöfen Europas verinnerlichten sie adlige Lebensweise, die Lebenshaltung des französischen Adels wurde in diesen Kreisen zum Massstab. So lässt sich beispielsweise an einigen Herren- und Landsitzen in der Stadt der Vorbildcharakter französischer Schlossarchitektur ablesen.

Auch für die Landbevölkerung war der Solddienst wirtschaftlich attraktiv. Ein einfacher Gardist verdiente oft viel mehr als ein Handwerksgeselle, und die chronische Unterbeschäftigung in der Landwirtschaft und die Armut lockten manchen Bauernburschen in die Fremde.

In Paris wurden die Schweizer Söldner allerdings nicht von allen geschätzt. Louis-Sébastien Mercier schrieb im «Tableau de Paris», einer präzisen Schilderung der französischen Hauptstadt am Vorabend der Revolution, mit spitzer Feder: «Mitten in Paris bewahren diese Schweizer ihre fremdartigen Sitten; sie trinken und essen, als lebten sie noch in der reinen Luft ihrer Berge. Ihr Verhalten ist immer ein wenig grob. Ihre schwerfälligen Gesichtszüge scheinen sich nur auf Bällen ein wenig zu beleben, wenn das Büfett reichlich ausgestattet ist. In den Vorzimmern von Versailles sieht man sie meist ausgestreckt auf den Bänken liegen und gähnen.»

Mit der Niederlage der Schweizer Söldner beim Sturm der Tuilerien begann der Niedergang des Söldnerwesens. Auch wenn im 19. Jahrhundert noch einige Luzerner Patrizier als Offiziere in neapolitanischen Diensten standen, bedeutete die Französische Revolution doch letztlich das Ende des Reislaufens. In den modernen Armeen hing die Kriegskunst immer weniger von fremden Söldnern ab und vor allem brachte die Industrialisierung zunehmend Verdienstmöglichkeiten in der Heimat. Die Bundesverfassung von 1848 verbot Soldverträge mit fremden Mächten schliesslich ganz und untersagte den Eintritt eines Schweizer Bürgers in eine ausländische Armee. Einzig die päpstliche Garde in Rom bildet seit 1506 bis heute eine Ausnahme.

weltanschaulichen Auseinandersetzungen um das Heldendenkmal zum Trotz wurde der Löwe von Luzern sehr bald zur bedeutendsten Touristenattraktion der Stadt, eine romantische Kulisse mit verschlungenen Wegen, Rasenflächen und locker gruppierten Bäumen und Büschen. Integriert in diesen englischen Garten war ursprünglich auch die kleine Antoniuskapelle (Nr. 55). Dieses sakrale Gegenstück zum profanen Löwendenkmal wurde als eine Art Pantheon an der Stelle einer älteren Kapelle gleichzeitig mit dem Denkmal 1819 errichtet. Innen ist die klassizistische Gedenkstätte mit den Fahnen und Wappentafeln der gefallenen Gardisten ausgemalt. Heute ist die enge Beziehung zwischen der Kapelle und dem Denkmal – trotz der räumlichen Nähe – durch die Überbauung der Denkmalstrasse und die Umgestaltung des Vorplatzes kaum mehr erkennbar.

Der Natur ein Museum

Direkt oberhalb dieses historischen Denkmals befindet sich das Naturdenkmal der Stadt Luzern schlechthin: der Gletschergarten (Nr. 56). Bei Aushubarbeiten für einen Weinkeller entdeckte der Luzerner Geologe Franz Josef Kaufmann 1872 eiszeitliche Gletschertöpfe und fossile Zeugen wie Muscheln, Palmblätter und Haifischzähne aus der tropischen Urzeit. Der Besitzer des Grundstücks, Joseph Wilhelm Amrein-Troller, erkannte den touristischen und kommerziellen Wert dieser Funde sofort. Eingebettet in einen romantisch inszenierten Garten mit Schweizerhäuschen, einem Waldkirchlein und einer Einsiedelei wurde die Anlage dem Publikum am 1. Mai 1873 geöffnet. Durch verschiedene naturhistorische Objekte wie Pfahlbaufunde und eine Mineraliensammlung ergänzt, entwickelten sich der Park und das im Schweizerhausstil erbaute Museum zu einer touristi-

Kunstvoll geformte Gletschertöpfe im Gletschergarten (Nr. 56) zeugen von der gewaltigen Kraft des Schmelzwasserstrahls am Grund des eiszeitlichen Gletschers.

schen Sehenswürdigkeit ersten Ranges. Mit der sensationellen Ausgrabung des grössten Gletschertopfs von neun Meter Tiefe und dem Bau eines hölzernen Aussichtsturms über der Felswand erhielt der Gletschergarten einen begehrten Stern im Reisehandbuch Baedeker. 1899 wurde der Spiegelsaal eingebaut.

Im Museum ist auch das älteste Grossrelief der Schweiz ausgestellt, das Relief der Zentralschweiz, das Franz Ludwig Pfyffer ab 1762 ohne kartografische Vorlagen allein aufgrund jahrelanger Naturbeobachtungen angefertigt hat. Das Modell zeigt auf einer Fläche von rund 24 Quadratmetern den Vierwaldstättersee mit Luzern, Unterwalden, Zug und den angrenzenden Kantonsteilen von Uri, Schwyz sowie Bern. Ganz im Zeichen der Entdeckung und Eroberung der Alpen vereint das Relief der Zentralschweiz die künstlerische Tradition der Alpenmalerei mit der wissenschaftlichen Erforschung der Alpen. Schon im 18. Jahrhundert war dieses älteste topografische Gebirgsrelief der Schweiz eine berühmte Sehenswürdigkeit. Nicht allein Goethe erkannte darin die «sehenswürdigste Sache der Stadt» und soll Luzern ausschliesslich wegen des Reliefs besucht haben. Als faszinierend empfand man vor allen Dingen die Möglichkeit, die Alpen erstmals aus der Vogelperspektive betrachten zu können.

Geradezu virtuell in die Alpenwelt reisen kann man ohne schweisstreibenden Aufstieg und mitten in der Stadt im Illusionsraum des Alpineums (Nr. 57). Nur wenige Schritte unterhalb des Eingangs zum Gletschergarten zeigt das 1905 eröffnete Diorama auf fünf grossformatigen Alpengemälden mit plastischem Vordergrund berühmte Alpenregionen und Panoramen der Schweiz.

Der Museggħügel

Mühlentor – Zentralgefängnis – Gesellschaftshaus der Herren zu Schützen – Museggmagazin – Museggmauer – Nölliturm – Männliturm – Luegisland – Wachtturm – Zytturm – Schirmerturm – Kloster Maria Hilf – Museggschulhaus – Christuskirche – ehem. Kriegs- und Friedensmuseum – Suva-Gebäude

➔ Bus Nr. 2, 9, 12, 18 bis Kasernenplatz, über Spreuerbrücke ◷ 1 3/4 Std.
← Bus Nr. 1, 19, 22, 23 ab Löwenplatz oder Nr. 1, 2, 6, 7, 8, 14, 19, 22, 23 ab Luzernerhof bis Bahnhof (Museggmauer nur im Sommer zugänglich)

Wie in den Himmel gereckte Monolithen prägen die Türme der Museggmauer die Silhouette der Stadt. Die imposante Mauer mit den neun Türmen ist eines des markantesten und bedeutendsten Wahrzeichen der Stadt Luzern und erinnert an ihre mittelalterliche Vergangenheit.

«Stadtluft macht frei» hiess die Losung im 13. Jahrhundert und mit ihr entstanden in Mitteleuropa zahlreiche kleine und grosse Städte. Neben den zunehmenden politischen Freiheitsrechten der Stadtbürger und dem städtischen Markt als Ausdruck der wirtschaftlichen, politischen und kulturellen Selbstverwaltung zählten die Stadtmauern zu ihren wichtigsten Kennzeichen. Als Schutzwall für die Sicherheit der Bürgerschaft gebaut, war die Stadtmauer ein Zeichen der Wehrhaftigkeit, der Autonomie und des Selbstbewusstseins. Die hohen Türme und Mauerzinnen verkündeten: Hier entsteht etwas Neuartiges, hier verläuft die Grenze zwischen feudalistischem Untertanenland und bürgerlicher Stadt.

Die erste steinerne Befestigungsanlage Luzerns umschloss die Grossstadt vom Baghardsturm beim Haus Zur Gilgen (Nr. 24) über den Grendel und den Löwengraben bis zu den Mühlen an der Reuss und auf der Seite der Kleinstadt ein Dreieck am linksufrigen Brückenkopf zwischen dem Oberen Hirschengraben und der Burgerstrasse. Dieser in der zweiten Hälfte des 13. Jahrhunderts errichtete innere Befestigungsring bestand überwiegend aus einer geschlossenen Häuserzeile mit verstärkten Aussenmauern sowie mehreren Türmen mit Toren. Nach der Schlacht von Sempach begann man um 1400 mit dem Bau des zweiten oder äusseren Befestigungsrings. In der Kleinstadt umfasste dieser zweite Ring vor allem die Krienbachvorstadt und auf der Grossstadtseite die heute noch weit gehend erhaltene 870 Meter lange Museggmauer. Eine dritte Mauer, vom Sentitor zum Gütschturm, umfasste die St.-Jakobs-Vorstadt.

Die «südlichste» Stadt nördlich der Alpen – gegen Norden noch mittelalterlich befestigt …

… entfestigt und erweitert nach Süden und Westen.

Museggmauer mit Männliturm (Nr. 64) und Luegisland (Nr. 65) im Gegenlicht.

Die Befestigungsanlage verlor ihre militärische Bedeutung aber schon bald, denn die Waffentechnik der frühen Neuzeit hätte eine Anpassung der Anlage mit Schanzen und Bollwerken erfordert. Im 19. Jahrhundert begann man schliesslich, die Stadt zu entfestigen und die Stadtmauern zu schleifen, da Gräben, Mauern und Türme die bauliche Entwicklung behinderten und die Verkehrssicherheit beeinträchtigten. Die Behörden erhofften sich ausserdem durch die – wie es hiess – «Abtragung der mittelalterlichen Kolosse» eine Verbesserung der hygienischen Verhältnisse und eine «Verschönerung des Stadtbildes». Nach und nach wurden die Türme und Mauern des inneren Rings und der Kleinstadt abgebrochen, und heute erinnern einzig einige Strassennamen wie Hirschengraben oder Löwengraben an die mittelalterliche Befestigung. Die Museggmauer hingegen blieb von dieser Abbruchwelle verschont. Der Stadtrat erkannte, dass die Mauer trotz baulicher Mängel als touristische Attraktion und Wahrzeichen der Stadt erhalten bleiben musste.

Die Museggmauer

Auf der Nordseite des Mühlenplatzes (Nr. 21) befindet sich als einziges erhaltenes Bauwerk des inneren Befestigungsrings das Mühlentor (Nr. 58). Das stark veränderte Tor diente als Ein- und Ausgang Richtung Norden und führt heute auf den Löwengraben. Dort erhebt sich einige Meter rechter Hand das ehemalige Zentralgefängnis (Nr. 59), heute ein trendiges Hotel mit Übernachtungsmöglichkeiten in den alten Zellen. Der Bau eines Gefängnisses (1860–62) war mit der Schleifung der Stadtmauer nötig geworden, da viele der abgebrochenen Türme gleichzeitig als Kerker dienten; mit dem Abbruch der Gefängnistürme verschwanden diese meist feuchten und grausamen Verliese.

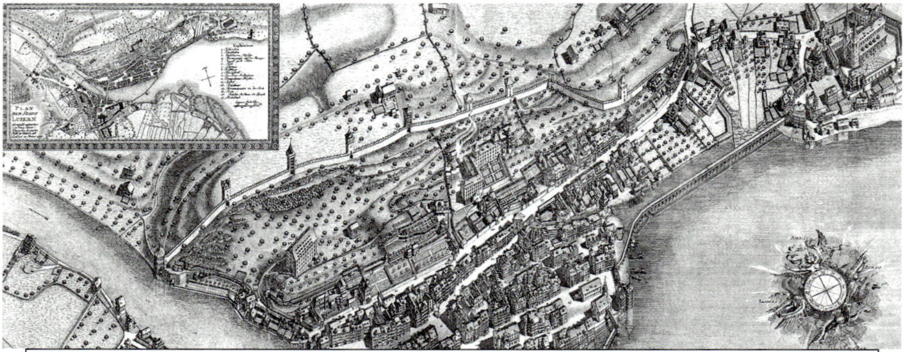

Die Museggmauer (Nr. 62) vom Nölliturm (Nr. 63) bis zum Dächliturm und die noch nicht abgebrochene Hofbrücke auf dem Schumacherplan von 1792.

Ebenfalls am Löwengraben, dem Mühlentor direkt gegenüber, steht das Gesellschaftshaus der Herren zu Schützen (Nr. 60) von 1719. Der zweigeschossige Saalanbau von Josef Singer von 1808/09 zählt zu den ersten und besonders qualitätsvollen Bauwerken des Klassizismus in Luzern. Darüber thront das monumentale Museggmagazin (Nr. 61), ein Nutzbau, der 1686 ganz in der Tradition spätgotischer Magazinbauten vollendet wurde. Der viergeschossige Bau mit einem zusätzlichen dreigeschossigen, hohen und abgewalmten Satteldach diente früher als Vorratslager vor allem für Korn und Salz und wird heute als kantonales Zeughaus genutzt.

Durch die Brüggligasse gelangt man zum westlichen Abschluss der Museggmauer (Nr. 62) und steht vor dem Nölliturm (Nr. 63). Der massive, 1513 neu errichtete Rundbau hiess ursprünglich Roter Turm; der heutige Name soll auf einen Wächter im 18. Jahrhundert zurückgehen. Nach der Aufschüttung des St. Karliquais wurde im Jahr 1900 eine Durchfahrt in den Turm gebrochen und auch die beiden neugotischen Wappensteine stammen aus dieser Zeit.

Ein Fussweg direkt ausserhalb der Mauer führt hinauf zum Männliturm (Nr. 64), dem einzigen Turm, der die ursprüngliche Zinnenkrone behalten hat; die Dachaufbauten der Türme wurden erst später errichtet. Die Treppe hinauf auf den 33 Meter hohen Turm ist steil und schmal, doch der Aufstieg lohnt sich; die sich darbietende Aussicht ist einzigartig. Seinen Namen erhielt der Männliturm von der zwei Meter hohen Halbfigur auf dem Pyramidendach des kleinen, runden Erkertürmchens, einem Krieger mit Harnisch, Fahne und Schwert.

Der benachbarte Luegisland (Nr. 65) ist mit 52 Metern der höchste aller Museggtürme. Er diente unter anderem als Beobachtungsturm für die Feuerwache und hat in den Obergeschossen als einziger die ursprüngliche Form eines zur Stadt hin offenen, so genannten Schalenturms bewahrt; alle anderen Türme wurden später geschlossen. 1768–1895 verlegte man die Wache in den Wachtturm.

Beim Wachtturm (Nr. 66) kann man den Wehrgang der Mauer besteigen, der von hier bis zum Schirmerturm (s. u.) ohne Unterbrechung begehbar ist – allerdings nur in den Sommermonaten. Der ursprünglich als Heuschober und Pulvermagazin dienende Wachtturm wurde 1701 durch einen Blitzschlag vollständig zerstört. Fünf Menschen starben bei der heftigen Explosion und in der Stadt wurden zahlreiche Gebäude beschädigt. Der auffällige Dachaufbau mit dem Glockentürmchen und den zwei Dacherkern auf allen Seiten kam erst mit dem Neubau Anfang des 18. Jahrhunderts hinzu.

Der Zytturm (Nr. 67) war schon beim Bau der Mauer als Uhrturm bestimmt. 1408 erhielt er das Uhrwerk vom Graggentor (1385) eingesetzt. Diese älteste öffentliche Schlaguhr der Stadt wurde 1535 durch die heutige gotische Turmuhr ersetzt. Die der Stadt zugekehrte Turmfassade ist mit Fresken bemalt, die immer wieder Veränderungen erfuhren. Ein grosses, mit Eichenlaub verziertes Zifferblatt dominiert, darunter zwei Wilde

Die Uhr am Zytturm (Nr. 67) besitzt das Privileg, jeweils eine Minute vor der Zeit und vor allen anderen öffentlichen Uhren der Stadt die volle Stunde zu schlagen.

Jede Stunde eine Minute zu früh

Eindrucksvoll schwingt das neun Meter lange Pendel im offenen Turm. Regelmässig dreht sich das Räderwerk, bis sich zur vollen Stunde die komplizierte Mechanik in Bewegung setzt. Es klopft und hämmert, es dreht sich und klappert, bis die Uhr mit dem Hammer von aussen die Stunde auf die Glocke schlägt. Noch heute besitzt die alte Turmuhr das Privileg, jeweils eine Minute vor der Zeit und vor allen anderen öffentlichen Uhren die volle Stunde zu verkünden. Das schmiedeeiserne Uhrwerk schuf der Zürcher Uhrmacher Hansen Luter 1535; Meisterzeichen, Jahreszahl und Zürcher Wappen sind auf einem der vier Eckpfeiler eingetieft. 1842 erhielt die Uhr das eiserne Pendel, wodurch sich die Ganggenauigkeit verbesserte. Die erste Glocke stammte aus der Peterskapelle; sie wurde 1788 in die Hofkirche versetzt. Im selben Jahr erhielt der Zytturm die heutige Glocke, auf der eingegossen als Relief eine Kreuzigungsszene und das Luzerner Wappen zu sehen sind. Noch heute steigt der so genannte Zytrichter, der Stadtuhrmeister, regelmässig die steilen Stufen des Zytturms hinauf, um die Mechanik zu ölen und vor allem um das Uhrwerk aufzuziehen, damit die Uhr den Luzernerinnen und Luzernern auch in Zukunft als Erste die Stunde schlägt.

Männer als Schildhalter von Standeswappen und Reichsschild. Im Giebel befindet sich auf der Stadtseite eine grosse, mit einem Blechdach geschützte Schallöffnung für die Glocke. Im Turminnern ist das alte Uhrwerk zu besichtigten.

Der dreigeschossige Schirmerturm (Nr. 68) entstand erst nach 1420; er ist ebenfalls über eine Treppe zugänglich. Nach einem Brand 1994 wurde der Innenausbau vollständig erneuert.

Dieser Turm wurde zur Zeit des Alten Zürcherkriegs (1436–50), einer Auseinandersetzung zwischen Zürich und der Eidgenossenschaft, als Tor zur Zürcherstrasse, der Ausfallstrasse Richtung Zürich, genutzt. Auf der Stadtseite sind am Dachgeschoss zwei Luzerner Schilde und in der Mitte das Luzerner Banner aufgemalt. An der Aussenmauer befindet sich eine Kopie des Wappensteins vom ehemaligen, im 19. Jahrhundert abgebrochenen äusseren Weggistor: zwei Luzerner Wappen und darüber das Reichsschild mit zwei Löwen als Wappenhalter, datiert 1482. Die Anordnung der Wappen verweist auf die Reichsunmittelbarkeit der Stadt; die Bürgerschaft Luzerns war von 1415 bis zum Westfälischen Frieden 1648, der endgültigen Loslösung vom Reich, niemandem als dem deutschen Kaiser verpflichtet. Im Torbogen steht im Gewand eines römischen Hauptmanns mit Schild und Lanze der heilige Mauritius, eine Figur, die 1743 für das ehemalige Baslertor geschaffen wurde. Die kleinen Öffnungen im Turm dienten als Schiessscharten für Hakenbüchsen.

Beim Schirmerturm verlässt man die Museggmauer – Pulver-, Allenwinden- und Dächliturm sind nicht öffentlich zugänglich – und steigt wieder zur Stadt hinab. Auf halbem Weg, gleich unterhalb der Mauer, befinden sich die Kirche und das ehemalige Ursulinenkloster Maria Hilf (Nr. 69). Die Ursulinen wurden im 17. Jahrhundert nach Luzern berufen, um eine Mädchenschule einzurichten. Kirche und Kloster wurden 1676–78 vom Jesuitenpater Heinrich Meyer entworfen, einem der Baumeister der Jesuitenkirche. An die Hanglage am Musegghügel angepasst, bildet die Anlage kein geschlossenes Klosterviereck, sondern eine lang gezogene S-Form; Kloster- und Schulgebäude schliessen unmittelbar an die Kirche an. Nach dem Zusammenbruch des Ancien Régime 1798 wurde das Kloster aufgehoben und zum neuen Sitz der helvetischen Regierung bestimmt. Im Klostertrakt richtete man Amtsstuben, Kanzleien und Archive

Links: Schlicht und einfach zeigen sich Chor und Innenraum der Maria-Hilf-Kirche (Nr. 69). Rechts: Die Hauptfassade der altkatholischen Christuskirche (Nr. 71) erhebt sich direkt neben der Stadtmauer.

ein und die Kirche baute man zum Parlamentssaal um. Doch noch vor der ersten Sitzung verlegte die Regierung ihren Sitz wegen der Kriegswirren nach Bern. Einige Jahre später diente die Kirche wieder als Gotteshaus und für kurze Zeit wurden auch die Ursulinen wieder nach Luzern berufen. Nach dem Sonderbundskrieg 1847 wurde der Konvent endgültig aufgehoben und die Mädchenschule den städtischen Schulen angegliedert.

Der eigenartig wirkende Bau mit den für die Region ungewöhnlichen Formen weist Einflüsse des bayrisch-böhmischen Barocks auf. Die Sakristei umschliesst ringförmig eine kahle Chorpartie, seitlich angelegt sind zwei Rundtürme mit Kuppelhauben. Der schlichte, hallenartige Innenraum ohne jegliche Stuckaturen war ursprünglich ganz weiss; die dekorative Bemalung stammt von 1843. Mit dem Umbau zum Parlamentssaal ging die ursprüngliche barocke Ausstattung verloren. Heute bestimmen einfache Biedermeierformen aus der ersten Hälfte des 19. Jahrhunderts, ein klassizistischer Hochaltar und zwei Nebenaltäre sowie die Kanzel das Bild. Das Kirchengitter ist nach dem Vorbild der Jesuitenkirche zwischen Vorhalle und Schiff eingezogen. Unter dem Chor befindet sich die ehemalige Gruft der Ursulinen.

Bei der Kirche Maria Hilf entstand im ausgehenden 19. Jahrhundert ein eigentliches Schulzentrum. Der Kirche gegenüber erhebt sich das 1878 errichtete Museggschulhaus (Nr. 70), einer der geradezu idealtypischen Schulhausbauten jener Zeit, die die Bedeutung des Schul- und Bildungssystems im 19. Jahrhundert als grosse, das Orts- oder Stadtbild dominierende Zweckbauten öffentlich demonstrieren sollten. In Anlehnung an die humanistische Bildungstradition der Antike wählte man dabei oft eine antikisierende, klassizistische Formensprache. Die strenge Symmetrie und der Fassadenaufbau zeichnen das Museggschulhaus als Neurenaissancebau aus. Über den drei grossen Eingangsportalen zeigen die drei Schlusssteine einen Mädchen- und einen Knabenkopf, die das Porträt eines alten Mannes flankieren. Den Treppenaufgang zum Hauptgebäude ziert das Relief «Vier Jahreszeiten» (1938) von August Blaesi.

Unweit des Museggschulhauses steht noch innerhalb der Stadtmauer der erste altkatholische Kirchenneubau in der Schweiz, die 1891/92 errichtete Christuskirche (Nr. 71). Die dreischiffige Basilika mit einem Eckturm östlich der Apsis erinnert an frühchristliche Kirchenbauten. Im Chor zeigt der 1973 von Steivan Könz geschaffene Bilderzyklus das Christusschiff auf stürmisch bewegter See zwischen Hölle und Paradies.

Durch die Maueröffnung der Museggstrasse gelangt man zum ehemaligen Kriegs- und Friedensmuseum (Nr. 72). Das direkt an die Museggmauer

Fresko «Pax besiegt den Krieger» des Malers Hans Zürcher am ehemaligen Internationalen Kriegs- und Friedensmuseum (Nr. 72), das auf Initiative des russischen Staatsrates Johann von Bloch entstanden war.

historisierend im Stil einer Burg angebaute Gebäude von 1910 zeigte Schlachtengemälde, historische Waffen und Uniformen; an der Fassade erinnert das Wandbild «Der letzte Krieger» von Hans Zürcher an das frühere Museum – ein einsamer Ritter mit blutverschmiertem Schwert vor der aufgehenden Sonne und die Inschrift «PAX». Wie der Tag über die Nacht triumphiert der Frieden über den Krieg – ein unerfüllter Wunsch, wenn man bedenkt, dass einige Jahre später Millionen von Menschen auf den Schlachtfeldern des Ersten Weltkriegs den Tod fanden. Bereits während des Kriegs blieb denn auch das Publikum aus und nach dem Krieg wurde das Museum aufgelöst. Das Gebäude wurde kurze Zeit als Gewerbemuseum genutzt und später zu einem Schulhaus umgebaut, als das es auch heute noch dient.

Etwas oberhalb erhebt sich der Monumentalbau der Schweizerischen Unfallversicherungsanstalt Suva (Nr. 73). Das 1914/15 errichtete Verwaltungsgebäude mit nur wenigen dekorativen Elementen war wohl einer der grössten Eingriffe in die Silhouette der Stadt im 20. Jahrhundert. Mit der massiven Kuppel setzte man aber auch ein architektonisches Zeichen der endgültigen Integration Luzerns in den Bundesstaat. Der Hauptsitz einer eidgenössischen Institution entschädigte die Stadt, nachdem sie als Verliererin des Sonderbundskriegs bei der Wahl der Hauptstadt und als Standort des Schweizerischen Landesmuseums noch übergangen worden war. Mit dem Suva-Gebäude erhielt die Silhouette der mittelalterlichen Museggmauer eine neuzeitliche Ergänzung.

Promenade am See

Hotel Schwanen – Hotel Schweizerhof – Matthäuskirche – Schweizerhofquai – Verwaltungsgebäude der Gotthardbahngesellschaft – Kurplatz – Nationalquai – Hotel National – Kursaal – Hotel Palace – Carl-Spitteler-Quai – Lido – Verkehrshaus der Schweiz

1 1/2 Std.

♿

← Bus Nr. 6, 8, 24 ab Verkehrshaus bis Bahnhof, im Sommer Schiff

Die Kleinstadt Luzern war bis ins 18. Jahrhundert kaum eine Reise wert. Das enge, kleinräumige Städtchen an der Reuss bot den damaligen Bildungsreisenden nur wenig Interessantes. Erst mit der Entdeckung und Eroberung der Alpen gegen Ende des 18. Jahrhunderts wurde Luzern als Aufenthalt für Reisende attraktiv. Der Blick wechselte von den engen Gassen hin zur Naturkulisse der Berge, die Lage am See wurde zur viel gerühmten Aussichtsterrasse.

Von den dreissiger Jahren des 19. Jahrhunderts an entstand in Luzern eine moderne touristische Infrastruktur. In rascher Folge wurden zahlreiche grössere Hotelkomplexe errichtet, Dampfschiff und Eisenbahn verstärkten diesen Boom. Das Geschäft mit den Fremden wurde allmählich auch als Wirtschaftsfaktor entdeckt, initiative Unternehmer begannen, viel Geld in luxuriöse Grandhotels zu investieren. So entstand eine eigentliche Hotellandschaft, die das Stadtbild markant veränderte. Luzern wandelte sich von der in sich geschlossenen Kleinstadt an der Reuss zur offenen Touristenmetropole am See.

Die Zahl der Reisenden nahm von der Mitte des 19. Jahrhunderts an stetig zu und prominente Gäste wie Königin Viktoria (1868) oder Kaiser Wilhelm II. (1893) festigten nachhaltig den internationalen Ruf Luzerns als exklusives Reiseziel. Die Gäste kamen mehrheitlich aus England, während die Amerikaner und Deutschen Luzern erst später zu entdecken begannen. Um 1900 setzte mit organisierten Gruppenreisen bereits eine frühe Art Massentourismus ein. 1910, im Spitzenjahr vor dem Ersten Weltkrieg, verzeichnete man in der Hochsaison zwischen Mai und Oktober über 192 000 Gäste; in 111 Hotels oder Pensionen wurden insgesamt über 8500 Betten angeboten – mehr als heute. Doch mit dem Beginn des Ersten Weltkriegs 1914 brach auch der Tourismus in Luzern zusammen, viele Hotels und

Aussichtsterrasse Nationalquai (Nr. 80) – mit Blick auf die klassische Luzerner Kulisse: Seebrücke, Wasserturm (Nr. 23) und Kapellbrücke (Nr. 22) …

… die Flanierallee vor den Grandhotels zum Sehen und Gesehenwerden.

Einheimische und Touristen flanieren an der Uferpromenade, Abendstimmung am Schweizerhofquai, Holzschnitt um 1870.

Pensionen mussten ihre Tore schliessen. Nach dem Krieg setzte man im inzwischen hart umkämpften Tourismusmarkt zunehmend auf Unterhaltung und Sport. Mit dem Kunst- und Kongresshaus und verschiedenen Sportanlagen hoffte man den Tourismus wieder zu beleben. Dabei gelang es vor allem dank der 1938 ins Leben gerufenen Internationalen Musikfestwochen Luzern als Fremdenstadt wieder ins Rampenlicht zu rücken. In der zweiten Hälfte des 20. Jahrhunderts wurden insbesondere die aussereuropäischen Tourismusmärkte in Amerika und Asien erschlossen. Es etablierte sich ein Massentourismus, der 1982 erstmals die Schallgrenze von einer Million Übernachtungen überstieg.

Der Schweizerhofquai

Mit dem Neubau des Hotels Schwanen (Nr. 74) im Jahr 1835 begann in Luzern die Zeit des Fremdenverkehrs. Als das alte Gasthaus Schwanen einem Stadtbrand zum Opfer fiel, errichtete der findige Hotelier Xaver Grob den Neubau nicht mehr in der Altstadt, sondern der Aussicht wegen direkt am See. Mit diesem ersten Aussichtshotel Luzerns kam er dem Wunsch jener Reisenden entgegen, die den prachtvollen Blick auf See und Berge nicht missen wollten. Der Biedermeierbau mit einer später angefügten Neurenaissancefassade wurde im 20. Jahrhundert umgebaut und wie viele andere Bauten des Historismus purifiziert.

Gleichzeitig mit dem Bau des Schwanen wurden zwei Tore des inneren Befestigungsrings und erste Teile der Hofbrücke abgebrochen sowie am Seeufer vor dem Hotel der so genannte Schwanenplatz aufgeschüttet und mit einer Landebrücke für die Dampfschiffe versehen.

Nur wenige Jahre nach dem Hotel Schwanen wurde 1845 mit dem Schweizerhof (Nr. 75) das erste Luxushotel in der Stadt eröffnet. Zahlreich

Diese grossartige Aussicht auf See und Berge genossen die Gäste des Hotels Schweizerhof (Nr. 75) um 1860 von ihren Zimmern aus. Kolorierte Aquatinta.

sind die prominenten Gäste, die im Schweizerhof abstiegen. Erwähnt seien Leo Tolstoi, der hier 1857 seine Novelle «Luzern» schrieb, und Kaiser Wilhelm II., der hier 1893 vom Bundesrat empfangen wurde.

Der palastartige klassizistische Bau wurde nach Plänen des Architekten Josef Placid Segesser erbaut. Die zwei etwas später errichteten Dépendancen sind durch Passerellen mit dem Hauptgebäude verbunden. In den folgenden Jahrzehnten wurde das Hotel mehrfach umgebaut und erweitert. Die Hotelhalle, das elegante Treppenhaus und vor allem der Zeugheersaal von 1865, ein grosser Festsaal mit kunstvoller und reicher Ausstattung, aber auch der Wintergarten sind einzigartige Zeugnisse von Repräsentationsräumen in historischen Hotelbauten des 19. Jahrhunderts.

«Abendessen im Hotel Schweizerhof»

«Um halb acht rief man mich zum Essen. Im grossen, prächtig ausgestatteten Parterresaal waren zwei lange Tische für mindestens hundert Personen gedeckt. Etwa drei Minuten dauerte das stumme Erscheinen der Gäste, das Rauschen der Damenkleider, die leichten Schritte und die leisen Unterredungen mit den ungemein höflichen und eleganten Kellnern, vor allen Gedecken sassen bald Herren und Damen, die alle sehr elegant, sogar kostbar und überhaupt ungemein sorgfältig gekleidet waren. Wie überall in der Schweiz, bestand der grösste Teil der Tischgesellschaft aus Engländern; daher bestimmten den allgemeinen Ton der Table d'hôte eine strenge Beachtung der gesetzlich anerkannten Anstandsregeln, eine Verschlossenheit, die nicht auf dem Stolz der Gäste, sondern auf dem Mangel eines Bedürfnisses, sich einander zu nähern, beruhte, und das Behagen, das jeder für sich in der bequemen und angenehmen Befriedigung seiner Bedürfnisse fand. Überall schimmerten schneeweisse Spitzen, schneeweisse Kragen, schneeweisse, echte und falsche Zähne und schneeweisse Gesichter und Hände.» (Leo Tolstoi, «Luzern», 1857)

1999 wurde das innen und aussen vollständig renovierte Hotel wieder eröffnet.

Unter einer der Passerellen hindurch gelangt man direkt zur Matthäuskirche (Nr. 76), die 1861 hinter dem Hotel Schweizerhof nach Plänen von Ferdinand Stadler errichtet wurde. Dieser erste grosse Bau der Neugotik in Luzern war gleichzeitig der erste Kirchenbau auf Stadtgebiet seit der Vollendung der Jesuitenkirche und die erste Kirche der evangelischen Gemeinde. Die dreischiffige Basilika mit Eckturm und Masswerkfenstern ist, abgesehen vom reich verzierten Spitzhelm, von schlichter Einfachheit.

Mit dem Umbau des Hotels Schweizerhof und dem Neubau des benachbarten Einkaufszentrums im Jahr 2000 durch das Architekturbüro Diener & Diener erfuhr der Raum um die Kirche eine städtebauliche Klärung und Aufwertung. Rund um die Matthäuskirche entstand ein grosszügiger und offener Platz. Der dunkelgrüne, einfache Kubus setzt zudem einen reizvollen Kontrast zur neugotischen Architektur der Kirche.

Mit dem Bau des Hotels Schweizerhof wurde ein Teil der seichten Bucht zwischen Schwanenplatz und Hofbezirk aufgeschüttet und ein weiteres Stück der Hofbrücke abgebrochen. Und im Zuge der stufenweisen Verlängerung der Uferpromenade bis zum Kurplatz (s. u.) verschwand die mittelalterliche Holzbrücke schliesslich ganz. Der Schweizerhofquai (Nr. 77), die neue «urbane Aussichtsterrasse» Luzerns, wurde zur touristischen Flaniermeile. An warmen Sommerabenden vergnügten sich die vielen ausländischen Gäste an der beleuchteten Promenade, wo man sich auch zum gesellschaftlichen Stelldichein traf.

Vom Seeufer etwas zurückversetzt, entstand 1887/88 das monumentale Verwaltungsgebäude der Gotthardbahngesellschaft (Nr. 78). Der im Stil der Neurenaissance von Gustav Mossdorf, dem Chefarchitekten der Gotthardbahn, errichtete Bau weist eine repräsentative und reich gestaltete Fassade auf, die am besten von der gegenüberliegenden Platzseite aus zu

Der breite, moderne Kubus des Migros-Einkaufszentrums und der schlanke, neugotische Turm der Matthäuskirche bilden einen reizvollen städtebaulichen Kontrast.

betrachten ist. Über den Säulen des mittleren Bauteils stehen vier allegorische Figuren: die Ingenieurskunst mit Massstab, die Architektur mit Zirkel, die Mechanik mit Flügelrad und die Elektronik mit Blitzen. Die Relieffiguren über den Portalen der Seitenflügel symbolisieren die vier Flüsse Rhein, Reuss, Tessin und Rhone, die im Gotthardmassiv entspringen.

Nur katholisch?

Der reformierte Glaube wurde im katholischen Vorort Luzern lange Zeit nicht geduldet. Während des Ancien Régime galt der Katholizismus als alleinige Staatsreligion, so wie die reformierten Vororte Bern und Zürich ausschliesslich den evangelisch-reformierten Glauben duldeten. Die Staatszugehörigkeit schloss automatisch die Zugehörigkeit zur katholischen oder reformierten Kirche mit ein. Der reformierte Glaube galt in Luzern als Irrlehre und wer sich trotzdem dazu bekannte, musste mit Repressionen rechnen.

Erst mit der Helvetischen Verfassung 1798 wurde in der Schweiz die Glaubensfreiheit garantiert und der protestantische Gottesdienst in der Stadt Luzern durchgesetzt. Nach einigen Wirren und gegen heftige Widerstände erlaubte die Regierung schliesslich 1826 die Ausübung des evangelisch-reformierten Gottesdienstes.

Der regelmässige Gottesdienst wurde vorerst in der ehemaligen päpstlichen Nuntiatur in der Rössligasse abgehalten. Da die Kapelle der Nuntiatur bald zu klein war, beschloss die reformierte Kirchgemeinde eine eigene Kirche zu bauen und beauftragte den Architekten Ferdinand Stadler mit dem Bau der Matthäuskirche. Den Namen des Evangelisten Matthäus erhielt die Kirche allerdings erst, als man 1935 die zweite reformierte Stadtkirche nach dem Evangelisten Lukas benannte.

Gegen Ende des 19. Jahrhunderts konnten auch Angehörige anderer Glaubensrichtungen und Religionen in der Stadt eigene Gotteshäuser errichten. 1892 wurde mit der Christuskirche (Nr. 71) die erste altkatholische Kirche der Schweiz in Luzern eingeweiht und 1897 die kleine St. Mark's Church (Haldenstrasse 31) für den anglikanischen Gottesdienst der zahlreichen englischen Touristen.

1867 erfolgte die Gründung des Israelitischen Kultusvereins. Bereits zur Zeit der Stadtgründung siedelten sich jüdische Familien in Luzern an. Doch im Zusammenhang mit den Verfolgungen und Pogromen im 14. Jahrhundert wurde die jüdische Bevölkerung auch aus Luzern vertrieben und es finden sich bis ins 19. Jahrhundert nur noch vereinzelt jüdische Spuren. Erst als ihnen 1866 die Niederlassungsfreiheit garantiert wurde, liessen sich wieder jüdische Familien in Luzern nieder, dies obwohl der Widerstand gegen die Gleichberechtigung gerade in katholischen Kreisen Luzerns besonders heftig war. Diese ersten jüdischen Familien wohnten hauptsächlich im Stadtteil Bruch und dort konnte die kleine Gemeinde eine Synagoge bauen, die 1912 eingeweiht wurde.

Der Kurplatz (Nr. 79) am östlichen Ende des Schweizerhofquais wurde in seiner heutigen Form nach 1900 angelegt. Die streng architektonische Anlage mit den beiden Schalenbrunnen und dem muschelförmigen Musikpavillon wurde auf Initiative des Kurkomitees, einer Interessenvereinigung der Hoteliers, gestaltet. Man wollte den Gästen aus dem Ausland neben der Naturkulisse auch gesellschaftliche Unterhaltung bieten. Während der Hochsaison spielte das rund sechzigköpfige Kurorchester jeweils zweimal täglich im Musikpavillon zur Unterhaltung der Touristen auf. Noch heute finden hier in den Sommermonaten am Sonntagmorgen Konzerte statt.

Vom Nationalquai zum Lido

Die östliche Fortsetzung der Uferanlage wurde ebenfalls stufenweise aufgeschüttet. Der erste Teil, der Nationalquai (Nr. 80), reichte 1906 bis zum Hotel Palace (s. u.); es entstand eine weitläufige Quaianlage ganz im Zeichen des Tourismus. Die grosszügige Allee und die platzartigen Erweiterungen entsprachen den mondänen Luxushotels, die sich hier aneinander reihten: das Hotel National (Nr. 81) von 1870, ein monumentaler Bau im Stil französischer Schlossarchitektur, der neubarocke Kursaal (Nr. 82) von 1882 und das Hotel Palace (Nr. 83) von 1906 mit seiner reichen Fassade zwischen Neubarock und Jugendstil. Parallel zur Expansion am Seeufer zog sich die touristische Infrastruktur auch die grünen Hügel um das Seebecken hinauf. Eine Vielzahl von Hotels und Pensionen entstand um 1900 und formte eine aussergewöhnlich bewegte Topografie auf den Anhöhen der Halde und auf Dreilinden.

Die Hotellandschaft am rechten Seeufer ist auch Zeugnis einer völlig neuen und eigenständigen Hotelarchitektur, wie sie in vielen touristischen Orten der Schweiz zu dieser Zeit entstand – grosse, mondäne Hotelpaläste

Blick vom Dach des Hotels Palace (Nr. 83) auf das Luzerner Seebecken und das Seebad.

an bester Aussichtslage mit noblen Suiten und reich ausgestatteten Gesellschaftsräumen. In der auf Monumentalität, Repräsentation und Originalität ausgerichteten Architektur verbinden sich gleichsam gesellschaftliche Selbstdarstellung und Naturbegeisterung des ausgehenden 19. Jahrhunderts.

Doch bereits kurz nach 1900 war die Zeit der Grandhotels abgelaufen. Die Heimatschutzbewegung bekämpfte diese Hotelbauten als Verunstaltung der Landschaft und auch die moderne Architektur der zwanziger Jahre wandte sich gegen historisierende und dekorative Stilformen. In der Folge wurden in Luzern viele dieser historischen Hotelbauten abgebrochen oder bis zur Unkenntlichkeit purifiziert. Erst gegen Ende des 20. Jahrhunderts entdeckte man die Qualität und Ausstrahlung der Grandhotels wieder und begann, die betrieblichen Unzulänglichkeiten unter Bewahrung der historischen Substanz den heutigen Standards anzupassen.

Bald musste das bisher bescheidene Unterhaltungs- und Freizeitangebot für die stetig wachsende Gästezahl ausgebaut werden. Während mit Löwendenkmal (Nr. 54), Gletschergarten (Nr. 56), Alpineum (Nr. 57) und Bourbaki-Panorama (Nr. 53) eine illusionäre Erlebniswelt entstand, wurde das Seeufer zur Sportarena. 1885 fand die Eröffnung der auch als Volksbad für die Einheimischen konzipierten Badeanlage vor dem Hotel Palace statt, eines Pfahlbaus im Cottagestil, wo Weiblein und Männlein sich noch in getrennten Becken tummeln mussten. Auf den Plätzen gleich hinter dem Seebad spielte man Tennis und es gab auch regelmässig internationale Turniere zu sehen. Zur Unterhaltung und als gesellschaftliche Ereignisse fanden auf dem See Ruderregatten und Motorbootrennen statt. Höhepunkt waren jeweils die bekannten Springreiten auf der direkt am See gelegenen Hausermatte, die dann 1981 überbaut wurde (siehe auch S. 43).

Die Erweiterung Richtung Halde mit dem von Pappeln gesäumten Carl-Spitteler-Quai (Nr. 84) erfolgte in den dreissiger Jahren. Der Dichter Carl Spitteler lebte von 1892 bis zu seinem Tod 1924 in Luzern. Zu Ehren dieses einzigen Schweizer Nobelpreisträgers für Literatur schuf der Künstler Roland Duss 1940 eine Bronzeskulptur. Doch seine «Liegende», ein Frauenakt von sinnlicher Körperlichkeit, löste eine Flut von Protestaktionen aus; viele empörten sich über die «nackte und lässig» daliegende Frauenfigur. Mehrmals wurde sie mit Farbe verschmiert und einmal sogar von Unbekannten eingekleidet. Ein anderes umstrittenes Kunstwerk fand später ebenfalls am Carl-Spitteler-Quai einen neuen Platz: die beiden von Hugo Siegwart 1933 ursprünglich für den Vorplatz des ersten Kunsthauses geschaffenen Bronzepferde mit den Pferdebändigern. Beim neuen Kultur- und Kongresszentrum fanden die von Kunstkritikern als pathetisch und von schlechter Qualität geschmähten, von vielen aber ins Herz geschlossenen Pferde kein Gnadenbrot und so wurden sie kurzerhand auf die grüne Wiese am Carl-Spitteler-Quai verlegt.

Ganz am Ende der Uferpromenade, beim Delta des Würzenbachs, wurde 1929 das Strandbad Lido (Nr. 85) eröffnet. Da das Bad am Nationalquai touristischen Ansprüchen längst nicht mehr genügte, drängten vor allem die Luzerner Hoteliers auf den Bau einer neuen Anlage; sie wollten den Gästen auch ein Badevergnügen mit Strand anbieten. Das Lido zählte zu den schönsten und modernsten urbanen Strandbädern der Zeit. Leider musste der elegant geschwungene Sichtbetonbau in den neunziger Jahren abgebrochen und durch einen Neubau ersetzt werden. Hauptelement des neuen Lido ist das sichelförmige, über 300 Meter lange Dach über den Umkleidekabinen und dem Eingangstrakt. Die dunke blau gestrichenen Gebäudeteile stehen in einem starken Kontrast zum Grün der Bäume und der Rasenflächen.

«Spanisch-Brötli-Bahn», «Krokodil», «Roter Pfeil» – rund 50 historische Schienenfahrzeuge sind im Verkehrshaus zu bestaunen.

Ganz in der Nähe des Strandbades Lido befindet sich das Verkehrshaus der Schweiz (Nr. 86). Dieses spektakuläre, meistbesuchte Museum der Schweiz öffnete seine Tore 1959 und wird seither kontinuierlich erweitert. Die unter grösstmöglicher Ausnützung des beschränkten Terrains errichteten Hallen und Erweiterungsbauten bilden eine pavillonartige Struktur, die gleichzeitig auch die Entwicklung der Museums- und Ausstellungsarchitektur der letzten Jahrzehnte dokumentiert. Mit der Einrichtung des Verkehrshauses als Museum wurden erstmals technische Produkte als kulturhistorische Denkmäler anerkannt und ausgestellt und dadurch die bekannten schweizerischen Verkehrsmittel wie Eisenbahn, Bergbahnen und Postauto als Zeugnisse nationaler Leistungsfähigkeit popularisiert.

Am alten Stadtrand

Kasernenplatz – Historisches Museum – Natur-Museum – Anderallmendhaus – Schützenhaus – Staatsarchiv – Sentikirche und Sentispital – Sentihof – Schlosshotel Gütsch – Kirche St. Karl – Friedhof Friedental

➔ Bus Nr. 2, 9, 12, 18 bis Kasernenplatz

1 3/4 Std.

← Bus Nr. 18, 19 ab Friedental bis Bahnhof

Die zwischen dem ehemaligen Baslertor und dem Sentitor gelegene Vorstadt hiess ursprünglich St.-Jakobs- oder Senti-Vorstadt. Im Mittelalter auch als «am nidern Grunde» bezeichnet, heisst das Gebiet heute schlicht der Untergrund. Das am Stadtrand gelegene Viertel war immer das etwas «andere» Luzern. Hier befanden sich im Mittelalter mit dem St. Jakobs-Spital eine Herberge für Pilger und mit dem Sentispital ein Siechenhaus für Aussätzige, aber auch der Schweinemarkt und später, im 18. und 19. Jahrhundert, das Waisenhaus, die Strafanstalt, die Kaserne und der Schlachthof. Etwas ausserhalb des Sentitors lag die Richtstätte mit der Wohnung des Henkers und dem Friedhof für die Hingerichteten und durch eigene Hand aus dem Leben Geschiedenen, die nicht in geweihter Erde bestattet werden durften.

Die durch die Vorstadt führende Baselstrasse war die wichtigste und verkehrsreichste Ausfallstrasse Luzerns. An dieser Strasse entwickelte sich seit dem frühen 19. Jahrhundert ein kleingewerbliches Zentrum. Büchsenmacher, Färber, Kupferschmiede, Schreiner und Drucker hatten hier ihre Wohn- und Werkstätten. Auf einer Sandbank in der Reuss, der so genannten Reussinsel, begannen erste kleine Industriebetriebe die Wasserkraft zu nutzen, darunter die von Moos'schen Eisenwerke sowie die Maschinen- und spätere Aufzugsfabrik Schindler.

Mit dem Bauboom Ende des 19. Jahrhunderts setzte die Einwanderung italienischer Arbeitskräfte ein. Die italienischen Maurer bauten die noblen Hotels am See und der Untergrund wurde in der Zeit der Hotelindustrie zum Wohngebiet dieser «Fremdarbeiter». «Klein Chicago» hiess es auch, das Viertel mit der grössten Dichte an Gasthäusern, Beizen und Cucinen, den Arbeiterküchen der Italiener. Die Wohnverhältnisse in der schattigen Gegend zwischen Gütsch und Reuss waren oft denkbar schlecht. Viele der

Durchgangsort Luzern – für die Autos von Hamburg nach Neapel …

… für das Reusswasser vom Gotthard in die Aare, den Rhein und weiter bis ins Meer.

Zugewanderten mussten mit engen, schlecht belüfteten und feuchten Wohnungen praktisch ohne sanitäre Einrichtungen vorlieb nehmen. Die Sterblichkeitsrate an Tuberkulose lag denn auch viel höher als in anderen Stadtteilen. Die sozialen Verhältnisse waren schliesslich auch der Nährboden für die zahlreichen Arbeiterstreiks im Steinbruch der Baselstrasse. Die Anfänge der Luzerner Arbeiterbewegung sind eng mit dem Untergrund verbunden.

Der Untergrund ist bis heute das kulturell am meisten durchmischte Stadtviertel geblieben und der Anteil der ausländischen Wohnbevölkerung liegt im Gebiet Baselstrasse/Bernstrasse mit über 50 Prozent sehr hoch. Wer hier wohnt, leidet unter dem Lärm und Gestank des Verkehrs: Autobahn und Eisenbahn durchtrennen die Häuserzeilen wie früher die Stadtmauern. Doch die zahlreichen kleinen Geschäfte mit zum Teil exotischer Auslage zeugen von einer etwas anderen Lebensqualität. Hier finden sich neben den asiatischen Kleidergeschäften und den türkischen Spezialitäten auch kleine Handwerksbetriebe und traditionelle Arbeiterbeizen, die

Viehmarkt am Kasernenplatz. Im Hintergrund das abgebrochene Baslertor, rechts das Anderallmendhaus (Nr. 90). Aquarell um 1800.

noch nicht in trendige In-Lokale umgebaut wurden. Und in der ehemaligen Schindlerfabrik befindet sich heute die Hochschule für Kunst und Gestaltung.

Am Kasernenplatz

Unser Rundgang beginnt am Ende der Pfistergasse, dort, wo früher das Baslertor stand. Hier am Kasernenplatz (Nr. 87), wo einst der Schweinemarkt war und die Schützen sich in ihrer Kunst übten, dominiert heute auf sieben Spuren der motorisierte Verkehr. Mit dem Bau der Autobahnausfahrt (1974) direkt ins Stadtzentrum entstand nicht nur die hässlichste Wunde im Stadtbild, sondern auch eine verkehrspolitische und städtebauliche Dauerdiskussion um die Wiedergutmachung dieser Bausünden zwischen Pfistergasse, Baselstrasse und Reuss.

Am Kasernenplatz, dort, wo früher Schweine feilgeboten wurden, führt heute die Autobahnausfahrt mitten in die Stadt. Hier soll über dem Platz bis ins Jahr 2008 für die Universität ein Zentralbau erstellt werden.
Links der Fachwerkbau des Anderallmendhauses (Nr. 90) aus dem 17. Jahrhundert.

Im Natur-Museum (Nr. 89) sind unter anderem die einzigartigen Fundstücke einer jungsteinzeitlichen Seeufer-Siedlung in Egolzwil, Kanton Luzern, zu bewundern.

Mehrere historische Gebäude erinnern jedoch an die Vergangenheit des Kurzweilplatzes, wie das Gebiet früher auch hiess. Noch innerhalb der ehemaligen Stadtmauer liegt das Zeughaus, ein 1567–69 errichteter frühneuzeitlicher Magazinbau, in dem heute das Historische Museum (Nr. 88) des Kantons untergebracht ist. Das spätgotische dreigeschossige Gebäude ist weit gehend schmucklos, einzig auf der Reussseite befindet sich ein rekonstruiertes Fresko aus der Bauzeit, ein von zwei wilden Männern gehaltenes Standeswappen. Im Zeughaus wurden die gemeinsamen Waffen wie die schweren Geschütze und Armbrüste aufbewahrt sowie Beutestücke aus den Kriegszügen und Kuriositäten ähnlich wie in einer Wunderkammer ausgestellt. Helm und Schwert des Reformators Zwingli und das Panzerhemd des Herzogs Leopold von Österreich waren weithin bekannte und viel bestaunte Sehenswürdigkeiten.

Daneben, etwas reussabwärts, befindet sich im ehemaligen Waisenhaus der Stadt heute das Natur-Museum (Nr. 89); das klassizistische Gebäude stammt von Josef Singer (1808–11). Die damalige «Anstalt» für «verwahrloste und uneheliche Kinder» wurde von Ordensschwestern geführt, die für sittliche Ordnung und religiöse Ausbildung der Waisen zu sorgen hatten. Die Hausordnung war sehr streng, Schule und körperliche Arbeit bestimmten den Alltag der Kinder, um sie von schlechten Einflüssen fern zu halten. Das sehr repräsentative Gebäude stand ursprünglich direkt an der Baselstrasse und musste der Autobahn und einem Parkhaus weichen. Es wurde abgebrochen und unter Verwendung von wenig originaler Bausubstanz als eigentliche Kopie an der Stelle wieder aufgebaut, wo von 1861 bis 1971 die Infanteriekaserne gestanden hatte.

Auf der gegenüberliegenden Strassenseite steht das Anderallmendhaus (Nr. 90), ein stattlicher Fachwerkbau von 1679. Das mit geschweiften Formen und Voluten durchsetzte Fachwerk ist eines der wenigen erhaltenen Beispiele aus der kurzen Blütezeit des Luzerner Fachwerkbaus in der zweiten Hälfte des 17. Jahrhunderts. Am «Markt» dahinter befindet sich linker Hand das Schützenhaus (Nr. 91) von 1756. Erste Belege für ein Schützenhaus für die Büchsen- und Armbrustschützen stammen bereits aus dem 15. Jahrhundert. Auf dem Vorplatz zu den Arkaden standen einst die Schiessstände. Der Festsaal im zweiten Stock ist mit ausgezeichneten Rokokostuckaturen geschmückt. Am Platz hinter dem Schützenhaus steht das 1990–93 erbaute neue Staatsarchiv (Nr. 92) des Kantons.

Zwischen Gütsch und Reuss

Über die Schützenstrasse und die Gibraltarstrasse erreichen wir die Sentikirche mit dem ehemaligen Sentispital (Nr. 93) direkt an der Baselstrasse. Dieses Siechenhaus für Aussätzige befand sich seit dem 13. Jahrhundert hier am Stadtrand unmittelbar beim Sentitor. Im Mittelalter wurden hier die Leprakranken untergebracht, vom 18. Jahrhundert an vor allem Personen mit Hautkrankheiten wie Krätze oder Räude.

Die heutige Sentikirche stammt aus dem 17. Jahrhundert. Die Fassade hat Josef Singer 1817–19 klassizistisch umgestaltet, wobei die beiden symmetrisch angefügten Spitaltrakte vollständig erneuert wurden. Den spätgotischen Charakter der Kirche mit dem zierlichen Dachreiter und dem Chorbogen erkennt man nur von der Rückseite.

Im Innern zeigt sich die fast schmucklose Sentikirche als schlichtes Gotteshaus für die Armen und Kranken. Einzig das Chorgewölbe weist eine einfache Rokokostuckatur auf. Die kleinen Fenster in der Gewölbezone des Langhauses ermöglichten die Teilnahme am Gottesdienst vom Spitaltrakt aus. Der bunt marmorierte Hochaltar von 1755 ist ein Werk des Rokoko, die beiden Altargemälde der Seitenaltäre im Biedermeierstil zeigen den heiligen Antonius und Maria Magdalena als Eremitin. Im Langhaus befindet sich ein Gemäldezyklus mit vier Heiligenfiguren; bemerkenswert vor allem das Bildnis des Franz Xaver, das im Hintergrund die Jesuitenkirche mit den geplanten Türmen zeigt. Der ehemalige Krankenhaustrakt wird heute zum Teil als Kultur- und «Quartiertreff» genutzt.

Gegenüber der Sentikirche befand sich die ehemalige Kantonale Strafanstalt. Nach deren Abbruch entstand auf dem Areal 1953–55 der Sentihof (Nr. 94), eine Vorzeige-Wohnsiedlung, mit rund 300 Wohnungen und einem grosszügigen, begrünten Innenhof. Die mit den neuesten haushaltstechnischen Errungenschaften der Zeit ausgestatteten Wohnungen waren sehr begehrt. Waschmaschine, Heisswasser aus der Röhre und eine

Der spätgotische Chorbogen mit dem schlanken Dachreiter der Sentikirche (Nr. 93), zu sehen vom Fussweg auf den Gütsch.

funktionale Einbauküche mit Elektroherd gehörten zur Standardeinrichtung. Die Wohnkultur im Sentihof entsprach dem kleinbürgerlichen Familienideal während des wirtschaftlichen Aufschwungs in den fünfziger Jahren. Doch schon drei Jahrzehnte später wurde die Siedlung mit dem Bau der Autobahn zu einer Insel mitten im Strassenverkehr und der Komfort von der Entwicklung überholt.

Neben der Sentikirche führt die Gütschbahn steil hinauf zum Schlosshotel Gütsch (Nr. 95). Die ursprünglich mit Wasserlast betriebene Standseilbahn verbindet die Baselstrasse mit dem 1881–84 errichteten «Zuckerbäckerschloss». Besonders zu empfehlen ist der Aufstieg auf dessen weithin sichtbaren Aussichtsturm (siehe auch S. 35). Mit der Bahn, dem Hotellift und über ein paar steile Treppenstufen erreicht man leicht die hölzerne Turmspitze, wo sich ein exklusiver Ausblick auf Stadt, See und Umgebung öffnet. Neben dem Hotel Gütsch befindet sich die ehemalige Pension Wallis. Hier verbrachte die englische Königin Viktoria 1868 ihre Sommerferien und machte so Luzern zum ersten Mal weltweit als Ferienort bekannt.

Von der Baselstrasse führt der Rundgang durch die Dammstrasse zur Sentimattstrasse und entlang der Reuss weiter zum Kreuzstutz. Das Kruzifix über der Strasse vor der Felswand stammt von 1954 und erinnert an das Wegkreuz, das hier einst im Mittelalter die Stadtgrenze markierte.

St. Karl und Friedhof

Über die St.-Karli-Brücke gelangt man zur Kirche St. Karl (Nr. 96). Die direkt am Wasser gelegene Kirche von 1934 ist der erste und wichtigste Sakralbau aus der Zeit des Funktionalismus in der Innerschweiz. Ganz dem Stil des Neuen Bauens verpflichtet, prägte die Stahlbetonkonstruktion von Fritz Metzger die weitere Entwicklung des Kirchenbaus in der Schweiz massgeblich. Imposant steigt die Südfassade aus der Reuss auf, vier mächtige Säulen tragen das Dach der hohen Vorhalle mit den vier Evangelisten aus grauem Sandstein von August Blaesi über dem Eingang. Die weiss gestrichene, glatte Fassade geht ohne Unterbrechung in die elegante Rundung des Chorbogens über und an der Ostseite schliesst sich die Sakristei an den Chor an.

In der Kirche bilden Chor und Schiff einen grosszügigen Raum in U-Form. Der Säulenkranz und das durchlaufende Fensterband fassen Laien- und Altarraum zu einem Ganzen zusammen, wobei der Altar durch einige Treppenstufen leicht erhöht ist. Das Fensterband als einzige natürliche Lichtquelle lässt das Dach gleichsam auf den Wänden schweben und taucht den Kirchenraum in sanftes, farbiges Licht. Die Glasgemälde und der Freskenzyklus sind ein Werk des Basler Malers Hans Stocker. Friesartig ziehen sich Fresken mit Szenen aus dem Leben Christi an beiden Seitenwänden bis zum Altar, im Chor die Wiederkunft Christi zum Weltgericht. Die Farbigkeit, die Konzentration auf einige wenige Figuren und die ausgeprägte Gestik verleihen den Szenen eine grosse Eindringlichkeit. Wie die ganze Kirche spricht auch aus den Fresken der Geist der Erneuerung, der Wunsch nach einer spezifisch sakralen Malerei.

Von der Kirche St. Karl führt der Reussportweg vorbei am St. Karlischulhaus und am Hirschpark, der sich seit 1906 hier befindet, auf das Hochplateau des Mohrentals. Hier, zwischen Reuss und Rotsee, liegt der

Sakrale Erneuerung

Der Bau der Kirche St. Karl stand ganz im Zeichen der Diskussion um die Erneuerung der sakralen Kunst. Getragen von der 1924 gegründeten Schweizerischen St.-Lukas-Gesellschaft, suchte man in der Architektur, der Malerei und der Bildhauerei das Verhältnis der Kirche zur zeitgenössischen Kunst neu zu positionieren. Die oft beliebigen und formelhaften historischen Stilmerkmale wurden dabei ebenso abgelehnt wie die Massenproduktion kirchlicher Kunstgegenstände. Die Mitglieder der St.-Lukas-Gesellschaft forderten eine Abkehr vom Kitsch und die Rückbesinnung auf Funktion und Form sowie eine einfache, dem «Wesenhaften» verpflichtete Gestaltung. Frei von oberflächlichen Ornamenten und Verzierungen, frei von Naturalismus und Sentimentalität sollte die christliche Kunst ein Bekenntnis sein, ein Dienst an der Kirche. Dieses Bekenntnis umfasste das Kirchengebäude genauso wie die Innenausstattung und das liturgische Gerät. Für St. Karl entstanden alle liturgischen Geräte und Paramente unter Fritz Metzgers Anleitung. Kelch, Ziborium und Monstranz sind von schlichter Einfachheit und betonen die Funktion als kultisches Gerät.

Das nach Plänen von Albert Froelich 1924–26 errichtete Krematorium. Der klassizistische Rundbau mit der Hallen- und Gartenanlage bildet eine eindrückliche Gesamtanlage im Friedental (Nr. 97).

Friedhof der Stadt Luzern, das Friedental (Nr. 97). Er ist charakteristisch für die städtischen Friedhofsanlagen des 19. Jahrhunderts, die in den schnell wachsenden Städten hauptsächlich aus hygienischen und räumlichen Überlegungen als so genannte Zentralfriedhöfe aus dem Zentrum an den Stadtrand verlegt wurden. In Luzern war der alte Friedhof auf der Propsteimatte hinter der Hofkirche zu klein geworden und der Boden dazu sehr ungünstig, weshalb man beschloss, den neuen Friedhof weit ausserhalb der Wohngebiete im Mohrental anzulegen; 1885 wurde er feierlich eingeweiht.

Die streng geometrische Anlage und der symmetrische, von zwei historistischen Tempelpavillons flankierte Haupteingang wurden vom Stadtarchitekten Othmar Schnyder entworfen. Wohl in Anlehnung an die Hallengräber im Hof übernahm er die Arkadengänge als populäres Campo-Santo-Motiv. Erst nach langem und grossem Widerstand konnte das Krematorium nach Plänen von Albert Froelich gebaut werden: Die dominante Lage dieser Örtlichkeit für die Feuerbestattung über dem Friedhof provozierte katholische Kreise. Als Erster wurde an Silvester 1924 der Dichter und Nobelpreisträger Carl Spitteler eingeäschert; sein Ehrengrab befindet sich im Friedental in Feld Nummer 8.

Ein Spaziergang zeigt einige bemerkenswerte Grabdenkmäler des Historismus, des Jugendstils und des Expressionismus, aber auch Zeugnisse der Reformbestrebungen seit den zwanziger Jahren bis hin zu zeitgenössischem Kunstschaffen. Zahlreiche bekannte Bildhauer aus der Region sind mit Werken im Friedental vertreten.

Vom Inseli nach Tribschen

Inseli – Werftsteg – Ufschötti – Kantonsschule Alpenquai – Landsitz Tribschen (Richard-Wagner-Museum) – Landgut Schönbühl – Wohnhochhaus Schönbühl

🕒 1 1/2 Std.

← Bus Nr. 6, 8 ab Schönbühl bis Bahnhof

Das linke Seeufer mit der Sonne im Rücken und dem eingeschränkten Bergpanorama stand immer etwas im Schatten der grosszügigen Promenade am gegenüberliegenden Ufer. Mit dem Bau des neuen Bahnhofs im letzten Jahrzehnt des 19. Jahrhunderts trat dieses Gebiet jedoch vermehrt ins Blickfeld des öffentlichen Interesses und es gab immer wieder Initiativen und Pläne zur Gestaltung der Uferzone zwischen Inseli und der Wartegg-Rippe. Doch die Erschliessung des Stadtrandgebiets hinter den Gleisanlagen blieb bis heute Stückwerk.

Bereits der Stadtbauplan von Heinrich Meili-Wapf und Robert Winkler von 1897 sah für dieses Gebiet eine schachbrettartige Überbauung vor, nach dem gleichen Prinzip wie in der Hirschmatt, nur doppelt so gross. Das Vorhaben wurde nicht realisiert und einzig das Seeufer um 1900 zum Alpenquai aufgeschüttet. Am Ufer entstanden Bootshäuser, Werften, Lagerplätze und Badeanlagen, während das «Hinterland» nur zögernd erschlossen wurde. Der sumpfige Baugrund in Ufernähe war schlecht, der Bauboom der Jahrhundertwende eingebrochen und der grüne Uferstreifen sollte für die promenierenden Gäste am anderen Ufer von Bauten frei bleiben. So entstand auf der Rösslimatte hinter dem Rangierbahnhof ein kleines Industrieareal mit vielen kleingewerblichen Betrieben und ein Sammelsurium von Bretterbuden, Schrebergärten und Schrottsammelplätzen, die aber heute weit gehend durch moderne Büro- und Verwaltungsgebäude verdrängt worden sind.

Am Ende des Alpenquais, im Tribschenmoos, fand 1910 die Eröffnung der ersten Luftschiffhalle der Schweiz statt. Die Rundflüge mit dem Zeppelin zählten zu den spektakulärsten Touristenattraktionen, bis sie mit dem Ausbruch des Ersten Weltkriegs abrupt zu Ende gingen. Im Tribschenmoos befanden sich auch die ersten Fussballplätze der Stadt

Stille Winkel zur Erholung – im Grünen auf der Halbinsel Tribschen mit dem Richard-Wagner-Museum (Nr. 102) ...

… auf dem Wasser kreuz und quer mit der Schifffahrtsgesellschaft auf dem Vierwaldstättersee.

und eine Natureisbahn. Von den vierziger Jahren des 20. Jahrhunderts an wurden die grossen Freiflächen in diesem Gebiet allmählich überbaut. Es entstanden verschiedene kleine Fabriken und Gewerbegebäude sowie die Büros und Hallen der städtischen Verkehrsbetriebe, die Kunsteisbahn und die Kantonsschule (Kantonales Gymnasium).

Heute ist das Seeufer vom Inseli bis zum Schönbühl als durchgängige, abwechslungsreiche Promenade gestaltet, die ganz im Gegensatz zum durchgestalteten rechten Seeufer da und dort noch wildwüchsige und natürliche Nischen aufweist, kleine ökologische Freiräume mitten im städtischen Ballungsgebiet.

Am Alpenquai

Der Rundgang beginnt beim so genannten Inseli (Nr. 98), ursprünglich eine kleine, längliche Insel, die dem Sumpfland bei der Fröschenburg vorgelagert war. Die Insel war Privatbesitz; erst 1924 erwarb die Stadt den Grund mit dem aus dem 18. Jahrhundert stammenden Landsitz, der einige Jahre später abgebrochen wurde. Die romantische Insel mit dem Schiff zu umrunden, war als Ausflug beliebt. 1954/55 wurde der Kanal zwischen der Insel und dem Festland zugeschüttet und es gab keine Insel mehr, doch

Vorstadtidylle um 1800. Das Aquarell zeigt einen Fischer beim Netzflicken auf dem Inseli (Nr. 98) vor dem Ried bei der Fröschenburg.

Von Sittenwächtern und Moralaposteln

Luzern war und ist auch heute noch ein steiniges Pflaster für Kunst im öffentlichen Raum. Kaum ein Kunstwerk konnte im 20. Jahrhundert aufgestellt werden, ohne dass Sittenwächter und Moralapostel in lautes Gezeter über die Verwahrlosung der Sitten und die moralische Gefährdung der Jugend ausbrachen. Nicht nur nackte Frauengestalten wie die «Liegende» von Roland Duss am Carl-Spitteler-Quai (siehe auch S. 148f.), sondern selbst ein patriotisches Denkmal wie die Schwingergruppe von Hugo Siegwart lösten jeweils einen heftigen Proteststurm aus, einen Protest, der vielfach ganz im Zeichen politischer Grabenkämpfe stand. Katholisch-konservative Kreise fochten mit dem Schlagwort der «unsittlichen Kunst» oft auch ihren Kampf gegen den liberal dominierten Stadtrat aus.

1905 erhielt der Luzerner Bildhauer Hugo Siegwart für sein Werk «Schweizer Schwinger» auf einer internationalen Kunstausstellung in München eine Auszeichnung. Der Verschönerungsverein der Stadt Luzern, die Luzerner Kunstgesellschaft und weitere Kunstliebhaber setzten sich in der Folge für Ankauf und Ausführung des Gipsmodells ein und im Frühjahr 1908 war die Bronzeplastik fertig gestellt. Die kraftvollen, wuchtigen Schwinger, als antike Helden idealisiert, zelebrieren, ganz dem Zeitgeist entsprechend, die patriotische Verherrlichung des Schweizer Nationalsports. Sie sind von einem sachlichen Realismus, der sich vor allem durch eine möglichst naturgetreue Wiedergabe auszeichnet. Doch gerade die natürliche Nacktheit erregte noch vor der Einweihung des Denkmals heftigen Anstoss von kirchlicher Seite: Die öffentliche Aufstellung sei nicht nur unanständig, sondern für die Jugend in sittlicher und moralischer Hinsicht geradezu eine Gefahr. Ein eigentlicher Denkmalstreit entbrannte. Doch schliesslich wurden die Schwinger im Januar 1909, allerdings unter Polizeischutz, auf dem Kurplatz aufgestellt – und bald darauf verstummten die Proteststimmen. Knapp fünfzig Jahre später wurde die Plastik vom Kurplatz auf das Inseli versetzt, weil die inzwischen hohen Kastanien am Kurplatz das Denkmal verdeckten.

Nicht besser erging es der «Kauernden», einem Frauenakt von Otto Charles Bänninger. Als die aus einem Wettbewerb hervorgegangene – zunächst stehende – Frauenfigur des Zürcher Bildhauers 1946 vor dem Eingang des Kunsthauses aufgestellt werden sollte, hagelte es wiederum Proteste. Rund vierzig Jahre nach Siegwart waren die Argumente immer noch dieselben, ja der Protest fiel noch heftiger aus. So heftig, dass man auf den ursprünglichen Standort verzichtete und der Künstler sogar von seinem Wettbewerbsentwurf abwich und 1951 eine kauernde Frauenfigur präsentierte. Heimlich und unter Ausschluss der Öffentlichkeit wurde die Skulptur aus Cristallina-Marmor schliesslich im Garten auf der Ostseite des Kunsthauses aufgestellt. Auch in diesem Fall erregte die vollkommen unbekleidete Frauenfigur danach kaum mehr Anstoss. Als das alte Kunsthaus dem KKL weichen musste, wurde die «Kauernde» auf das Inseli versetzt.

Baden, Fussball spielen, sonnenbaden, flirten – die Ufschötti (Nr. 100) ist im Sommer ein beliebter Treffpunkt für Gross und Klein.

der Name blieb. Das Inseli wurde zum öffentlichen Park umgestaltet, mit Volière und Schwingerdenkmal. Im Herbst findet hier die traditionelle Luzerner Herbstmesse statt.

Über den Werftsteg (Nr. 99), wo im Winter die Dampfschiffe überholt werden und die grossen Nauen Kies aus den Steinbrüchen rund um den Vierwaldstättersee entladen, gelangt man zum Seepark Alpenquai, offiziell Ufschötti (Nr. 100) genannt. Der bekieste Platz wurde bereits 1918

Das Luftschiff «Ville de Lucerne» über der Stadt (Postkarte). Die Rundflüge mit dem Zeppelin zählten bis zum Ausbruch des Ersten Weltkriegs zu den spektakulärsten Attraktionen.

angelegt, der Brunnen mitten drin stammt vom Kapellplatz. Die eigentliche Ufschötti aber, eine hügelige Parklandschaft, wurde 1970–76 mit dem Ausbruchmaterial des Sonnenbergtunnels – wie der Name sagt: aufgeschüttet. Das Material verkleinerte die Seefläche um insgesamt 37 000 Quadratmeter! Der Sonnenbergtunnel, ein 1,5 Kilometer langer Autobahntunnel auf der Nord-Süd-Achse, war übrigens einst zusätzlich als gigantische Zivilschutzanlage für 21 000 Luzernerinnen und Luzerner konzipiert worden. Da sich indessen die 350 Tonnen schweren Tore nicht schnell genug schliessen liessen und sich die Bedrohungslage seither doch ein wenig verändert hat, hob man das Konzept des weltweit grössten Bunkers inzwischen weit gehend auf. Die Ufschötti aber wurde zum weitläufigen Kleinod direkt am See und zum grossen Gratisbad der Einheimischen.

Der so genannte Kantisteg, eine elegante Bogenbrücke über der Einfahrt des Ruderhafens, verbindet die Ufschötti mit der 1963–67 erbauten Kantonsschule Alpenquai (Nr. 101). Hier wurde 1981 in Ufernähe eine kleine Insel angelegt, die zahlreichen Wasservögeln geschützte Brutplätze bietet. Vorbei am Segelhafen führt der Weg weiter zur Wartegg-Rippe und steil hinauf zum Landsitz Tribschen.

Tribschen und Schönbühl

Bereits im 16. Jahrhundert befand sich auf der Felsenrippe, die das Tribschenmoos vom Schönbühl trennt, ein Landgut. Im 18. Jahrhundert gehörte jener Landsitz Tribschen (Nr. 102) der Familie Am Rhyn, um 1800 erhielt der Herrensitz sein heutiges Aussehen – ein einfacher, dreigeschossiger Bau nach französischem Vorbild mit einem flachen, leicht geknickten Walmdach.

1866–72 wohnten der Komponist Richard Wagner und seine spätere Ehefrau Cosima von Bülow auf Tribschen. Es war dies bereits der fünfte und zugleich längste Aufenthalt Richard Wagners in Luzern. In der Abgeschiedenheit der ländlichen Idylle konnte sich Richard Wagner ganz auf sein musikalisches und literarisches Schaffen konzentrieren. In diese Zeit fallen die Vollendung der «Meistersinger» und die Wiederaufnahme der Arbeit am «Ring des Nibelungen» sowie der Beginn der Vertonung der «Götterdämmerung». Während seines Aufenthalts in Luzern pflegte Richard Wagner auch die freundschaftlichen Begegnungen mit dem in Basel lehrenden Friedrich Nietzsche. Am 12. April 1872 nahm die Familie endgültig Abschied von Luzern und übersiedelte nach

Das Richard-Wagner-Museum im Landsitz Tribschen (Nr. 102) beherbergt eine grosse Sammlung von Partituren und Bildern aus dem Leben und Werk des Komponisten.

Bayreuth. 1933 wurde im Landsitz Tribschen das Richard-Wagner-Museum eingerichtet.

Über den von Pappeln gesäumten Seeuferweg führt der Rundgang weiter Richtung Schönbühl. Das heute dicht besiedelte Gebiet wurde erst nach 1945 überbaut. Die südlichen Abhänge des Bireggwaldes und der Wartegg-Rippe waren bis dahin vor allem landwirtschaftlich genutzt worden; es gab Wiesen und Obstgärten, ja sogar Reben an den sonnenbeschienenen Hängen. Bereits 1391 fand ein Landgut Schönbühl (Nr. 103) erstmals Erwähnung. Nach zahlreichen Veränderungen wurde das ehemalige Bauernhaus am See 1974/75 ganz in der Tradition eines herrschaftlichen bäuerlichen Landsitzes rekonstruiert. Mit der Blockbauweise, dem steilen Giebeldach und den seitlichen Lauben weist der Herrensitz die typischen Formen des in der Umgebung von Luzern verbreiteten Bauernhauses auf.

Unweit des Ufers und schon von weitem sichtbar steht das Wohnhochhaus Schönbühl (Nr. 104). Das auf Privatinitiative 1965–68 entstandene Hochhaus ist der einzige Bau des finnischen Architekten Alvar Aalto in der Schweiz. Gleichzeitig realisierte Alfred Roth das erste Schweizer Einkaufszentrum, das mit dem Hochhaus verbunden ist. Der auf den ersten Blick wenig aufregend wirkende Bau besticht durch seine schlanken Proportionen, den fächerförmigen Grundriss und die entsprechend geschwungene Fassade. Mit der einzigartigen Aussicht reiht sich das Aalto-Hochhaus schliesslich ganz in die Tradition des für Luzern so wichtigen Panorama-Ausblicks ein. Von den ersten Aussichtshotels am See bis zum neuen Kultur- und Kongresszentrum stehen viele wichtige Bauwerke Luzerns in einem unmittelbaren Bezug zum See und zu den Bergen.

Abstecher an den heutigen Stadtrand

Kapuzinerkloster Wesemlin

1/2 Std.

→ ← Bus Nr. 7 Richtung Wesemlin bis Kloster oder in ca. 5–10 Min. zu Fuss von der Hofkirche (Friedhofsausgang bei der Propstei) via Kapuzinerweg

Auf dem Wesemlin, weit ausserhalb der Stadtmauern, befand sich bereits in spätmittelalterlicher Zeit eine kleine Kapelle; sie soll 1531 von Bilderstürmern zerstört worden sein. An derselben Stelle stiftete Spitalpfleger Moritz von Mettenwyl nach einer Muttergottesvision eine neue Kapelle, die zu einem beliebten Wallfahrtsort wurde. Unter der Bedingung, dass der Altar der Muttergotteskapelle nicht von der Stelle gerückt wurde, durften Kapuzinermönche 1584–89 bei dieser Kapelle ihr Kloster einrichten. Die Kapuziner waren im Zuge der katholischen Gegenreformation 1581 in die Schweiz und zwei Jahre später nach Luzern gekommen. Im Bestreben, zum ursprünglichen franziskanischen Ideal zurückzufinden, lebten sie in strenger Armut. Ihre Haupttätigkeit bestand vor allem in der Seelsorge. Noch heute ist das Kloster Wesemlin (Nr. 105) Hauptsitz der 36 Schweizer Kapuziner-Niederlassungen.

Die sehr gut erhaltene Klosteranlage zählt zu den wenigen spätgotischen Baudenkmälern Luzerns. Der von einer hohen Mauer umschlossene Klosterbezirk bildet ein unregelmässiges Viereck, über dem Kirchenportal erinnert ein Steinrelief von Johannes Dubs an die Erscheinung der Muttergottes. Das Kirchenschiff gliedert sich in drei Teile: das von einem gotischen Netzgewölbe überspannte, rechteckige Langhaus, das Altarhaus sowie den dahinter liegenden Mönchschor. Das Altarhaus soll sich genau an der Stelle der ehemaligen Kapelle befinden. Die Emporen-

Dörflicher Charakter am Stadtrand – gut erschlossen …

… mit eigenem Flair: gesuchter und geschätzter Wohn- und Lebensraum.

Schlichte Grabkreuze auf dem Friedhof des Kapuzinerklosters Wesemlin (Nr. 105).

brüstung ziert ein holzgeschnitztes, farbig gefasstes Stifterrelief mit der Krönung Mariä in der Mitte sowie links und rechts kniend der Stifterfamilie.

Villa Dreilinden / Konservatorium

1/2 Std.

➔ ← Bus Nr. 14 bis bzw. ab Konservatorium oder ca. 10 Min. zu Fuss vom Kapuzinerkloster Wesemlin

Auf einem kleinen Hügel über der Stadt liegt die Villa Dreilinden (Nr. 106). Die Schlossvilla im englischen Stil mit wuchtiger Bossenquaderung und gotisierenden Türmchen und Zinnen wurde 1890/91 erbaut und beherbergt seit 1952 die Musikhochschule Luzern. Der rundum angelegte englische Park mit den künstlichen Ruinen, verschiedenen Marmorskulpturen und einer Grotte ist die grösste Gartenanlage der Stadt und bietet einen schönen Ausblick.

Der englische Park beim Konservatorium. Von hier öffnet sich ein weiter Blick auf See und Berge.

Landsitz Utenberg

3/4 Std.

➔ ← Bus Nr. 14 bis bzw. ab Konservatorium, ca. 5 Min. zu Fuss zum Parkplatz Schulzentrum Utenberg, dann hinauf Richtung Dietschiberg

Am Abhang des Dietschibergs fällt der Landsitz Utenberg (Nr. 107) ins Auge. Das rosafarbene Schlösschen mit den zwei leicht vorspringenden Ecktürmchen stammt aus dem 18. Jahrhundert, die Fassade wurde später umgestaltet. 1950–94 beherbergte der Landsitz das Trachtenmuseum, heute befindet sich hier ein Restaurant mit historischem Ambiente.

Essen wie die Patrizier. Der Landsitz Utenberg (Nr. 107) ist heute ein gediegenes Schlossrestaurant mit grosser Gartenterrasse.

Frauenkloster Gerlisberg

3/4 Std.

➔ ← Bus Nr. 14 bis bzw. ab Leumatt, dann ca. 5 Min. zu Fuss, relativ steil

Hoch über dem Vierwaldstättersee, am südwestlichen Abhang des Dietschibergs, befindet sich das Frauenkloster Gerlisberg (Nr. 108). Die einfache neugotische Kirche mit Dachreiter und das Konventgebäude mit einem Kreuzgang wurden 1902–04 als Ersatz für das Kloster St. Anna im Bruch errichtet. Der Orden ist seit Ende des 15. Jahrhunderts in Luzern ansässig, anfänglich als Beginengemeinschaft, die 1597 in einen Kapuzinerorden aufging. Nach verschiedenen Provisorien konnten die Kapuzinerinnen 1619 das Schwesternhaus St. Anna im Bruch beziehen. Das mitten in der Stadt gelegene Kloster musste jedoch um 1900 dem wachsenden Stadtdruck weichen und so zog die Gemeinschaft in das neue Kloster auf dem Gerlisberg um. Von besonderer Bedeutung ist der leider nicht öffentlich zugängliche Glasgemäldezyklus von Jakob Wägmann aus dem 17. Jahrhundert, der vom alten Kloster erhalten blieb und in den neuen Kreuzgang eingefügt wurde; auf den 29 Scheiben sind das Leben Christi und die Krönung Mariä dargestellt. In der geschlossenen Klostergemeinschaft leben heute noch 24 Schwestern. Bekannt ist das Kloster auch durch seine Hostienbäckerei: 180 000 Oblaten werden hier zweimal wöchentlich für rund 300 Kirchgemeinden in der ganzen Schweiz gebacken.

Römerhof

1/2 Std.

➔ ← Bus Nr. 4, 5 bis bzw. ab Breitenlachen

Der 1904 vollendete Römerhof (Nr. 109) (Voltastrasse 50), zählt zu den besonders qualitätvollen Jugendstilbauten des Kantons. Elemente des Jugendstils weist der rechteckige Bau mit seinem mächtigen Mansardendach vor allem in der dekorativen Ausgestaltung des Hauseingangs und der Balkonbrüstungen mit pflanzlichen und ornamentalen Formen auf. Das Portal mit der kreisrunden Türöffnung wird von einem mächtigen Adler gekrönt. In den Abschlussgiebeln der beiden Erker befinden sich zwei Schrifttafeln mit der Inschrift «Ars» und «Labor», womit programmatisch die Durchdringung von Kunst und Arbeit als Zielsetzung des Jugendstils formuliert wird. Der benachbarte Voltahof (Voltastrasse 52) entstand 1906 durch den gleichen Bauherrn.

Erkerfenster im Mansardendach des Römerhofs (Nr. 109) mit ornamentaler Fensterumrahmung und der lateinischen Inschrift «Ars».

Kaserne Allmend

🕒 1/2 Std.

→ ← Bus Nr. 5 bis bzw. ab Allmend oder in ca. 10 Min. zu Fuss vom Römerhof

Die Kaserne Allmend (Nr. 110) wurde 1933–35 nach Plänen des Architekten Armin Meili erbaut. Der schalungsroh belassene Stahlbetonbau ist mit den kubisch ineinander verschachtelten Bauteilen ein Zeugnis des Neuen Bauens. Meili gelang es mit den klaren Formen, militärische Ordnung architektonisch zu vermitteln. Die ehemalige Infanteriekaserne wurde in den neunziger Jahren innen vollständig umgestaltet und aussen renoviert; sie dient heute zusammen mit dem Neubau der Architektinnen Christine und Evelyn Enzmann als Armee-Ausbildungszentrum für die Schulung von Offizieren und Instruktoren. Der dunkle Kubus des Neubaus besticht vor allem durch seine Aussengestaltung und durch den sich über mehrere Stockwerke erstreckenden, vielschichtigen Lichthof im Innern.

Die dunkle Fassade aus gerippptem Glas am neuen Armee-Ausbildungszentrum (Nr. 110) zeigt je nach Wetterlage und Licht ein überraschend breites Farbenspektrum.

Spaziergänge und kleine Wanderungen

Rund um Luzern bieten sich zahlreiche Möglichkeiten für kleinere und grössere Wanderungen. In wenigen Minuten erreicht man ausgedehnte Wälder und sonnige Anhöhen, und immer wieder öffnen sich prächtige Ausblicke auf die Stadt, den See und die Berge. Die Wege sind gepflegt und gut markiert. Alle folgenden Spaziergänge sind mit öffentlichen Verkehrsmitteln bestens erschlossen.

Rund um den Rotsee

🕒 1 3/4 Std.

→ Bus Nr. 1 Richtung Maihof bis Endhaltestelle Maihof

← Bus Nr. 1 Richtung Kriens-Obernau ab Maihof oder Nr. 18 Richtung Bahnhof ab Jugendherberge bis Bahnhof

Der idyllisch gelegene Rotsee mit seinen Uferwegen ist ein beliebtes Naherholungsgebiet. Ein Naturweg führt rings um den 2,5 Kilometer langen und maximal 110 Meter breiten See. Seine Ufer sind unverbaut und stehen unter Naturschutz wie auch die Schilfzonen an den beiden See-Enden. Ungefähr auf halbem Weg, bei der Schiffshütte, bringt einen die Rotsee-Fähre bei Bedarf in wenigen Minuten auf die andere Seite; sie ist allerdings nur während der Sommermonate in Betrieb. Eine Viertelstunde vom nördlichen Seeufer entfernt befindet sich das ehemalige Zisterzienserinnenkloster Rathausen, dessen Gründung auf das Jahr 1245 zurückgeht; es wurde im 16. Jahrhundert von Grund auf erneuert. Nach dem Sonderbundskrieg (siehe auch S. 55f.) hob die Kantonsregierung das Kloster 1848 auf und verkaufte zur Deckung der Kriegsschulden zahlreiche wertvolle Kunstschätze.

Von der Bus-Endhaltestelle Maihof gelangt man in wenigen Minuten zur Rotseematte, wo während der Ruderregatten jeweils die schlanken Boote

Ruderregatta auf dem Rotsee. Seit 1935 finden auf dem idyllisch gelegenen «Göttersee» nationale und internationale Ruderwettkämpfe statt.

gewassert werden. Von dort kann man den Rotsee in beiden Richtungen umwandern; der Weg führt mehrheitlich am Ufer entlang. Im Gegenuhrzeigersinn folgt man dem rechten Ufer, vorbei am Anlegesteg der Fähre und am Areal des Strandbads bis zum Ausfluss der Ron. Über einen Steg im Naturschutzgebiet geht es hinüber auf die andere Seeseite. Dem linken Ufer folgend, parallel zur Bahnlinie Luzern–Zürich, erreicht man das obere See-Ende, wo der künstlich angelegte Reuss-Rotsee-Kanal den See mit Wasser versorgt. Wieder bei der Rotseematte angelangt, ist man in einigen Minuten entweder bei der Bushaltestelle Maihof oder man geht beim Restaurant Regatta hinauf zur Jugendherberge und kehrt von dort ins Zentrum zurück.

Vom Gütsch über den Sonnenberg nach Kriens

Mit Abstecher Ränggloch–Obernau

🕒 1 1/2 Std. bis Sonnenberg, 3 Std. bis Obernau

➔ Bus Nr. 2 Richtung Emmenbrücke, Nr. 12 Richtung Littau oder Nr. 18 Richtung Friedental bis Gütsch

🡐 Bus Nr. 1 Richtung Maihof ab Kriens, Nr. 10 Richtung Bahnhof ab Obergütsch oder Nr. 11 Richtung Bahnhof ab Dattenberg bis Bahnhof

Mit der Gütschbahn gelangt man schnell und mühelos hinauf zum Schlosshotel Gütsch. Von dort führt der Weg leicht ansteigend durch den Gütschwald. Bald schon öffnet sich die Anhöhe des Sonnenbergs mit einer grandiosen Aussicht auf Kriens, Luzern und den nahen Pilatus. Beim Hotel Sonnenberg befindet sich die Bergstation der Drahtseilbahn, die einen in wenigen Minuten nach Kriens hinunterbringt. Der Fussweg zurück nach Luzern führt beim Schulhaus Gabeldingen vorbei – wo ein über 130 Jahre alter Mammutbaum steht – zum Gigeliwald; von dort mit Bus Nr. 10 oder 11 zurück ins Zentrum.

Fantastischer Ausblick auf die Stadt und den Dietschiberg vom Schlosshotel Gütsch. Im Vordergrund das kantonale Zeughaus, das ehemalige Museggmagazin (Nr. 61) mit dem mächtigen, abgewalmten Satteldach.

Lohnenswert ist ein Abstecher zum Ränggloch. Der Weg führt vom Hotel Sonnenberg durch den Wald in etwa dreissig Minuten zum höchsten Punkt des Sonnenbergs und von dort steil hinab zur Ränggstrasse, wo man auf einem schmalen Pfad die Ränggschlucht – auch Ränggloch genannt – erreicht. Über zehn Meter stürzt hier der Ränggbach in die Tiefe, der vom Pilatus herkommend in früheren Jahren immer wieder verheerende Überschwemmungen anrichtete. Dieser Engpass wurde denn auch bereits im 16. Jahrhundert erstmals und seither immer wieder künstlich erweitert. Eine Fussgängerbrücke führt über die enge Schlucht. Vom Ränggloch geht man auf einem Fussweg in etwa zwanzig Minuten zur Bushaltestelle im Obernau.

Über den Dietschiberg

🕒 1 1/2 Std., gut kombinierbar mit den Abstechern zum Landsitz Utenberg (Nr. 107) und zum Kloster Gerlisberg (Nr. 108)

→ Bus Nr. 14 Richtung Brüelstrasse ab Bahnhof bis Konservatorium

← Bus Nr. 6 Richtung Matthof und Nr. 8 Richtung Hirtenhof ab Würzenbach oder Nr. 26 ab Adligenswil bis Bahnhof

Der Dietschiberg zählt zu den schönsten Aussichtspunkten Luzerns. Das Bergpanorama ist ebenso einzigartig wie der Blick auf die Seebucht. Ende des 19. Jahrhunderts wurde diese «kleine Rigi» als touristisches Ausflugsziel entdeckt. 1912–78 führte eine Drahtseilbahn von der Haldenstrasse durch das romantische Felsentäli auf die Anhöhe über der Stadt, doch die Anlage wurde nach dem Brand des Bergrestaurants stillgelegt. Auf dem Dietschiberg befindet sich seit den zwanziger Jahren ein grosser Golfplatz. Die kleine Anhöhe über der Stadt ist mit zahlreichen Spazierwegen ein beliebtes Naherholungsgebiet der Luzernerinnen und Luzerner.

Blick vom Dietschiberg gegen den Kreuztrichter, wo die Arme des Vierwaldstättersees zusammentreffen.

Vom Gundoldingerplatz in der Nähe des Schulzentrums Utenberg führt der Weg leicht ansteigend vorbei am Landsitz Utenberg in etwa dreissig Minuten auf den Dietschiberg. Bei der ehemaligen Bergstation der Dietschibergbahn geht es auf leicht abfallendem Weg weiter zum Zimmeriwald und dann vorbei am Kurhaus Sonnmatt hinunter in den Stadtteil Würzenbach. Eine andere Route führt zum Kloster Gerlisberg und von dort durchs Felsentäli an der ehemaligen Bahntrasse entlang direkt zur Seepromenade. Als Alternative empfiehlt sich der Weg von der Bergstation der Dietschibergbahn über die Anhöhe am Golfplatz entlang nach Adligenswil.

Durch den Bireggwald auf die Horwer Halbinsel

2 1/2 Std.

→ Bus Nr. 7 Richtung Biregghof bis Rodtegg

← Bus Nr. 21 ab Kastanienbaum oder Nr. 20 ab Horw-Rank bis Endhaltestelle Bahnhof

Von der Bushaltestelle Rodtegg gelangt man in wenigen Minuten in den Bireggwald. Zahlreiche Wanderwege durchziehen diesen Waldhügel in allen Richtungen. Stellenweise steil ansteigend überquert man ihn bis zur Anhöhe Seeblick, wo sich der Blick auf die Horwer Halbinsel und in die Berge öffnet. Von dort führt der Weg hinab ins Felmis, dann Richtung Längacher und Chnolligen zum Ober Dorni. Das Bauernhaus Ober Dorni zählt zu den ältesten Holzhäusern des Kantons und stammt aus dem 16. Jahrhundert. In 20 Minuten erreicht man Kastanienbaum und gelangt von dort mit Bus oder Schiff zurück nach Luzern.

Beim Längacher kann man auch direkt zum Winkel am See absteigen. In diesem ehemaligen Fischerdörfchen befindet sich das um 1550 erbaute Zollhaus, wo die Zölle für Waren von und nach Stansstad eingezogen

Lichterspiel im sommerlichen Wald.

wurden. Einzigartig ist das Naturreservat Steinibachried, eine der grössten und tiefsten Schilfzonen am Vierwaldstättersee. Bis zur Bushaltstelle in Horw-Rank sind es nur ein paar Schritte.

Von der Krienseregg ins Eigenthal

1 1/2 Std.

➔ Bus Nr. 1 Richtung Kriens-Obernau bis Kriens (Haltestelle Linde), dann mit der Gondelbahn auf die Krienseregg

← Bus Nr. 71 ab Eigenthal bis Endhaltestelle Bahnhof

Bis Mitte des 19. Jahrhunderts gehörte das Eigenthal zur Stadt Luzern. Neben der Alpwirtschaft an den Abhängen am Pilatus-Nordfuss war das Gebiet vor allem auch für die Wasserversorgung der Stadt bedeutsam. Heute ist das Eigenthal ein beliebtes Naherholungsgebiet für den Grossraum Luzern. Im Herbst, wenn die Stadt oft tagelang im Nebel liegt, zieht es Hunderte von Sonnenhungrigen ins nahe gelegene Eigenthal und falls genügend Schnee liegt, bieten sich im Winter kilometerlange einsame Loipen zum Langlaufen an. Wer «wärschafte» (kräftige) Suppen und «Kafi Luz» (dünnen Kaffee mit Schnaps) schätzt, kommt in den zahlreichen bewirteten Hütten bestimmt auf seine Rechnung.

Von der Mittelstation der Gondelbahn auf Krienseregg führt der gut ausgebaute Wanderweg durch lichten Wald meist leicht bergab zum Ferienheim Gibelegg, von dort über die Dorschnei zur Rosshütte und dann leicht ansteigend auf den Chraigütsch, wo sich der Blick über das ganze Tal weitet. In wenigen Minuten gelangt man auf dem abfallenden Weg zur Bushaltestelle im Eigenthal. In unmittelbarer Nähe befindet sich eine kleine Kapelle aus dem 16. Jahrhundert zu Ehren Mariä. Das Deckenbild im Innern stammt von 1751 und zeigt die Vertreibung der Hexen und bösen Geister aus dem Eigenthal.

Sehenswürdigkeiten in der Umgebung

Die Landschaft um Luzern ist reich an historischen wie auch an zeitgenössischen Siedlungs- und Baudenkmälern. Mittelalterliche Burganlagen, kleine Landschlösser, Klosteranlagen, Kirchen und malerische Kapellen, kleine Bauernsiedlungen und selbstbewusste Landstädtchen zeugen von einer bewegten und reichen Vergangenheit und prägen eine vielfältige Kulturlandschaft vom Vierwaldstättersee bis ins Entlebuch und ins Luzerner Hinterland. Die folgenden Ausflugsziele liegen alle in unmittelbarer Stadtnähe und sind von einer Ausnahme abgesehen vom Bahnhof aus mit öffentlichen Verkehrsmitteln leicht zu erreichen; Zeitaufwand ein halber oder ein ganzer Tag. Weitere Informationen über Sehenswürdigkeiten im Kanton Luzern finden sich in einschlägigen Kunstführern.

Schloss Meggenhorn und Piuskirche

➔ ← Bus Nr. 24 ab Bahnhof Richtung Meggen bis Lerchenbühl oder, im Sommer, mit dem Schiff und umgekehrt. Zur Piuskirche Bus Nr. 24 bis Schlössli

Das romantische Schloss Meggenhorn entstand in seiner heutigen Form 1886–70 aus einem bereits bestehenden Landhaus. Die nach dem Vorbild von Loire-Schlössern der Frührenaissance wie Azay-le-Rideau errichtete Schlossvilla weist Elemente der Gotik und der Renaissance auf: Treppengiebel, Loggien, Kanzeln, Erkertürmchen und Simse. Die Innenausstattung ist vorwiegend im Stil der Neurenaissance gehalten, die Schlosskapelle im Park ein zierliches Werk der Neugotik. Zur Anlage gehört auch das romantische Bootshaus. Die Schlossvilla Meggenhorn gehört heute der Gemeinde und wird für gesellschaftliche und kulturelle Anlässe genutzt.

Die nach Plänen von Franz Füeg 1964–66 geschaffene Piuskirche beschritt konsequent neue Wege im Kirchenbau. Der fensterlose Kubus

Piuskirche in Meggen: Die schlichte Ausstattung der Kirche stellt sich ganz in den Dienst der Architektur und des Raumes, der im Sonnenlicht in warmen Ockertönen erstrahlt.

mit vier identischen Aussenfassaden ist streng funktional und verbindet traditionelle Elemente des Kirchenbaus wie Marmor mit modernsten Techniken des Bauens. Die lichtdurchlässigen Marmorplatten lassen den ganzen Kirchenraum in warmen Ockertönen erstrahlen. Bei Tageslicht kommt die Maserung in den nur 20 bis 28 Millimeter dick geschliffenen Platten schön zur Geltung. Sämtliche 888 Platten wurden auf ihre Tönung überprüft und in einer ganz bestimmten Reihenfolge von Hell und Dunkel eingesetzt. Die Stahlkonstruktion ist im Kirchenraum als formgebendes und gestaltendes Element sichtbar.

Schloss Schauensee oberhalb von Kriens

→ ← Bus Nr. 1 Richtung Kriens-Obernau bis Kriens und zurück Richtung Maihof bis Bahnhof

Am Fuss des Pilatus befindet sich am Hang über dem Dorf Kriens das Schloss Schauensee, eine gut erhaltene mittelalterliche Burganlage mit einem Rundturm aus dem 13. Jahrhundert.

Das Schlösschen Schauensee mit seinem charakteristischen Rundturm ist das Wahrzeichen der Luzerner Vorortsgemeinde Kriens.

Wallfahrtskirche St. Jost in Blatten

→ ← Über die Hauptstrasse Richtung Wolhusen/Bern, zwischen Littau und Malters. Von der Bahnstation Littau oder Malters in ca. 30 Min. zu Fuss entlang der Kleinen Emme.

Die Wallfahrtskirche St. Jost in Blatten wurde 1391 geweiht und in den folgenden Jahrhunderten immer wieder umgebaut und erweitert. Sie besticht denn auch durch die Vielfalt ihrer ganz unterschiedlichen Bauteile. Um das Hauptschiff gruppieren sich der stark überhöhte Chor, die zwei Seitenkapellen, das zweistöckige Beichthaus und die Sakristei. St. Jost birgt bedeutende Werke des Barock und des Rokoko. Die Altäre der beiden Kapellen besitzen statt eines Altaraufbaus Figurengruppen, die vom Luzerner Barockmeister Hans Ulrich Räber Mitte des 17. Jahrhunderts geschaffen wurden: in der Heiliggrab-Kapelle links eine Grablegung, in der St.-Josefs-Kapelle rechts die Vermählung Mariä. Der prunkvolle Hochaltar stammt aus der Werkstatt von Michael Hartmann; besonders bemerkenswert ist die Pietà, ein hervorragendes Werk barocker Plastik. An den Wänden und an der Emporenbrüstung befindet sich ein von Kaspar Meglinger 1640/41 geschaffener Bilderzyklus von 27 Tafeln mit Darstellungen aus dem Leben des heiligen Jost.

Links: Die malerische Baugruppe der Wallfahrtskirche St. Jost in Blatten
Rechts: Detail des prunkvollen Hochaltars aus der Mitte des 17. Jahrhunderts: ein holzgeschnitzter Engel.

Wallfahrtskirche Maria Loreto in Hergiswald

➔ ← Bus Nr. 71 ab Bahnhof Richtung Eigenthal bis Hergiswald und umgekehrt

Auf einer kleinen Waldlichtung im Hergiswald, am nördlichen Abhang des Pilatus, befindet sich die Wallfahrtskirche Maria Loreto. Die nach Plänen des Kapuziners Ludwig von Wyl 1651–62 errichtete Kirche zählt zu den Hauptwerken frühbarocker, volkstümlicher Sakralkunst in der Zentralschweiz. Sie vereinigt vier Kapellen, darunter freistehend hinter dem Hochaltar die Loreto-Kapelle, eine detailgetreue Nachbildung der Casa Santa in Ancona. Der gegen aussen schlichte Bau enthüllt im Innern eine üppige barocke Ausstattung und eine fantastische Bilderfülle. Der Hochaltar stammt aus der Werkstatt von Hans Ulrich Räber. Einzigartig ist der Bilderhimmel von Hergiswald mit dem Emblemzyklus an der Holzdecke und an der Emporenbrüstung von Kaspar Meglinger. Auf nicht weniger als 324 Bildtafeln wird in Symbolen das Wirken Marias als Helferin, Fürbitterin und Mutter erzählt.

Links: Die Wallfahrtskirche Maria Loreto in Hergiswald, idyllisch in einer Lichtung gelegen. Rechts: Im Innern präsentiert sich die Wallfahrtskirche von Hergiswald als ein Meisterwerk frühbarocker Kunst und Gelehrsamkeit. Blick zur Sakramentskapelle.

Klosteranlage und Wallfahrtskirche in Werthenstein

→ ← Regionalzug von Luzern nach Wolhusen bis Werthenstein und umgekehrt

Auf einem Felsen hoch über der Kleinen Emme liegt die Klosteranlage mit der Wallfahrtskirche Werthenstein. Die aus der ersten Hälfte des 17. Jahrhunderts stammende Anlage zählt zu den bedeutendsten und eigenwilligsten sakralen Renaissancebauten der Innerschweiz. Seit dem frühen 16. Jahrhundert ist Werthenstein als Wallfahrtsort bekannt. Nach einer Madonnenerscheinung wurde um 1520 auf dem Felsen eine erste Kapelle errichtet. Da der Pilgerstrom bald sehr gross wurde, beschloss der Rat von Luzern die Errichtung einer neuen Kirche, die 1608–13 erbaut und Unserer Lieben Frau geweiht wurde. Im Innern des einschiffigen Langhauses und im Chor sind vor allem die Freskendekorationen in bester Renaissancemanier bemerkenswert. An die Hauptfront der Kirche wurden 1620/21 zwei pavillonartige Eingangskapellen angefügt, die nach der Stifterfamilie benannten Pfyffer-Kapellen; in beiden finden sich reich geschnitzte Renaissancealtäre. Der barocke Glockenturm kam erst 1692 dazu. Nachdem die Franziskaner die Anlage 1630 übernommen und ein Kloster eingerichtet hatten (1838 aufgehoben), wurde die Kirche mit einem Kreuzgang versehen. Die gegen aussen hohe, burgartige Mauer öffnet sich im Innern zu einer lichten Arkadenhalle, die den unregelmässigen Kirchplatz als Kreuzgang und Gräberhalle einfasst. Die Wandbilder in den Nischen der Arkadenhalle stammen aus der zweiten Hälfte des 18. Jahrhunderts und zeigen Szenen aus dem Neuen Testament.

Hoch über der Kleinen Emme liegt die Wallfahrtskirche Werthenstein mit dem barocken Glockenturm und dem rechteckigen Klostertrakt.

Kirche und Pfarrhaus St. Mauritius in Ruswil

→ ← Bus Nr. 61 ab Bahnhof Richtung Ruswil bis Ruswil und umgekehrt

Im späten 18. und frühen 19. Jahrhundert prägten und beherrschten die beiden Vorarlberger Baumeister Jakob und Niklaus Purtschert sowie die Baumeisterfamilie Singer den Kirchenbau im Kanton Luzern und in der ganzen Innerschweiz. Sie entwickelten ein eigentliches Schema, das in Variationen über hundert Jahre im Kirchenbau massgebend blieb. Die Pfarrkirchen von Luthern, Hochdorf, Ruswil und Schüpfheim gehören zu den wichtigsten Bauten, die während dieser Zeit entstanden. All diesen Kirchen ist die flache Wölbung von Schiff und Chor sowie der elegant geschwungene Übergang vom Schiff zum Chor mittels schräger Nischen gemeinsam. Die Singer-Purtschert-Kirchen weisen reich mit Stuck versehene, durch Wandsäulen gegliederte und mit Deckengemälden geschmückte Innenräume sowie vielfach eine zweigeschossige Empore über dem Eingang auf. Die 1782–89 durch Baumeister Niklaus Purtschert erbaute Pfarrkirche von Ruswil ist die bedeutendste und monumentalste dieser spätbarocken Landkirchen im Kanton Luzern. Der Kirchturm wurde nach einem Entwurf von Jakob Singer erbaut.

Das benachbarte Pfarrhaus, ein dreigeschossiger herrschaftlicher Bau aus dem 17. Jahrhundert, zählt zu den stattlichsten und qualitätvollsten Pfarrhöfen im Kanton Luzern und vereint Elemente der Gotik, der Renaissance und des Barock. Im ersten Stock befindet sich der Kapitelsaal mit reichem frühbarockem Wand- und Deckentäfer.

Pfarrkirche St. Mauritius in Ruswil mit der charakteristischen zweigeschossigen Empore über dem Eingang.

Luzerns «Hausberge»

Luzern und die Berge – das ist eine Geschichte, die lange vor der Entdeckung der Alpen als Panorama und Naturkulisse begann. Ob jenseits des Sees in einiger Distanz oder direkt hinter der Stadt steil ansteigend, die Rigi, der Pilatus und auch der Bürgenstock bilden seit dem Mittelalter die ständigen Begleiter Luzerns. Durch viele Geschichten und Sagen mit der Stadt verbunden, sind diese drei nahen Berge heute touristische Ausflugsziele erster Güte. Welcher Gipfel die anderen an Anziehungskraft übertrifft – und ob überhaupt einer –, ist und bleibt selbst unter Einheimischen eine Glaubensfrage. Grundsätzlich gilt es einen jeden mit seinen besonderen Vorzügen zu schätzen: im Winter die sonnige und tief verschneite Rigi über dem Nebelmeer, im Frühling auf den Spuren der erwachenden Vegetation den Bürgenstock und im Sommer während einer schweisstreibenden Bergtour den Pilatus. Alle drei «Hausberge» von Luzern bieten zahlreiche Möglichkeiten für Wanderungen, von leichten Spaziergängen bis hin zu alpinen Bergtouren. Besonders reizvoll ist die Kombination mit Schiff und Bahn.

Der Pilatus

→ ← Entweder mit der Luftseilbahn von Kriens (Bus Nr. 1) oder mit dem Schiff von Luzern nach Alpnachstad und von dort mit der Zahnradbahn und umgekehrt

Der Pilatus wird gern als der eigentliche «Hausberg» der Stadt bezeichnet, obwohl er überwiegend auf dem Gebiet des benachbarten Halbkantons Nidwalden steht. Doch das Verhältnis der Stadt zu ihrem mächtigen Wahrzeichen erlaubt diese Vereinnahmung gewiss, denn nirgends zeigt sich der Berg markanter als von der Stadt aus. Im Mittelalter war der Pilatus wegen der heftigen Gewitter, die sich an seinen Flanken entluden und den

Siedlungen an seinem Fuss immer wieder Wassernot brachten, weithin gefürchtet. Der Berg galt als Ungeheuer und manche Sage berichtet von Drachen und bösen Geistern, die in seinen Schründen hausten. Einer von ihnen war der in einen Bergsee verbannte ruhelose Geist des römischen Statthalters Pilatus (vgl. Kasten); er gab dem Berg seinen heutigen Namen. Wegen seines zackigen Kamms hiess der Pilatus früher aber auch «Frakmont», der geborstene Berg.

Gegen Ende des 19. Jahrhunderts wurde der Pilatus für den Tourismus erschlossen. Die Zahnradbahn von Alpnach auf Pilatus Kulm nahm am 4. Juni 1889 nach dreijähriger Bauzeit den Betrieb auf; für die 4,3 Kilometer lange Strecke, auf der 1629 Höhenmeter überwunden werden, brauchten die ersten Dampfzüge rund anderthalb Stunden, dreimal mehr als die elektrischen Triebwagen heute. Für die Pilatusbahn, die Steigungen bis zu 48 Prozent überwinden muss, genügte die traditionelle Zahnstange nicht. So wurde ein beidseitig gezähnter Flachstab in der Gleismitte angebracht, an dessen seitlichen Zähnen sich das Fahrzeug mit zwei gegeneinander rotierenden horizontalen Zahnrädern gleichsam vorwärts schraubt. Die Pilatusbahn ist bis heute die steilste Zahnradbahn der Welt! 1956 wurde der Pilatus von Kriens aus zusätzlich durch eine Luftseilbahn erschlossen.

Werbeplakat für eine Fahrt mit der 1937 elektrifizierten Pilatusbahn.

Vom Gipfel des Pilatus sind die verwinkelten Arme und Buchten des Vierwaldstättersees besonders deutlich zu erkennen. In der Bildmitte der Bürgenstock, dahinter das Alpenpanorama.

Die Sage vom Pilatus

Der Geist des in einem römischen Kerker verschiedenen Pontius Pilatus, des Richters über Jesus Christus, fand nach seinem Tod keine Ruhe. Über dem Tiber und später der Rhone, in die man seine Leiche warf, kam es immer wieder zu schweren Gewittern. So wurde er schliesslich in den Bergsee auf der Oberalp zwischen Widderfeld und Mittagsgüpfi westlich des Gipfels versenkt. Aber auch hier gab er keine Ruhe und löste immer wieder verheerende Unwetter aus. Erst einem fahrenden Schüler aus Salamanca – einer der im frühen Mittelalter gelehrtesten Städte Europas – gelang es, Pilatus so in den See zu bannen, dass er nur noch am Karfreitag aus dem Wasser aufstieg, dann aber im vollen Ornat als römischer Statthalter auf seinem Richterstuhl sitzend. Den Rest des Jahres hielt er sich still, ausser es rief jemand am See seinen Namen oder forderte ihn durch Steinwürfe heraus.

Um ihn nicht zu reizen – und das ist nun Geschichte, nicht mehr Sage –, verbot der Rat von Luzern im Mittelalter, den Berg zu besteigen, oder erlaubte es nur in Begleitung von Stadtknechten. Vom 14. bis 16. Jahrhundert sind mehrere Urteile bekannt, in denen Übertretungen dieses Verbots schwer bestraft wurden. Erst als Naturphänomene unter dem Einfluss der Renaissance kritischer betrachtet wurden, wich die Angst vor dem Berg. Pilatusbesteigungen wie 1555 jene des bedeutenden Zürcher Naturforschers Konrad Gessner oder 1585 des Luzerner Pfarrherrn Johannes Müller ergaben keine Geisterbefunde. Müller und seine Begleiter warfen sogar Steine in den See, ohne dass sich deswegen ein Sturm erhob. Darauf strich der Rat von Luzern alle Verbote und ordnete 1594 an, den Pilatussee abzugraben. Fast 400 Jahre später wurde er durch den Verein Pro Pilatus in kleinerem Umfang wiederhergestellt.

Die Rigi

➔ ← Mit dem Zug nach Arth-Goldau und von dort mit der Zahnradbahn oder aber mit dem Schiff von Luzern nach Weggis und von dort mit der Luftseilbahn oder nach Vitznau und von dort mit der Zahnradbahn sowie umgekehrt

Für viele ist die Rigi die Königin der Berge und der Name wird denn auch gern auf den entsprechenden lateinischen Ausdruck «mons regina» zurückgeführt. Doch die moderne Namensforschung verweist auf eine weit profanere Deutung: Die «Rigenen» sind die deutlich sichtbaren Felsbänder auf der Nord- und Westseite von Rigi Kulm. Umstritten ist auch die weibliche Bezeichnung des Bergs. Doch ob nun die oder der Rigi, ob Königin oder Felsbänder, das milde Klima an der Luzerner Riviera in Vitznau und Weggis, die abwechslungsreiche, mal sanfte, mal alpine Landschaft sowie die einmalige Rundsicht auf dem Gipfel machen die Rigi seit den Anfängen des Bergtourismus zu einem beliebten Ziel und damit tatsächlich zu einer kleinen Königin unter den Bergen.

Lange bevor die ersten Reisenden nach Luzern kamen, suchten sie die Rigi auf. Schon seit dem 16. Jahrhundert gab es Wallfahrten zu den

Zirkelpanorama mit 360-Grad-Rundsicht von der Spitze der Rigi, Radierung von 1836. Solche Darstellungen in verzerrter Fischaugenperspektive waren einst beliebte Erklärungshilfen in Städte- und Alpenführern.

Nicht selten liegt im Winter die Stadt Luzern unter einer Nebeldecke, während in den Bergen, wie hier auf der Rigi, die Sonne strahlt.

Heilquellen und zur «Muttergottes im Kalten Bad» sowie zur Kapelle Maria im Schnee beim heutigen Klösterli. Touristische Infrastruktur war noch keine vorhanden, die Reisenden übernachteten in bescheidenen Hospizen oder bei den Alpwirten. 1756 wurde auf «Kalt Bad» ein erstes Gasthaus erbaut, 1816 folgte ein Berggasthaus auf Rigi Kulm. Die fantastische Aussicht und ein neu erwachter Kult um den Sonnenaufgang machten die Reise auf die Rigi Anfang des 19. Jahrhunderts endgültig zu einem Erlebnis. Die Zahl der Berggänger nahm stetig zu, weitere Gasthäuser wurden eröffnet. Von Weggis beförderten Maulesel oder Sänftenträger die Reisenden auf dem bisweilen steilen, aber gut ausgebauten und landschaftlich abwechslungsreichen und reizvollen Rigiweg bis Rigi Kulm. Deren Zahl nahm schlagartig zu, als die Berge mit der Erfindung der Zahnradbahn bequemer erreichbar wurden. 1871 wurde die Bahn von Vitznau nach Rigi Staffel eröffnet und zwei Jahre später bis Rigi Kulm weitergeführt. Diese erste Zahnradbahn in Europa beförderte schon im ersten Betriebsjahr 60 000 Personen. Bereits vier Jahre später wurde die Zahnradbahn von Oberarth nach Rigi Kulm eröffnet. Gegen Ende des Jahrhunderts präsentierte sich die Rigi als eigentliche «Hotelstadt» mit Hotelpalästen, zahlreichen Pensionen und Gasthäusern mit weit über tausend Gästebetten. 1968 erfolgte die Inbetriebnahme der Luftseilbahn von Weggis nach Rigi Kaltbad.

Der Bürgenstock

→ ← Mit dem Schiff von Luzern nach Kehrsiten-Bürgenstock und von dort mit der Standseilbahn und umgekehrt

Die nördlichen, nahezu senkrecht in den See abfallenden Abhänge des Bürgenstocks bilden seit dem Mittelalter eine Exklave Luzerns. Die Stadt erwarb die ausgedehnten Waldungen bereits im 14. Jahrhundert als Allmend für ihren Bedarf an Bauholz. Auf dem Bürgenstock befindet sich denn auch der höchste Punkt der Stadt.

Die Geschichte der touristischen Erschliessung des Bürgenstocks beginnt 1873 mit der Eröffnung des Grandhotels Bürgenstock durch den Hotelpionier Franz Josef Bucher Durrer. Er baute 1888 auch die elektrisch betriebene Standseilbahn Kehrsiten–Bürgenstock, damit seine Gäste bequemer anreisen konnten. Als grosse Attraktion liess der umtriebige Hotelier 1905 schliesslich den Hammetschwandlift errichten, mit insgesamt 162 Metern der höchste frei stehende Aufzug Europas. Der wildromantische Weg von den Hotels zur Talstation des Lifts musste in den Fels gesprengt werden. Die ersten Meter verläuft der Hammetschwandlift noch im Felsen und am Berg, dann aber saust er am Eisenturm entlang spektakulär 152 Meter hinauf in schwindelnde Höhe. Oben ist der Turm durch einen Steg mit dem festen Boden verbunden. Einst dauerte die Fahrt in der Holzkabine beinahe drei Minuten, heute sind es noch knapp fünfzig Sekunden. Im Winterhalbjahr ist der Lift nicht in Betrieb.

Filigrane Turmspitze des Hammetschwandlifts auf dem Bürgenstock und Blick ins Mittelland.

Luzern
Kulturstadt der Zentralschweiz

Luzern liegt nicht nur geografisch im Herzen der Zentralschweiz, Luzern ist auch deren kulturelles Aushängeschild. Eingebettet in die markante voralpine Landschaft, hat die Stadt am See den kulturellen Austausch schon immer gepflegt und ist seit Jahrhunderten als Durchgangsstation zwischen dem Norden und dem Süden sowie als Erholungsort für Reisende bekannt. Die Menschen, die hier leben, sind weltoffen und gesellig, gemischt mit einer guten Portion berglerischem Eigensinn. Sie werden sich auch im dritten Jahrtausend nicht daran hindern lassen, ihre urtümlichen Riten zu zelebrieren.

Zum aktuellen kulturellen Leben in Luzern gehören die Auftritte internationaler Stars ebenso wie die Produktionen einheimischer Kulturschaffender. Musikliebhaber jedwelcher Stilrichtung kommen hier genauso auf ihre Kosten wie Theaterfreunde, Kunstinteressierte oder auch Anhänger der Underground-Szene. Dieses Nebeneinander, verbunden mit dem kleinstädtischen Charme, schafft in Luzern ein Klima, das begeistern kann! Die nachfolgende Auswahl an kulturell interessanten Orten und Veranstaltungen ist eine Aufforderung, selbst auf Entdeckungsreise zu gehen.

Aktuelle Informationen über das Kulturleben der Stadt enthalten «Das Kulturmagazin», die Luzerner Monatszeitschrift mit Veranstaltungskalender, sowie das «Apéro», die Wochenbeilage der «Neuen Luzerner Zeitung» (jeweils am Donnerstag). Beide Zeitschriften sind am Kiosk erhältlich. Der elektronische Veranstaltungskalender ist abrufbar unter www.kulturluzern.ch.

Das Signet ♿ bei einigen Objekten weist darauf hin, dass diese Orte mit dem Rollstuhl zugänglich und benutzbar sind. Wo kein ♿-Signet steht, empfiehlt es sich, vor einem Besuch telefonisch abzuklären, ob und in welchem Mass ein bestimmtes Ziel rollstuhlgängig ist.

Löwenplatz – schillernde Geschäfts- und Konsumvielfalt …

… Ausgangspunkt für ein aussergewöhnliches Tourismus- und Kulturangebot.

Brauchtum / Folklore

Obwohl Luzern eine weltoffene Stadt ist, kann man hier noch ganz Urtümlichem begegnen.
Während der Sommermonate, von April bis Oktober, sind im Restaurant Stadtkeller touristische Folkloreveranstaltungen zu erleben. Serviert werden neben einheimischen kulinarischen Spezialitäten Volksmusik, Fahnenschwingen und Jodeln (Stadtkeller, Sternenplatz 3, 6004 Luzern, Tel. 041/410 47 33, www.stadtkeller.ch). Für alle, die etwas mehr Authentizität suchen – und etwas mehr Geduld haben – folgende Tipps: Speziell im Sommer finden auf den Alpen rund um den Vierwaldstättersee regelmässig volkstümliche Veranstaltungen statt. Es lohnt sich, einen Blick in den Veranstaltungskalender zu werfen oder bei der Touristeninformation nachzufragen:

- **Alpaufzug im Frühjahr**, wenn das Vieh auf die Alp gebracht wird.
- **Alpabzug im Herbst**, wenn das Vieh wieder ins Tal zurückkehrt.
- **Jodlermesse:** Gottesdienst, meist im Freien mit Jodlermusik.
- **Bergchilbi:** Eine Art Herbstmesse auf dem Berg mit volkstümlicher Musik, Tanz und kulinarischen Spezialitäten.
- **Stubete:** Ein volkstümlicher Abend in einer Beiz (Restaurant) mit einer Volksmusikkapelle und Tanz.

Weitere Informationen zu kirchlichem Brauchtum s. Seite 38f.

Fasnacht

www.luzerner-fasnacht.ch

Das Grossereignis für die Luzerner Bevölkerung, das jeweils sieben Wochen vor Ostern stattfindet. Während der insgesamt sechs «rüüdigen» Tage regieren in Luzern die Masken, die mit ihrem urtümlichen Treiben dem Winter den Garaus machen. Die Fasnacht beginnt mit dem «Schmutzigen Donnerstag» (Donnerstag vor dem Rosenmontag); der Urknall morgens um 5 Uhr eröffnet die Strassenfasnacht. Höhepunkt der Fasnacht sind jedoch «Güdismontag» (Rosenmontag) und «Güdisdienstag» (Dienstag vor dem Aschermittwoch). Während dieser beiden Tage vibriert die ganze Innenstadt, das Trommeln und Trompeten hallt fast endlos durch die engen Gassen. Der Monsterkorso – der Umzug mit über achtzig «Guuggenmusigen» (Blechmusikkapellen) – findet jeweils am Güdisdienstagabend statt (weitere Informationen s. Seite 39ff.).

Informationen

Kultur-Forum / Kulturmagazin

Löwenplatz 11 (Bourbaki-Panorama-Gebäude, Plan-Nr. 53), **6004 Luzern**
Tel. 041/410 31 07
www.kulturluzern.ch

➔ Bus Nr. 1 ab Bahnhof Richtung Maihof bis Haltestelle Löwenplatz.

Das Kultur-Forum, die Geschäftsstelle der Interessengemeinschaft Kultur Luzern, ist eine Informations- und Beratungsstelle für kulturelle Belange. Zum Angebot gehören auch Dienstleistungen für Kulturschaffende und KulturveranstalterInnen. Das Kultur-Forum ist auch Produktionsstätte des «Kulturmagazins». Die Monatszeitschrift informiert aus erster Hand über das Luzerner Kulturleben: mit Hintergrundinformationen zur Kultur in der Region, mit recherchierten Berichten, Porträts, Reportagen und Interviews. Der integrierte «Kulturkalender» bietet einen vollständigen Überblick über die Veranstaltungen und Ausstellungen des laufenden Monats. «Das Kulturmagazin» ist in den Luzerner Buchhandlungen oder am Kiosk erhältlich.

Kino

Kino-Telefon: 0900 900 123 oder
www.de.cineman.ch
Auch wenn es manchmal etwas länger dauert, bis einzelne Filme in Luzern gezeigt werden, vermag das Programm der elf Kinos auch verwöhnte Cineasten in die Dunkelheit zu locken. Von den grossen Hollywood-Streifen bis zu Trouvaillen aus der Filmkiste ist alles zu finden.

IMAX Filmtheater

Verkehrshaus der Schweiz (Plan-Nr. 86),
Lidostrasse 5, 6006 Luzern ♿
Reservationen: Tel. 041/375 75 75
www.imax.ch
➔ Bus Nr. 6 oder 8 ab Bahnhof Richtung Würzenbach bis Haltestelle Verkehrshaus.
Im Imax-Filmtheater wird die Dimension des Kinos neu definiert. Auf der 19 x 25 Meter grossen Bildwand, dem grössten Format in der Geschichte der Filmtechnik, werden Bilder präsentiert, die dem Besucher das Gefühl vermitteln, mitten im Geschehen zu sein. Gezeigt werden Filme über Natur, Technik und Wissenschaft.

Open-Air-Kino am See

Kantonsschule Alpenquai (Plan-Nr. 101)
6005 Luzern
www.open-air-kino.ch
➔ Bus Nr. 6 Richtung Matthof oder 8 Richtung Hirtenhof ab Bahnhof bis Haltestelle Weinbergli.
Jeweils von Mitte Juli bis etwa Mitte August gibt es in Luzern ein Freilichtkino an zauberhafter Lage direkt am See, wo nach Einbruch der Dunkelheit Reprisen neuer Filmerfolge und natürlich Klassiker zum Wiedersehen gezeigt werden.

Stattkino

Löwenplatz 11 (Bourbaki-Panorama-Gebäude, Plan-Nr. 53), **6004 Luzern** ♿
Tel. 041/410 30 60
www.stattkino.ch
➔ Bus Nr. 1 ab Bahnhof Richtung Maihof bis Haltestelle Löwenplatz.
Ein Studiokino, das fast ausschliesslich Filme in themen- oder personenbezogenen Zyklen zeigt. Hier sind experimentelles, zeitgenössisches Kinoschaffen sowie Spezialitäten aus der Filmgeschichte zu sehen. Am selben Ort wie das Stattkino, im Untergeschoss des Bourbaki-Panoramas, sind auch die Kinos Pix 1 und Pix 2 untergebracht. Auch hier werden in erste Linie Studiofilme gezeigt.

Kunst / Kunstmuseen

Die Luzerner Kunstszene ist nicht ganz so spektakulär wie jene in anderen grossen Schweizer Städten. Wer Stars sucht, wird am ehesten im Kunstmuseum auf seine Rechnung kommen. Dafür gibt es in den zahlreichen Galerien viel einheimisches Kunstschaffen zu sehen, das selbst anspruchsvolle Kunstinteressierte begeistern wird. Eine Entdeckung dürfte auch der Besuch der beiden Festivals Fumetto und Gwand sein. Hier wird mit viel Lust spartenübergreifend programmiert; multimediale Rauminstallationen sind ebenso zu sehen wie Designer-Verkaufsstände für Kleider oder Comics.

Comix-Festival Fumetto

Werkhofstrasse 7, 6005 Luzern (neue Adresse ab 2002), **Tel. 041/361 02 02**
www.fumetto.ch
Das Comix-Festival Fumetto hat sich seit seiner Gründung 1992 zu einem der wichtigsten europäischen Festivals im Bereich des

Dass Luzern eine Festivalstadt ist, manifestiert sich regelmässig auch im öffentlichen Raum: Strassenszene während des Comix-Festivals Fumetto.

Comic-Schaffens etabliert. Trotz grosser Resonanz ist Fumetto auch heute noch Begegnungsstätte zwischen Comic-Schaffenden, VerlegerInnen und Interessierten und gilt als charmantes, familiäres Festival. Fumetto versteht sich als Impulsgeber und fördert neben Traditionellem insbesondere auch comicverwandte Ausdrucksformen und spartenübergreifende Projekte. Hier werden Schwerpunkte im Bereich der Independent- und Avantgardeszene gesetzt. Alljährlich im April gibt sich die Comic-Welt in Luzern ein Stelldichein.

Galerie Urs Meile

Rosenberghöhe 4a, 6004 Luzern
Tel. 041/420 33 18
www.galerie-meile.ch
➔ Bus Nr. 1 ab Bahnhof Richtung Maihof bis Haltestelle Schlossberg.
Galerie, die sowohl junge Kunst aus der Region als auch nationale und internationale zeitgenössische Kunst präsentiert. Spezialität: zeitgenössische Künstler und Künstlerinnen aus China.

Gwand Fashion Concepts

Werkhofstrasse 7, 6005 Luzern (neue Adresse ab 2002), **Tel. 041/362 08 20**
www.gwand.ch
Gwand Fashion Concepts ist Schaufenster und Förderstelle für schweizerisches Modedesign. Zum jährlichen Fashion-Event im Herbst reist die junge, europäische Modeszene nach Luzern. Gwand bringt die herausragendsten und innovativsten Kollektionen und Outfits von Jungdesignerinnen und -designern aus der Schweiz, dem Ausland und ausgewählten internationalen Modeschulen auf den Laufsteg. Seit der Gründung 1993 hat sich Gwand zum wichtigsten Event von «fashion designed in Switzerland» etabliert.

Hans Erni Museum

c/o Verkehrshaus der Schweiz (Plan-Nr. 86), **Lidostrasse 5, 6006 Luzern** ♿
Tel. 041/370 44 44
www.verkehrshaus.org
➔ Bus Nr. 6 oder 8 ab Bahnhof Richtung Würzenbach bis Haltestelle Verkehrshaus.
Das Museum zeigt eine umfassende Werkschau des engagierten Humanisten und Künstlers Hans Erni. Die ausgestellten Arbeiten aus allen Schaffensphasen vermitteln einen Einblick in das facettenreiche Werk des Malers, Grafikers und Plastikers. Den Höhepunkt bildet das zweiteilige, eigens für das Auditorium des Museums geschaffene Wandbild «Panta Rhei»

Kunstmuseum Luzern

Europaplatz 1, 6003 Luzern ♿
(Plan-Nr. 39), **Tel. 041/226 78 00**
www.kunstmuseumluzern.ch
➔ Neben dem Bahnhof im KKL.
Das neue Kunstmuseum Luzern befindet sich in der obersten Etage des Kultur- und Kongresszentrums Luzern. Das vom Architekten Jean Nouvel gestaltete Museum stellt sich mit seiner Schlichtheit und Neutralität ganz in den Dienst der bildenden Kunst und zählt zu den schönsten Kunstmuseen Europas. Die Sammlung umfasst Gemälde und Skulpturen von der Renaissance bis zur Gegenwart, den Schwerpunkt bilden Meisterwerke der Schweizer Malerei des 19. und frühen 20. Jahrhunderts (von Füssli bis Hodler). Neben Exponaten der Sammlung wird in regelmässigen Wechselausstellungen nationale und internationale Gegenwartskunst präsentiert.

Einblick in die grosszügigen und wandelbaren Ausstellungsräume des neuen Luzerner Kunstmuseums.

Kunstpanorama

Löwenplatz 11 (Bourbaki-Panorama-Gebäude, Plan-Nr. 53), **6004 Luzern** ♿
Tel. 041/412 08 09
➔ Bus Nr. 1 ab Bahnhof Richtung Maihof bis Haltestelle Löwenplatz.
Das Kunstpanorama ist ein Ausstellungsort für junges, zeitgenössisches Kunstschaffen. Zu sehen sind regionale, nationale und internationale KünstlerInnen aus allen Bereichen der freien Kunst in Einzel- oder thematischen Gruppenausstellungen. Neben Ausstellungen finden hier regelmässig Performances und themenbezogene Videovorführungen statt.

Picasso-Museum

Am-Rhyn-Haus (Plan-Nr. 15),
Furrengasse 21, 6004 Luzern
Tel. 041/410 35 33
www.kulturluzern.ch/picasso-museum
➔ Zirka fünf Minuten vom Bahnhof, mitten in der Altstadt, Nähe Rathaus.
Die Schenkung der mit Pablo Picasso (1881–1973) befreundeten Familie Rosengart an die Stadt Luzern umfasst eine Reihe bedeutender Werke Picassos aus den letzten Jahren seines Schaffens. Zur Sammlung gehören grossformatige Gemälde, eine Eisenblechskulptur sowie Gouachen, Handzeichnungen, Keramiken und Originalgrafiken. Weiter beherbergt das Picasso-Museum auch die Ausstellung «Picasso, fotografiert von David Douglas Duncan». Die rund 200 Aufnahmen des amerikanischen Fotografen geben Einblick in die letzten Lebensjahre Pablo Picassos.

Sammlung Rosengart

Pilatusstrasse 10, 6003 Luzern
Tel. 041/220 16 60
www.sammlung-rosengart.ch (ab ca. Nov. 2001)
➔ Zirka zwei Minuten vom Bahnhof.
Ihre grosse Bedeutung verdankt die Sammlung Rosengart den beiden einzigartigen Werkgruppen von Paul Klee und Pablo Picasso. Während die unvergleichliche, seit den vierziger Jahren zusammengetragene Paul-Klee-Sammlung mit ihren über hundert Gemälden, Aquarellen und Zeichnungen alle Schaffensperioden des Künstlers dokumentiert, konzentriert sich die Picasso-Gemälde-Sammlung auf das Schaffen Picassos nach 1938. Neben diesen Schwerpunkten sind in der Ausstellung eine Reihe ausgezeichneter Werke aus dem ausgehenden 19. Jahrhundert und der ersten Hälfte des 20. Jahrhunderts zu sehen, unter anderem Gemälde von Monet, Pissarro, Renoir, Cézanne, Modigliani, Matisse, Kandinsky, Miró und Chagall.
Eröffnung des Museums: 26. März 2002!

Alpineum

Denkmalstrasse 11, 6006 Luzern (Plan-Nr. 57), **Tel. 041/410 40 64**

➔ Bus Nr. 1 ab Bahnhof Richtung Maihof bis Haltestelle Löwenplatz.

Das Alpineum vereinigt verschiedene dreidimensionale Darstellungen aus der Frühzeit des Bergtourismus. Zu sehen sind Grossgemälde des Montblanc, der Rigi, der Jungfrau, des Pilatus, des Gornergrats und des Matterhorns. Durch den gestalteten, plastischen Vordergrund erhalten die Gemälde eine verblüffende Tiefenwirkung. Begonnen wurde die Arbeit an der Alpenkulisse von Louis Meyer von Schauensee und um die Jahrhundertwende von den Malern Ernst Hodel senior und junior zu Ende geführt.

Bourbaki-Panorama

Löwenplatz 11, 6004 Luzern ♿
(Plan-Nr. 53), **Tel. 041/412 30 30**
www.panorama-luzern.ch

➔ Bus Nr. 1 ab Bahnhof Richtung Maihof bis Haltestelle Löwenplatz.

Das einzigartige, 110 mal 10 Meter grosse Rundgemälde des Malers Edouard Castres von 1881 ist ein Meisterwerk der Panoramamalerei. Auf unvergleichliche Art wird hier ein Ereignis des Deutsch-Französischen Kriegs von 1870/71 festgehalten: der Übertritt und die Internierung der französischen Ostarmee des Generals Bourbaki im Winter 1871 in die Schweiz. Das Bourbaki-Panorama ist das älteste weltweit existierende Norm-Panorama. Es wurde 1881 für die Landesausstellung in Genf gemalt und kam 1889 nach Luzern. Das grosse Rundbild ist eine Sensation aus der Zeit vor dem Kino, eine aufwühlende Anklage gegen den Krieg und ein Zeugnis der ersten humanitären Aktionen des Schweizerischen Roten Kreuzes.

Gletschergarten beim Löwendenkmal

Denkmalstrasse 4, 6006 Luzern (Plan-Nr. 56), **Tel. 041/410 43 40, ♿ (Nebeneingang), www. gletschergarten.ch**

➔ Bus Nr. 1 ab Bahnhof Richtung Maihof bis Haltestelle Löwenplatz.

Entdeckt wurden die Gletschertöpfe und Gletschermühlen 1872. Als Zeugnisse der Eiszeit vor 20 000 Jahren gelten sie als Naturdenkmal von nationaler Bedeutung. Die Reise führt denn auch von einem subtropischen Palmenstrand am Meer zur Gletscherwelt der Eiszeit. Zu sehen sind dabei zwanzig Millionen Jahre alte Meermuscheln und Palmblätter. Eine unvergessliche Attraktion für Gross und Klein ist das Spiegellabyrinth von 1896. Das auf einfachsten optischen Gesetzen aufbauende Labyrinth ist in «maurischem Stil» der Alhambra in Granada nachempfunden.

Historisches Museum

Pfistergasse 24, 6003 Luzern ♿
(Plan-Nr. 88), **Tel. 041/228 54 24**
www.hmluzern.ch

➔ Bus Nr. 2 ab Bahnhof Richtung Emmenbrücke bis Haltestelle Kasernenplatz.

Das Historische Museum befindet sich im ehemaligen Zeughaus des Standes Luzern von 1568. Schwerpunkte seiner Sammlung bilden unter anderem die Originalskulpturen des Weinmarktbrunnens, verschiedenste Beutewaffen und Fahnen aus den alten Schweizerkriegen, Luzerner Trachten, Produkte der Entlebucher Glasbläserei sowie prächtige kirchliche Paramente und Textilien. Neben Exponaten der Sammlung sind im Historischen Museum regelmässig Sonderausstellungen zu aktuellen historischen, kunstgeschichtlichen und volkskundlichen Themen zu sehen.

Natur-Museum Luzern

Kasernenplatz 6, 6003 Luzern (Plan-Nr. 89)
Tel. 041/228 54 11
www.naturmuseum.ch
♿ (Treffpunkt auf der Seite mit Sonnerie)
➔ Bus Nr. 2 ab Bahnhof Richtung Emmenbrücke bis Haltestelle Kasernenplatz.
Das Natur-Museum Luzern gilt als eines der attraktivsten und lebendigsten Museen seiner Art. In der erdkundlichen Dauerausstellung zeigt es die Entwicklung der Erde und der Zentralschweizer Landschaft vom Urmeer zu den Alpen. Als Besonderheit gilt die archäologische Ausstellung, die einmaliges Fundmaterial von europäischer Bedeutung aus den jungsteinzeitlichen Seeufer-Siedlungen von Egolzwil (Kanton Luzern) zeigt. Die Biologie-Dauerausstellung präsentiert auf anschauliche Weise Tier- und Pflanzenwelt der Zentralschweiz. Einzelne Themenbereiche werden in regelmässigen Sonderausstellungen auf informative und unterhaltsame Art aufbereitet.

Richard-Wagner-Museum

Richard-Wagner-Weg 27, 6005 Luzern (Plan-Nr. 102), **Tel. 041/360 23 70**
www.kulturluzern.ch/wagner-museum
➔ Bus Nr. 6 Richtung Matthof oder 8 Richtung Hirtenhof ab Bahnhof bis Haltestelle Wartegg.
Richard Wagner (1813–1883) wählte Luzern fünfmal zu seinem Lebensmittelpunkt. Bei seinem letzten Aufenthalt lebte er mit Cosima von Bülow im Landhaus der Luzerner Patrizierfamilie Am Rhyn. In diesem Landhaus auf Tribschen befindet sich im Erdgeschoss die Richard-Wagner-Gedenkstätte mit Lebenszeugnissen und Partituren von Werken, die hier entstanden sind. Im ersten Obergeschoss ist eine Sammlung alter Musikinstrumente mit seltenen Instrumenten aus Europa, Afrika und Asien ausgestellt.

Mit dem HiFlyer über dem Verkehrshaus rückt der Traum vom Fliegen in greifbare Nähe.

Verkehrshaus der Schweiz

Lidostrasse 5, 6006 Luzern ♿
(Plan-Nr. 86), **Tel. 041/370 44 44**
www.verkehrshaus.org
➔ Bus Nr. 6 oder 8 ab Bahnhof Richtung Würzenbach bis Haltestelle Verkehrshaus.
Das Verkehrshaus der Schweiz ist das vielseitigste Verkehrsmuseum Europas und zeigt die Entwicklung und Bedeutung der Verkehrsmittel. Zur Sammlung gehören Hunderte von Originalflugzeugen, Lokomotiven, Strassenfahrzeugen, Seilbahnen und Schiffen. Schwerpunkte bilden Dauerausstellungen zur Entwicklungsgeschichte in den Bereichen Kommunikation und Raumfahrt. Integriert in das Verkehrshaus sind ein Planetarium, das Cosmorama, Nautirama, die Kommunikationshallen, das Hans Erni Museum sowie das einzige IMAX Filmtheater der Schweiz. Neueste Attraktion: der HiFlyer, ein mit Helium gefüllter Fesselballon, der die BesucherInnen auf 140 Meter Höhe befördert!

Luzern ist nicht nur Festivalstadt, Luzern ist auch eine Musikstadt. Dass dieses Label in erster Linie mit der klassischen Musik in Verbindung gebracht wird, ist im historischen Kontext sicher berechtigt, stimmt aber mit den aktuellen Gegebenheiten nur noch bedingt überein. Luzerns Musikszene boomt. Jazz ist hier ebenso virtuos wie ein klassisches Rezital, die Rockmusik genauso urchig und deftig wie die Volksmusik.

KLASSIK / E-MUSIK

Lucerne Festival (Internationale Musikfestwochen Luzern IMF)

Hirschmattstrasse 13, 6003 Luzern
Tel. 041/226 44 00
www.lucernemusic.ch

Lucerne Festival – Sommer

Die Anfänge der Musikfestwochen in Luzern gehen auf das Jahr 1938 zurück. Damals leitete Arturo Toscanini in einem denkwürdigen Festkonzert das «Concert de Gala» mit einer Aufführung des Wagnerschen «Siegfried-Idylls» vor dem Wohnhaus des Komponisten auf Tribschen, also genau dort, wo das Stück entstanden war (s. Richard-Wagner-Museum). Als «Festival Toscanini à Tribschen» ging dieses Konzert in die Geschichte ein. Es war der Beginn einer mittlerweile über sechzig Jahre währenden Festivaltradition. Heute stehen die IMF für höchste Qualität und zählen weltweit zu den Top Events im Bereich der Konzertmusik. Widmeten sie sich bis Ende der achtziger Jahre noch beinahe ausschliesslich der klassischen Musik, so haben sie in ihrer jüngsten Geschichte auch die zeitgenössische Musik in ihr Programm integriert und sich seit kurzem einen neuen Namen zugelegt: Lucerne Festival. Das Hauptereignis, Lucerne Festival – Sommer, findet jährlich von Mitte August bis Mitte September statt; der Vorverkauf für die verschiedenen Veranstaltungen beginnt bereits im Frühjahr.

Lucerne Festival – Ostern

Zum Jubiläum des fünfzigjährigen Bestehens der Internationalen Musikfestwochen fanden 1988 erstmals Osterfestspiele statt, die seit 1992 alljährlich durchgeführt werden. Programmatisch orientieren sie sich an der

Lucerne Festival – Ostern spannt den Bogen zwischen sakraler und weltlicher Musik. Aufnahme anlässlich einer Aufführung in der Franziskanerkirche.

Passions- und Osterzeit und finden jeweils im Frühjahr, eine Woche vor Ostern, statt. Die Konzerte werden im Konzertsaal des Kultur- und Kongresszentrums sowie in den schönsten Kirchen Luzerns, vor allem in der Jesuitenkirche, durchgeführt.

Lucerne Festival – Piano

Zum Jubiläum des sechzigjährigen Bestehens führten die Internationalen Musikfestwochen Luzern im Herbst 1998 das Lucerne Festival – Piano ein. Während nahezu einer Woche sind weltbekannte PianistInnen der unterschiedlichsten Stilrichtungen, von Klassik bis Jazz, im Konzertsaal des Kultur- und Kongresszentrums zu hören. Das Piano-Festival findet jeweils an einem verlängerten Wochenende im November statt.

Der Lift im Kultur- und Kongresszentrum KKL ist für all jene ein Geheimtipp, die beim Hochfahren und auf der öffentlich zugänglichen Terrasse eine grandiose Aussicht geniessen wollen.

Konzertsaal, Kultur- und Kongresszentrum Luzern

Europaplatz 1, 6005 Luzern ♿
(Plan-Nr. 39), **Tel. 041/226 70 70**
www.kkl-luzern.ch
➔ Neben dem Bahnhof.

Das Kultur- und Kongresszentrum Luzern des französischen Architekten Jean Nouvel ist nicht nur eine architektonische Sehenswürdigkeit, sondern auch ein Kulturhaus. Neben dem Kunstmuseum vereinigt es drei weitere Kulturräume unter dem grossen Dach.
Der Konzertsaal, für dessen Akustik Russel Johnson (New York) verantwortlich zeichnet, gehört zu den akustisch besten Sälen der Welt. Hier finden unter anderem die Konzerte des Luzerner Sinfonieorchesters sowie jene des Lucerne Festival, der früheren Internationalen Musikfestwochen, statt. Der Luzerner Saal ist ein multifunktionaler Raum und wird für die unterschiedlichsten Veranstaltungen genutzt, von Konzerten über Theateraufführungen, Partys und Ausstellungen findet hier alles Platz. Das Angebot im kleinen Saal konzentriert sich neben der Kongressnutzung fast ausschliesslich auf Vorträge. Regelmässig werden Führungen durch das KKL angeboten.

Luzerner Sinfonieorchester

Zentralstrasse 44, 6003 Luzern
Tel. 041/210 50 50
www.sinfonieorchester.ch

Die Geschichte des Luzerner Sinfonieorchesters reicht bis ins Jahr 1806 zurück, als in Luzern die Theater- und Musikliebhabergesellschaft mit der Aufgabe gegründet wurde, Chor-, Orchester- und Kammermusikkonzerte zu veranstalten. Heute bestreitet das Luzerner Sinfonieorchester pro Saison rund 30 Konzerte im Konzertsaal des Kultur- und Kongresszentrums Luzern. Mit seinen anspruchsvollen Programmen geniesst das Orchester eine hohe Wertschätzung weit über die Grenzen der Innerschweiz hinaus. Neben zahlreichen weiteren Engagements kommt das Orchester auch bei allen musikalischen Produktionen im Luzerner Theater zum Einsatz.

Chefdirigent Jonathan Nott mit dem Luzerner Sinfonieorchester, das zum eigentlichen «Hausorchester» des Kultur- und Kongresszentrums KKL avancierte.

World Band Festival

c/o Band Festivals, Postfach, 4537 Wiedlisbach, Tel. 032/636 11 20
www.brass.ch/festivals
Der jüngste Spross der Luzerner Musikfestivals, das World Band Festival, besetzt eine Nische. An fünf Tagen wird hier mit Beteiligung internationaler Brass Bands erstklassige Blasmusik auf höchstem Niveau geboten. Sämtliche Konzerte finden im Kultur- und Kongresszentrum statt.

ROCK / POP / BLUES / JAZZ

Bar 57

Haldenstrasse 57, 6006 Luzern
Tel. 041/418 07 61
➔ Bus Nr. 6 oder 8 ab Bahnhof Richtung Würzenbach bis Haltestelle Europe.
Kleine und feine Bar, in der neben Discos auch regelmässig Konzerte von lokalen und regionalen Bands zu hören sind.

Blue Balls Festival

Seestrasse 513, 8038 Zürich
Tel. 01/485 54 48
www.blueballs.ch
Entstanden aus der Lucerne Blues Session, die 1993 erstmals durchgeführt wurde, ist Blue Balls heute ein Festival, das Luzern während neun Tagen jeweils Ende Juli in eine «Blues-Stadt» verwandelt. Zu hören gibt es alles, was im weitesten Sinne mit Blues zu tun hat, von Rock, Jazz, Soul über Rap bis zu World Music. Neben den Hauptveranstaltungen mit internationalen Stars werden jede Menge Open-Air-Konzerte rund um den See, Sessions im Casino und kleinere Konzerte in Hotels, Bars und Restaurants geboten.

Casino-Bar

Haldenstrasse 6, Postfach, 6002 Luzern
♿ (Plan-Nr. 82), **Tel. 041/418 56 56**
www.casinoluzern.ch
➔ Bus Nr. 6 oder 8 ab Bahnhof Richtung Würzenbach bis Haltestelle Kursaal.
In der Casino-Bar gehören kulturelle Veranstaltungen genauso zum Konzept wie die Spieltische. Geboten werden Blues- und Jazzkonzerte, aber auch Produktionen im Theater- und Comedy-Bereich. Regelmässig im Casino zu Gast ist der traditionsreiche Jazz Club Luzern, der internationale Jazzgrössen in die Casino-Bar und den Konzertsaal des Kultur- und Kongresszentrums einlädt (mehr Informationen s. unter www.jazzluzern.ch).

Intensive Hörerlebnisse und experimentelles Musikschaffen garantiert. Impression aus einem der zahlreichen Proberäume im Musikzentrum Sedel.

Jazzkantine

Grabenstrasse 8, 6004 Luzern
Tel. 041/410 73 73
www.jsl.ch/kantine

Die Jazzkantine ist der Musikklub der Jazz-Schule Luzern, der Fakultät III der Musikhochschule Luzern. Die Bar im Parterre bietet einen tollen Einstieg, im Untergeschoss finden regelmässig Jazzkonzerte und Sessions statt. Der Club für Jazzliebhaber!

Lucerne Bluesfestival

Kontakt: Guido Schmidt, Berglistrasse 27, 6005 Luzern, gschmidt@bluewin.ch
www.swisswindow.ch/bluesfestival/

Das Lucerne Bluesfestival (erstmals durchgeführt 1995) hat sich ganz und gar dem traditionellen, schwarzen Blues verschrieben. Eine Woche lang sind im November Stars der internationalen Blues-Gemeinde in verschiedenen Lokalen, insbesondere in der Casino-Bar, zu hören und zu sehen.

Schüür, Konzertzentrum

Tribschenstrasse 1, 6005 Luzern ♿
Tel. 041/368 10 30
www.schuur.ch

➔ Bus Nr. 4 Richtung Hubelmatt, 5 Richtung Allmend, 6 Richtung Matthof, 7 Richtung Biregghof oder 8 Richtung Hirtenhof ab Bahnhof bis Haltestelle Bundesplatz.

Was ehemals eine Scheune war, ist heute – auf gut Schweizerdeutsch – die Schüür: Konzertlokal, Partyschuppen und Treffpunkt für Jugendliche in einem. Live sind es vor allem Rock-, Pop- und Jazzkonzerte, bei den Partys reicht das Angebot von Salsa über die achtziger Jahre bis zu Techno. An Wochenenden kann man im Schüür-Restaurant essen. Im Sommer lockt gar eine lauschige Gartenbeiz mit viel Musik.

Sedel, Musikzentrum

Alte Sedelstrasse, 6020 Emmenbrücke
Tel. 041/420 63 10
www.sedel.ch

➔ Ausserhalb der Stadt, über dem Rotsee. Etwas ausserhalb des Stadtzentrums gelegen, ist der Sedel eine Welt für sich. Untergebracht in einem ehemaligen Gefängnis, wurden die ursprünglichen Zellen umgenutzt und bieten heute Platz für zwei Tonstudios, vier Ateliers und 53 Probenräume für lokale Bands (weitere Informationen zu den Bands unter www.luzernernet.ch). Im hauseigenen Klublokal trifft sich die Luzerner Musikszene. Obschon etwas heruntergekommen, ist der Sedel der richtige Platz für alle, die es gern etwas groovig haben und sich nicht scheuen, die angebotenen Oropax zu benützen. Zu hören sind Rock und Jazz, Ska, Punk und selbstverständlich jede Menge elektronische Musik. Barbetrieb am Wochenende. Achtung, vor 21 Uhr läuft hier nichts.

Stadtkeller

Sternenplatz 3 (Nähe Kapellplatz),
6004 Luzern, Tel. 041/410 47 33
www.stadtkeller.ch

➔ Zirka 5 Minuten vom Bahnhof, mitten in der Altstadt.
Während der Stadtkeller in den Sommermonaten ausschliesslich den Touristen gehört, wird er von November bis März wieder von den Einheimischen besetzt. Vorwiegend regionale und nationale Bands laden zum Rock- oder Jazzkonzert. Gesellige Klubatmosphäre.

Wärchhof, Jugend- und Freizeithaus

Werkhofstrasse 11, 6005 Luzern
Tel. 041/360 14 88
www.waerchhof.ch

➔ Bus Nr. 6 Richtung Matthof oder 8 Richtung Hirtenhof ab Bahnhof bis Haltestelle Werkhofstrasse.
Das Jugend- und Freizeithaus Wärchhof ist in erster Linie ein Haus für junge Gäste. Jugendliche und junge Erwachsene im Alter zwischen 16 und 25 Jahren machen hier ihre Kultur. Beste Adresse für Kids, die sich nicht nur für TV interessieren. (Neuer Standort ab dem Jahr 2002 ist in Planung.)

Nachtleben

Wer in Luzern tanzen will, hat dazu an vielen Orten Gelegenheit. Für jede Geschmacksrichtung und Abendlaune lässt sich ein geeigneter Ort finden. Speziell übers Wochenende organisieren auch die verschiedenen Kulturhäuser (Boa, La Fourmi, Schüür, Sedel, Wärchhof) Discos und Partys, die sich dann meist einer ganz bestimmten Musikrichtung widmen. Zu den eigentlichen Discos gehören folgende:

- **Adagio Night Life im Hotel Flora, Seidenhofstrasse 5, 6003 Luzern, Tel. 041/229 79 79;** das Dancing Adagio präsentiert sich mit mittelalterlichem Szenario. Täglich geöffnet.
PS: Das hauseigene Restaurant bietet warme Küche bis um 2.30 Uhr.
- **Pravda, Winkelriedstrasse 24, 6003 Luzern, Tel. 041/210 22 44,** die schickste Disco der Stadt, der In-Treff für Tanzhungrige. Jeweils Mittwoch bis Samstag.
- **Uferlos, schwul-lesbisches Zentrum, Geissensteinring 14, 6005 Luzern,** Bar und Disco für Wetoffene; jeweils am Wochenende.
- **Hotel Löwengraben, Löwengraben 18, 6004 Luzern, Tel. 041/417 12 12,** Jailhouse Grooveparty für Freiheitsliebende; jeweils am Wochenende.

Frauenstadtrundgang

Kontakt: Verein Frauenstadtrundgang Luzern, Postfach 2910, 6002 Luzern
Tel. 041/360 02 59
www.frauenstadtrundgang.ch

Der Frauenstadtrundgang wurde 1992 von Wissenschaftlerinnen unterschiedlicher Fachrichtungen ins Leben gerufen. In Archiven und Bibliotheken erforschen sie die Geschichte von Frauen in Luzern, arbeiten bisher unberücksichtigte Quellen auf und führen Gespräche mit Zeitzeuginnen. Die Forschungsergebnisse werden auf folgenden Rundgängen präsentiert: «Reise-Zeiten – Eine Luzerner Reise zu Frauen in Fahrt», «Hautnah – Zur Körpergeschichte der Frauen», «Mit Pfeffer und Pfiff – Luzernerinnen zwischen 1798 und 1848» und «Du heiratest ja doch». Alle Rundgänge werden in deutscher Sprache geführt.

Stadtbummel

Tourist Board, Zentralstrasse 5, 6003 Luzern, Tel. 041/227 17 17
www.luzern.org

Der Stadtrundgang des Verkehrsvereins führt zu den historischen Sehenswürdigkeiten von Luzern, namentlich zu Kirchen, Brücken, Erkern, Gassen, Türmen und Plätzen. Dabei erfährt man Wichtiges, Witziges und Wahres über die Geschichte Luzerns. Die Führungen werden in mehreren Sprachen angeboten.

UntergRundgang

c/o Luzernernetz Arbeit und Bildung für Alle, Dufourstrasse 13, 6003 Luzern
Tel./Fax 041/240 55 85

Unter der Bezeichnung UntergRundgang finden seit 1995 historische Rundgänge durch den Luzerner Stadtteil «Untergrund» statt. War der Untergrund früher in erster Linie ein Arbeiterviertel, so ist er heute geprägt von der kosmopolitischen Vielfalt seiner BewohnerInnen: Menschen aus über fünfzig Nationen leben hier. Folgende Rundgänge werden angeboten: «Das andere Luzern – Zur Quartiergeschichte des Untergrunds», «1897–1997: Zwischenzeiten und Gegengedächtnisse – Luzern im Fin de Siècle», «Fremd sein – heimisch sein: Zu den Themen Migration, multikulturelle Gesellschaft und Integration». Alle Rundgänge werden in deutscher Sprache geführt.

Seit dem Intendantenwechsel am Luzerner Theater im Sommer 1999 ist die Theaterszene im Aufbruch. Die vormals klaren Grenzen zwischen etablierten Bühnen und freier Theaterszene verwischen sich mehr und mehr. Was einerseits für gewisse Konkurrenz sorgt, spornt andererseits auch zu Höchstleistungen an, ganz zur Freude all jener, denen die Bretter der Welt noch etwas bedeuten.

Luzerner Theater und UG

Theaterstrasse 2, 6004 Luzern (Plan-Nr. 10)
UG, Winkelriedstrasse 10, 6003 Luzern
Tel. 041/210 66 18/19
www.luzerner-theater.ch

➔ Vom Bahnhof zirka 5 Minuten zu Fuss der Reuss folgend.

Das Luzerner Theater ist der einzige professionelle Theaterbetrieb der Zentralschweiz mit Schauspiel, Oper, Musiktheater und Tanztheater im Programm. Sämtliche musikalischen Produktionen werden vom Luzerner Sinfonieorchester bestritten. Engagiert und mutig verschafft sich das Ensemble mit zeitgemässen Neuinszenierungen bekannter Stoffe oder Uraufführungen im deutschsprachigen Raum Gehör. Das Luzerner Theater zählt unbestritten zu den innovativsten und meistdiskutierten Bühnen der Schweiz.
Das UG im Kellergeschoss des Stadthauses präsentiert experimentelle Produktionen des Luzerner Theaters, Performances, Konzerte, Installationen von bildenden KünstlerInnen sowie regelmässige Auftritte von DJs. Das UG ist ein Forum für Luzerner Kunstschaffende, ihre Aktivitäten und Crossovers jeder Art.

Boa, Kulturzentrum

Geissensteinring 41, 6005 Luzern ♿
Tel. 041/360 45 88
www.boaluzern.ch

➔ Bus Nr. 5 ab Bahnhof Richtung Allmend bis Haltestelle Tiefe.

Entstanden aus der politisierten Alternativszene wird die Boa auch heute noch von diesem Geist geprägt. Hier sind die Arbeiten

Eine der erfolgreich inszenierten Schweizer Erstaufführungen im Luzerner Theater: «Un re in ascolto», Oper von Luciano Berio mit Otto Katzameier als Prospero.

der freien Theaterszene zu sehen: Was regional oder national an neuen Produktionen auf die Spielpläne kommt, macht früher oder später auch in der Boa Halt. Experimentelle und spartenübergreifende Projekte haben hier ihre Bühne. Barbetrieb während der Veranstaltungen und jeweils am Wochenende. In der Boa-Bar sind regelmässig Konzerte aus der Underground-Szene zu hören.

Kleintheater

Bundesplatz 14, 6003 Luzern
Tel. 041/210 33 50
www.kleintheater.ch

➔ Bus Nr. 4 Richtung Hubelmatt, 5 Richtung Allmend, 6 Richtung Matthof, 7 Richtung Biregghof oder 8 Richtung Hirtenhof ab Bahnhof bis Haltestelle Bundesplatz.
1967 von Emil und Maya Steinberger aus privater Initiative gegründet, blickt das Kleintheater auf eine lange Tradition zurück und gehört heute im Bereich der Kleinkunst zu den bedeutendsten Gastspieltheatern der Schweiz. Das Programm ist so vielfältig wie die Szene selbst: Kabarett, Tanz und Theater gehören genauso zum dichten Spielplan wie Konzerte (von klassisch über Folklore bis zu experimentellen Projekten) sowie Lesungen.

Theater La Fourmi

Tribschenstrasse 61, 6005 Luzern
Tel. 041/360 54 78

➔ Bus Nr. 6 Richtung Matthof oder 8 Richtung Hirtenhof ab Bahnhof bis Haltestelle Weinbergli.
Vielleicht eine der charmantesten Bühnen für den zeitgenössischen Tanz. Die aktuellen Produktionen der freien nationalen und europäischen Tanzszene geben hier ihre Gastspiele. Das Spektrum reicht vom klassischen Ballett bis zur experimentellen Tanzperformance. Ein Kulturhaus mit viel Ambiance und Stil, wo vor den Aufführungen Essen serviert wird und danach die Bar noch zum Verweilen einlädt. Neben Tanzproduktionen sind auf dem Programm auch Theateraufführungen, Konzerte oder Partys zu finden.

Kultureller Jahreskalender

- Biennales Internationales Symposium zu Wissenschaft, Technik und Ästhetik: Ende Januar
- Fasnacht: Ende Februar, Anfang März, jeweils sieben Wochen vor Ostern
- Lucerne Festival – Ostern: jeweils eine Woche vor Ostern
- LUGA (Luzerner Landwirtschafts- und Gewerbeausstellung): jeweils Ende April, Anfang Mai
- Fumetto, Comix-Festival: April
- Altstadtfest, mit Musik und Festwirtschaften auf allen Plätzen der Altstadt: jeweils Anfang Juli
- Open-Air-Kino: Mitte Juli bis Mitte August
- Blue Balls Festival: Ende Juli
- Seenachtsfest, mit Feuerwerk im Seebecken: Samstag im August
- Lucerne Festival – Sommer: Mitte August bis Mitte September
- World Band Festival: Ende September
- Herbstmesse: 2 Wochen Anfang Oktober
- Gwand: Oktober / November
- Lucerne Blues Festival: November
- Lucerne Festival – Piano: November

Hotels

Mit seiner traumhaften Lage direkt am See war Luzern seit je Station auf dem Weg vom Norden in den Süden. Reisende gehören hier deshalb genauso zum Stadtbild wie die historischen Sehenswürdigkeiten. Wer in Luzern verweilen will, hat die Qual der Wahl. In über achtzig Hotels in und um Luzern wird ein meist tadelloser Service angeboten. Ob Sie sich für ein Luxushotel oder eine einfache Pension entscheiden: Die hier gebotene Auswahl gibt einen Einblick in das kulturell, architektonisch und historisch interessante Angebot der Luzerner Hotellerie.
Reservierung und Auskunft: Ausführliche Informationen über das aktuelle Angebot erhält man bei der **Tourist Information, Zentralstrasse 5** (beim Bahnhof), **Tel. 041/227 17 27**, oder über **www.luzern.org.**
Die Preise gelten für eine Übernachtung im Doppelzimmer für zwei Personen, in der Regel mit Frühstück. Die Preise entsprechen dem Stand bei Redaktionsschluss und beziehen sich auf das günstigste Angebot in der Nebensaison. Die meisten Hotels akzeptieren die gängigen Kreditkarten.

Hotel Schweizerhof Luzern *****

Schweizerhofquai 3a, 6002 Luzern ♿
(Plan-Nr. 75), **Tel. 041/410 04 10**
www.schweizerhof-luzern.ch
Doppelzimmer Seeseite ab 330 sFr.
➔ Direkt am Luzerner Seebecken, zirka 5 Gehminuten vom Bahnhof (eigenes Parkhaus).
Als eleganter klassizistischer Bau wurde das Hotel Schweizerhof 1845 eröffnet. Als erstes Grandhotel repräsentiert der Schweizerhof das touristische Zeitalter und damit auch die wirtschaftliche Entwicklung Luzerns. Die Erweiterung zum neubarocken Palasthotel 1855 und die Anlage des gleichnamigen Schweizerhofquais begründeten massgeblich die städtebauliche Entwicklung Luzerns.
Nach einer zweijährigen Umbau- und Renovationsphase wurde das Hotel 1999 wieder eröffnet. Dem renommierten Basler Architekturbüro Diener & Diener gelang es, den Originalzustand wiederherzustellen.
So wurden die prunkvollen historischen Säle, das Treppenhaus und die Empfangshalle detailgetreu restauriert und gleichzeitig das gesamte Haus mit modernster Technik ausgestattet. Ein italienischer Hotelarchitekt hat sämtliche 107 Zimmer vollkommen neu gestaltet. Das Hotel Schweizerhof, seit 1861 im Besitz der Familie Hauser, ist ein Hotel der Extraklasse. Es steht für stilvolle Eleganz und ist bis heute ein Ort exklusiver Gastlichkeit.

The Hotel *****

Sempacherstrasse 14, 6002 Luzern ♿
Tel. 041/226 86 86, www.the-hotel.ch
Studio ab 390 sF.
➔ Mitten in der Neustadt, zirka 3 Gehminuten vom Bahnhof.
Jean Nouvel hat mit seiner kühnen Architektur nicht nur dem Luzerner Kultur- und Kongresszentrum zu Weltruhm verholfen, er hat auch ein kleines, feines und luxuriöses Designerhotel gebaut: The Hotel. Alles an diesem Haus ist Extraklasse. Der Weg in die insgesamt 25 Suiten und Studios führt durch bewusst schlicht gehaltene Korridore. Die Neugier wird erst in den Zimmern selbst gestillt: 25 verschiedene Szenen aus 18 Filmen zieren die Decken. Nouvels Auswahl der Deckenbilder reicht von Fassbinders «Querelle» über Fellinis «Il Casanova» bis zu David Lynchs «Lost Highway», alle ebenso sinnlich wie faszinierend. Jedes Zimmer hat

seine eigene Farbkomposition, sämtliche Einrichtungsgegenstände, von den Betten bis zu den Polstersesseln, wurden von Nouvel und seiner Crew entworfen. Dieses Boutiquehotel direkt neben dem Vögeligärtli-Park (Plan-Nr. 40) ist wirklich einzigartig. Wer zum Beispiel eine De-luxe-Suite mit privatem Patio bucht, duscht gewissermassen in einem Bambuswald.

Hotel Des Balances ****

Metzgerrainle 7, 6004 Luzern, Tel. 041/410 30 10, www.balances.ch

Doppelzimmer Richtung Reuss ab 320 sFr. (total 60 Zimmer)

➔ Mitten in der Altstadt, zirka 5 Gehminuten vom Bahnhof.

Das Hotel Des Balances belegt zwei ehemalige Zunfthäuser, deren Geschichte bis ins 13. Jahrhundert zurückgeht, in jene Zeit also, als Luzern dem Bund der Urkantone beitrat. Bis heute wurden die Gebäude zu ganz unterschiedlichen Zwecken genutzt; sie dienten als Rathaus, Schule, Herberge, Stadtmetzgerei, Archiv und als Schatzamt Luzerns. Die Nordfassade des heutigen Hotels wurde von Seraphin Weingartner, dem damaligen Leiter der Luzerner Kunstgewerbeschule, 1892 im Stil von Hans Holbein bemalt. Heute herrscht im renovierten und perfekt gestylten Hotel mit den historischen Räumlichkeiten eine weltoffene Atmosphäre. Von den luftigen, sorgfältig eingerichteten Zimmern zur Reuss hin blickt man unverstellt auf die Wahrzeichen Luzerns. Das Hotel liegt im Herzen der historischen Altstadt (Fussgängerzone), zwischen Reuss und Weinmarkt.

Hotel Hofgarten ****

Stadthofstrasse 14, 6006 Luzern, Tel. 041/410 88 88, www.hofgarten.ch

Doppelzimmer ab 285 sFr.

➔ Neben der Hofkirche, zirka 8 Gehminuten vom Bahnhof.

Aus drei nebeneinander liegenden ehemaligen Stiftshäusern, die zu den Besitztümern der Hofkirche gehörten und aus dem 17. Jahrhundert stammen, entstand Anfang der neunziger Jahre das Hotel Hofgarten. Beim Umbau verstand man es hervorragend, hochwertiges Altes mit modernem Lebensstil und zeitgenössischem Design zu verbinden. So sind zum Beispiel in den Gängen mittelalterliche Keramikplatten zu sehen, die man freigelegt oder integriert hat, während witzige Cartoons die Säulen im Treppenhaus zieren. In den drei labyrinthisch aneinander gebauten Fachwerkhäusern befinden sich insgesamt 18 absolut unterschiedliche Zimmer. Jedes hat seine ganz eigene Atmosphäre und Möblierung; vom gemütlichen Biedermeierzimmer bis zum topmodernen Designerzimmer kennt das Angebot hier keine Grenzen. Vier dieser aussergewöhnlichen Zimmer verfügen gar über einen beheizbaren Kachelofen, zwei haben eine Kochnische. Das Hotel Hofgarten gehört zur jüngsten Generation kleiner und feiner Stadthotels, ein Haus für Kennerinnen und Individualisten.

Hotel Montana ****

Adligenswilerstrasse 22, 6002 Luzern, Tel. 041/410 65 65, www.hotel-montana.ch

Doppelzimmer auf der Seeseite mit Balkon ab 330 sFr. (insgesamt 30 Zimmer)

➔ Etwas erhöht über dem Luzerner Seebecken, zirka 15 Gehminuten vom Bahnhof dem Seeufer entlang, dann Standseilbahn Montana.

Hotel Montana: Vertraute Stilelemente in neuzeitlicher Version.

Restaurant Hofstube im Hotel Rebstock: Ein bevorzugter Treffpunkt für Kulturschaffende und Medienleute.

Vom Architekturbüro Möri & Krebs projektiert, wurde das Hotel Montana auf einer Anhöhe über dem Seebecken 1910 eröffnet. Die zuvor auf dem Grundstück betriebene Sennerei gab dem imposanten Nachfolgebau den Spitznamen «Nidle-Palast» (Nidle = Sahne). Zusammen mit dem Bau war auch die kürzeste elektrische Standseilbahn der Welt entstanden, die die Gäste noch heute von der Seepromenade in einer Minute direkt in die Hotelhalle bringt. Mitte der neunziger Jahre wurde die Zürcher Architektin Pia Schmid mit der Renovation der 30 Hotelzimmer beauftragt. Mit einem ungewöhnlichen innenarchitektonischen Konzept gelang ihr eine spritzige Neuinterpretation des Art-déco-Stils. Von den Fliesen in den Badezimmern bis zum eigenen Möbeldesign in den Zimmern – überall findet man vertraute Stilelemente in neuzeitlicher Version, die jedem Zimmer ein individuelles Gepräge geben. Die Aussicht – insbesondere auf der Seeseite – ist fantastisch. Wer nicht im Hotel Montana untergebracht ist, sollte sich zumindest im Sommer ein Nachtessen auf der Aussichtsterrasse des Restaurants Scala nicht entgehen lassen.

Hotel Rebstock ****

St.-Leodegar-Strasse 3, 6006 Luzern
Tel. 041/410 35 81, www.hereweare.ch
Doppelzimmer ab 260 sFr.
➔ Direkt bei der Hofkirche, zirka 8 Gehminuten vom Bahnhof.

Im Mittelalter, als das Gebiet um die Hofkirche Sitz eines stattlichen Klosters war, befand sich an der Stelle des heutigen Rebstocks das Haus des klösterlichen Rebmannes. 1560 entstand daraus die Trinkstube der Chorherren. Rund 200 Jahre später wurde dieses Weinschenkrecht in ein Beherbergungsrecht für Gäste des Stifts umgewandelt. Damit begann im Rebstock eine traditionsreiche und bewegte Hotelgeschichte. Heute ist der Rebstock mit seinen Restaurants zu einem Treffpunkt für Kulturschaffende und Medienleute, für Einheimische und Durchreisende geworden. Unübersehbar zieht sich die Liebe zur Kunst durch das ganze Haus: Jedes der 29 Zimmer ist mit viel Liebe zum Detail eingerichtet und dezent gestaltet. In sämtlichen Räumen sind Kunstwerke von regional und national bekannten Künstlerinnen und Künstlern zu finden. So nah und sinnlich wie im Rebstock kann man nur in wenigen Hotels der aktuellen Kunst begegnen. Übrigens: Franz Kafka weilte 1911 im Rebstock und beklagte sich in seinem Tagebuch: «Hätt gerne Obst genachtmahlt ...» Aus diesem Grund steht heute immer ein gut gefüllter Korb mit Äpfeln am Eingang bereit! Niemand soll mehr ohne Obst nach Hause gehen müssen.

Hotel Seeburg ****

Seeburgstrasse 53–61, 6006 Luzern ♿
Tel. 041/375 55 55, www.hotelseeburg.ch
Doppelzimmer im Hotel Seeburg **** ab 230 sFr. (total 44 Zimmer), im Chalet Gardenia **** ab 280 sFr. (total 17 Zimmer), im Chalet Alpenblick *** ab 190 sFr. (total 18 Zimmer, Nov. bis März)
➔ Am Stadtrand von Luzern, direkt am Seeufer, zirka 10 Autominuten vom Bahnhof.

Das Hotel Seeburg ist eine aussergewöhnliche Hotelanlage, die aus zwölf Einzelgebäuden besteht, die sich auf ein Areal zwischen Seeufer und Walchügel verteilen. Neben dem modernen Hotelkubus Seeburg stehen die historischen Chalets Gardenia und Alpenblick, deren Chronik bis ins Jahr 1584 zurückgeht. Bis 1774 war der Landsitz Seeburg die Sommerresidenz der Jesuiten, später dann Flottenspinnerei und Irrenanstalt, bis er 1835 erstmals als Hotel genutzt wurde. Schicke Designerzimmer sind im Chalet Gardenia zu finden, etwas einfachere, aber mit allem Komfort ausgestattete Gästezimmer im Chalet Alpenblick. Überall bietet sich eine perfekte Aussicht auf das Alpenpanorama vom Pilatus bis in die Berner Alpen. Eine Sehenswürdigkeit bildet der Panoramasaal im Erdgeschoss des Chalets Gardenia: 1905 erbaut und stilgerecht renoviert, gehört er zu den schönsten Sälen der Schweiz. Im hoteleigenen Park am Seeufer, im Rosengarten, öffnet jeweils im Sommer die Sunset-Bar ihre Tore: einer der schönsten Treffpunkte für einen Aperitif nach einem heissen Sommertag!

Hotel Wilden Mann ****

Bahnhofstrasse 30, 6000 Luzern 7, Tel. 041/210 16 66, www.wilden-mann.ch

Doppelzimmer «Romantik» ab 290 sFr.

➔ Am Rand der Altstadt, zirka 5 Gehminuten vom Bahnhof.

1517 erstmals urkundlich erwähnt, blickt das Romantik-Hotel Wilden Mann auf eine gewachsene Tradition zurück. Das einzigartige Hotel, bestehend aus sieben historischen, stilgerecht restaurierten Häusern, stand von jeher im Mittelpunkt des städtischen Geschehens. Davon zeugen auch die Wappen einheimischer Familien im Restaurant Burgerstube sowie die originellen Nachbildungen des mittelalterlichen Luzern in der «Wilden Mann Stube». Das antike Ambiente zieht sich ohne Einschränkung durch das gesamte Haus und sorgt für eine gehobene Eleganz. Sämtliche 43 Gästezimmer sowie die einladenden Salons sind mit antiken Möbel geschmackvoll und im Stil des Hauses eingerichtet. Zu den lauschigsten Plätzen der Luzerner Altstadt gehört die Geranienterrasse des Hotels. Hier serviert eine erstklassige Bedienung kulinarische Sommerspezialitäten und Köstlichkeiten.

Hotel Krone ***

Weinmarkt 12, 6004 Luzern, Tel. 041/419 44 00, www.krone-luzern.ch

Doppelzimmer ab 190 sFr.

➔ Mitten in der Altstadt, zirka 8 Gehminuten vom Bahnhof.

Das Hotel Krone, dessen Geschichte bis ins Jahr 1398 zurückgeht, gehört der gleichen Besitzerin wie das Hotel Waldstätterhof. Es ist ein Dreisternehaus, ebenfalls mit Mehrbettzimmern.

Hotel Schiff ***

Unter der Egg 8, 6004 Luzern, Tel. 041/418 52 52

Doppelzimmer Richtung Reuss mit Etagendusche ab 110 sFr., mit Bad ab 180 sFr.

➔ Mitten in der Altstadt, zirka 5 Gehminuten vom Bahnhof.

Das kleine, stimmungsvolle Hotel mit 14 Zimmern liegt in der Fussgängerzone mitten in der Luzerner Altstadt. Das Gasthaus zum Schiff erscheint erstmals 1836 im Verzeichnis der Luzerner Unterkünfte. Schon in der Zeit davor erhielten die Betreiber vom Kleinen Rat von Luzern die Erlaubnis, den «Schiffern und Holzleuten» warme Speisen zu servieren und sie zu beherbergen. Von sämtlichen Zimmern Richtung Reuss bietet sich eine wunderbare Aussicht auf die Jesuitenkirche und den

Direkt an der Reuss: Das Hotel Schiff mit seiner Terrasse und dem Gartenrestaurant unter den Arkaden.

Pilatus. Alle Zimmer sind liebevoll eingerichtet und in jedem stehen eine Kaffee- und Teemaschine zur freien Verfügung. Zum Hotel gehören zudem ein ausgezeichnetes Restaurant mit Schweizer Spezialitäten, eine sehr schöne Terrasse und im Sommer die Schifferlaube, das Gartenrestaurant unter den Arkaden direkt an der Reuss.

Hotel Waldstätterhof ***

Zentralstrasse 4, 6003 Luzern ♿
(Plan-Nr. 37), **Tel. 041/210 54 93,**
www.hotel-waldstaetterhof.ch
Doppelzimmer ab 150 sFr.
➔ Der Waldstätterhof befindet sich beim Bahnhof (Plan-Nr. 37).
Das Hotel Waldstätterhof befindet sich im Besitz der Stiftung Alkoholfreie Betriebe der Stadt Luzern. Die Stiftung, gegründet 1934 auf Initiative des Gemeinnützigen Frauenvereins, hat den Auftrag, ihre Betriebe selbsttragend und auf gemeinnütziger Basis zu führen. Das Gebäude wurde von Emil Vogt, dem wohl berühmtesten Luzerner Hotelarchitekten der Jahrhundertwende, im Stil der Neurenaissance gebaut. Vor kurzem wurden Fassade und Inneneinrichtung einer umfassenden Renovation unterzogen. Nun erstrahlt das markante Gebäude in dunkelrotem Hartsandstein wieder im alten Glanz. Der Waldstätterhof ist ein Haus ohne spektakulären Schnickschnack, die gut 80 Zimmer sind zweckmässig eingerichtet und bieten einen gehobenen Dreisternekomfort. Neben den üblichen Kategorien gibt es hier auch Drei- und Vierbettzimmer.

Hotel Löwengraben

Löwengraben 18, 6004 Luzern ♿
(Plan-Nr. 59), **Tel. 041/417 12 12**
www.loewengraben.ch
Die Übernachtung kostet zwischen 25 sFr. in der schlichten Achtbettzelle und 222 sFr. für zwei Personen in der Direktions-Suite.
➔ In der Luzerner Altstadt, zirka 10 Gehminuten vom Bahnhof.
Was heute ein Hotel ist, war ursprünglich das Luzerner Zentralgefängnis. Es wurde 1862 eröffnet, wodurch die Zellen, die bis dahin in den Türmen der Stadtbefestigung untergebracht waren, in einem einzigen Neubau zusammengefasst werden konnten. Bis im Spätherbst 1998 diente der schlichte, etwas abschreckende Bau als Gefängnis. Und bis zu diesem Zeitpunkt stand auf dem Dachboden auch die noch funktionstüchtige Guillotine! Der Umbau zum heutigen Hotel, das im April 1999 eröffnet wurde, trägt dieser ungewöhnlichen Geschichte Rechnung.
Die Gitter vor den Fenstern gehören genauso zum charakteristischen Bild wie die schweren Zellentüren. Der Löwengraben ist Hotel, Treffpunkt und Kulturhaus in einem; jeweils ab Wochenmitte trifft man sich an kulturellen Veranstaltungen in der Bar oder im Restaurant, sei es zu Konzerten, Partys, Comedy- oder Theaterveranstaltungen. Ein Haus für Junge und Junggebliebene und alle, die das Aussergewöhnliche lieben.

Luxus im ehemaligen Gefängnis: Die Falling-Water Suite des Hotels Löwengraben.

Restaurants / Bars

RESTAURANTS

Viele Restaurants in der Stadt Luzern bieten am Mittag preisgünstige Tellergerichte oder Menüs an, meist mit Suppe und/oder Salat und einem Hauptgericht. Die Hauptessenszeiten in den Restaurants beschränken sich auf 12 bis 14 Uhr und 19 bis 22 Uhr. Nach 22 Uhr ist es schwierig, ein Restaurant mit warmer Küche zu finden.

Preisklassen (à la carte)
günstig: Gerichte um 20 sFr.
mittel: Gerichte um 30 sFr.
hoch: Gerichte ab 30 sFr.
sehr hoch: Gerichte um 50 sFr.

Bam Bou

Sempacherstrasse 14, ♿
Tel. 041/226 86 86, www.the-hotel.ch
Der Pariser Architekt Jean Nouvel hat in Luzern nicht nur das Kultur- und Kongresszentrum am See gebaut, seine Handschrift trägt auch The Hotel mit dem Restaurant Bam Bou im Untergeschoss. Im Trend-Lokal, ganz in Schwarz, wird hoch stehende «eurasische» Küche zelebriert, eine Kombination aus klassisch-französischen und asiatischen Gerichten. Unbedingt reservieren.
Preisklasse: hoch bis sehr hoch.
Mo bis Fr 11.30–14.00
Mo bis So 18.30–0.30

Brasserie Bodu

Kornmarkt 5, Tel. 041/410 01 77
Zentral gelegen, dem Rathaus gegenüber, bietet sich die Brasserie Bodu für eine Stärkung vor oder nach einem Altstadtbummel geradezu an. Im französischen Bistro lässt sich ebenso gut ein Glas Wein trinken und eine Kleinigkeit essen wie auch ausgiebig tafeln – die Küche geniesst einen guten Ruf. Das Haus wurde 1595 erbaut und nach einem Brand 1835 wieder aufgebaut; seit 1785 ist darin ein Restaurant untergebracht. 1841 stieg hier der dänische Bildhauer Bertel Thorvaldsen ab; von ihm stammt das Luzerner Löwendenkmal.
Preisklasse: günstig bis mittel.
Mo bis So 9.30–23.30

Marc Zimmermanns Restaurant

Kanonenstrasse 15 (im Hotel Château Gütsch), Tel. 041/249 41 41
www.chateau-guetsch.ch
Hoch stehende französische Küche zu Höchstpreisen: Marc Zimmermanns Restaurant im Hotel Château Güsch, dem Schlosshotel über der Stadt Luzern, gilt in traditionellen Gastro-Kreisen als das beste Restaurant Luzerns. Der renommierte Restaurantführer «Gault Millau» hat es als einziges Haus in Luzern mit 16 Punkten (von möglichen 20) ausgezeichnet. Schöne Terrasse mit Aussicht auf die Stadt Luzern – aber nur empfehlenswert für Leute, die ohne Rücksicht auf die Kosten den Luxus suchen.
Preisklasse: sehr hoch.
Mo bis So 9.00–24.00

Don José

Hofstrasse 13, Tel. 041/410 27 30
Ein gemütliches italo-spanisches Restaurant in einer Seitenstrasse zwischen Hofkirche und Löwendenkmal. Die seit Jahren konstant gute Küche – manche behaupten, hier gebe es die besten Holzofenpizzas der Stadt Luzern – hat das José zu einem beliebten

Restaurant der Einheimischen gemacht. Reservieren ist vorteilhaft.
Preisklasse: günstig bis mittel.
Mo bis Sa 11.30–14.00
Mo bis So 18.00–24.00

Helvetia

Waldstätterstrasse 9, Tel. 041/210 44 50
helvetialuzern@swissonline.ch
Beliebtes Restaurant im lebendigen Neustadt-Viertel, im Sommer mit Tischen auf dem lauschigen, verkehrsfreien Helvetia-Platz. Das Helvetia pflegt eine frische, kreative Küche.
Preisklasse: günstig bis mittel.
Café: Mo bis Sa 8.30 –18.00
Restaurant: Mo bis Sa 11.30–14.30 und 18.00–0.30, So 18.00–0.30
Bar: Mo bis So 16.00–0.30

Weitere, ähnliche Restaurants in der unmittelbaren Umgebung:
Weisses Schloss, ein schönes Speiserestaurant mit angenehm lockerer Atmosphäre, beliebt bei Jungen und Junggebliebenen.
Neustädtli, ein Treffpunkt von (alternativ-) kulturinteressierten Luzernerinnen und Luzernern, eher für einen Schlummertrunk geeignet denn für das ausgiebige Nachtessen.

Hofgarten

Stadthofstrasse 14, Tel. 041/410 88 88
Im stilvoll eingerichteten Hofgarten hinter dem Hotel Rebstock (und unter gleicher Leitung) kommen Vegetarier auf ihre Rechnung. Das kreative Küchenteam des Hofgartens beweist Tag für Tag, dass fleischlose Küche nicht hintanstehen muss – im Gegenteil.
Preisklasse: mittel.
Mo bis So 7.00–0.30

Restaurant Hofgarten: «Fleischlos, aber lustvoll» ist hier die Maxime.

Mama Leone

Mühlenplatz 12, Tel. 041/410 17 91
Ein kleines, etwas dicht bestuhltes, aber sehr gutes italienisches Restaurant am Mühlenplatz. Empfehlenswert sind die hausgemachten Nudelgerichte. Das Restaurant ist praktisch immer ausgebucht – unbedingt reservieren.
Preisklasse: günstig bis mittel.
Di bis Sa 11.30–14.30 und 18.00–24.00
Mitte Juli bis Mitte August geschlossen

Old Swiss House

Löwenplatz 4, Tel. 041/410 61 71
Das schöne Fachwerkhaus mit seiner gediegenen Rustico-Atmosphäre ist beliebt bei Touristinnen und Touristen. Trotz seines Namens ist einer der Klassiker im Old Swiss House das Wiener Schnitzel, hauchdünn geklopft und vor dem Gast in sehr viel Butter gebraten. Ansonsten dominiert im Old Swiss House die Schweizer und die französische Küche. Das Haus wurde 1858 – damals noch ausserhalb der Stadt – erbaut und zuerst als Museum genutzt; in diesem «Naturalien-Kabinett» wurden ausgestopfte Alpentiere gezeigt! Seit 1931 ist das Haus im Besitz der Familie Buholzer, die es bis heute als Restaurant führt.
Preisklasse: hoch.
Di bis So 12.00–0.30

Rebstock

St.-Leodegar-Platz 3, Tel. 041/410 35 81
rebstock@hereweare.ch
Der Rebstock ist ein Treffpunkt kunst- und kultursinniger Luzernerinnen und Luzerner. Hier kommen angenehme Atmosphäre und gute Küche zusammen – einer der Glücksfälle in Luzern. Ob Frühstückskaffee, Mittagsmenü, Nachmittagstee, Nachtessen oder

Schlummertrunk – der Rebstock ist für alles geeignet.
Preisklasse: mittel.
Mo bis So 7.00–0.30

Rotes Gatter
Metzgerrainle 7 (im Hotel Des Balances)
Tel. 041/410 30 10
www.balances.ch
Allein die Terrasse – mitten in der Altstadt und direkt an der Reuss – ist Grund genug für einen Besuch. Hinzu kommt ein saisonal ausgerichtetes Speiseangebot, bodenständig bis exklusiv, immer aber von hoher Qualität. Das Publikum im Roten Gatter ist sehr gemischt. Ausserhalb der Hauptessenszeiten ist die Terrasse auch für einen Kaffee oder Aperitif geeignet.
Preisklasse (Essen): günstig bis hoch.
Mo bis So 8.00–0.30

Idylle an der Reuss: Hotel Des Balances mit dem Restaurant Rotes Gatter.

Schwyzerhüsli
Sonnenberg, Tel. 041/320 21 31
➔ Bus Nr. 10 bis Endhaltestelle Obergütsch, dann zu Fuss in Richtung Sonnenberg (zirka 15 Minuten). Von Herbst bis Frühling empfiehlt es sich, bei einem abendlichen Besuch für den «Abstieg» vom Schwyzerhüsli eine Taschenlampe dabeizuhaben – der Weg bis zur Bushaltestelle ist nicht beleuchtet. Zwar auf dem Boden der Nachbargemeinde Kriens gelegen, doch mit schönem Blick auf die Stadt Luzern: Das Schwyzerhüsli ist ein gut erreichbares Ausflugsrestaurant, das zur Hauptsache durch die Umgebung und Rundsicht auf die Berge und auf Luzern besticht. Das traditionelle Restaurant bietet einfache Gerichte an, dazu – als einziges Restaurant weit und breit – eine Auswahl an Pferdefleisch-Spezialitäten.
Preisklasse: günstig.
Mo 9.00–18.00, Mi bis So 9.00–0.30

Sebastian's Seafood
Pfistergasse 3 (im Innenhof)
Tel. 041/240 88 00
Wer gerne Fisch und Meerestiere isst, ist bei Sebastian's Seafood an der richtigen Adresse: Das noch junge Restaurant hat sich in Luzern rasch einen guten Namen gemacht. Das Angebot ist einfach, aber gut: Fisch, Krusten- und Schalentiere aus dem Sud, vom Grill oder aus der Pfanne, dazu Gemüse und Kartoffeln. Dabei hat man die Wahl: entweder ein Gericht von der Karte – oder man sucht sich einen Fisch aus der Vitrine aus und die Sebastian's-Crew kocht ihn nach den Wünschen des Gastes.
Preisklasse: hoch.
Di bis So 11.30–14.00 und 17.00–24.00

Taube
Burgerstrasse 3, Tel. 041/210 07 47
Die Taube bietet Luzerner und Innerschweizer Spezialitäten an. Das alte Restaurant erinnert noch immer an die ehemalige Fondue-Hütte. Im Sommer ist es sehr schön, an den Tischen im Freien direkt an der Reuss zu sitzen.
Preisklasse: günstig bis mittel.
Oktober bis April: Di bis Do 11.00–0.30, Fr und Sa 11.00–2.00
Mai bis September: Mo bis Do 11.00–0.30, Fr und Sa 11.00–2.00

Thai Garden
Pilatusstrasse 29 (Hotel Astoria)
Tel. 041/210 61 61
Der Thai Garden im Hotel Astoria zählt zu den besten Restaurants in Luzern. Im fernöstlich durchgestylten Lokal kommen Thai-

Spezialitäten der Extraklasse auf den Tisch. Der renommierte Restaurantführer «Gault Millau» schreibt dazu: «Verrückte Gastro-Welt: In den besten europäischen Thai-Restaurants isst man oft besser als in Thailand selbst! Der Thai Garden in Luzern gehört zu dieser Klasse.» Für Liebhaber der Thai-Küche ein «Muss». Unbedingt reservieren.
Preisklasse: hoch.
Mo bis Fr 11.30–14.00 und 18.30–0.30,
Sa und So 18.30–0.30

Widder

Steinenstrasse 2, Tel. 041/410 43 73
In den achtziger Jahren galt der genossenschaftlich bewirtschaftete Widder in der Nähe des Löwenplatzes als «Körnchenpicker-Kneipe», ein von links-alternativen Kreisen geführtes Restaurant mit gesunder, fleischloser Kost. Trägerschaft und Charme des ehemaligen Widder sind geblieben – die Küche hat sich gewandelt: Was heute im Widder auf den Tisch und ins Glas kommt, gehört zum Besten in der Stadt Luzern. Im Widder lässt es sich in lockerer Atmosphäre gediegen speisen. Donnerstag bis Samstag unbedingt reservieren.
Preisklasse: mittel bis hoch.
Di bis Fr 11.30–14.00 und 17.00–0.30,
Sa 17.00–0.30

Wiener Café

Haldenstrasse 4 (im Hotel National)
Tel. 041/410 10 15
Das angenehme Café im Fünfsternhotel National ist für zwei Dinge bekannt und beliebt: Jeden Mittag lockt hier eines der interessantesten Salat-Büfetts der Stadt, jeden Nachmittag ein entsprechendes Kuchen- und Torten-Büfett. Und dies alles zu Preisen, die trotz sympathisch-gediegenem Umfeld nicht höher sind als anderswo.
Preisklasse: günstig bis mittel.
Mo bis So 7.00–18.00

Wirtshaus Galliker

Schützenstrasse 1
Tel. 041/240 10 02
Das ursprünglichste Restaurant in Luzern. Es wird seit 1681 bewirtschaftet und seit 1856 von der Familie Galliker geführt. Vieles scheint sich kaum verändert zu haben. In urchig-elegantem Ambiente werden allen anders lautenden Gastro-Trends zum Trotz traditionelle Schweizer Gerichte wie Bratwurst mit Rösti, Kutteln (Kaldaunen) oder Kalbsleber gekocht – und zwar perfekt. Die Gäste im Galliker sind mehrheitlich wie die Beiz: traditionell bürgerlich. Doch gerade in kulturinteressierten Kreisen ist das gediegen-gemütliche Restaurant sehr beliebt. Im «Sääli» (kleiner Saal) sind die Tische weiss gedeckt, in der Gaststube isst man an langen Holztischen. Ein Abstecher ins Galliker ist sehr empfehlenswert. Reservation aber von Vorteil.
Preisklasse: mittel bis hoch.
Di bis Sa 9.30–13.45 und 18.00–21.00

BARS

Bistro du Théâtre

Theaterstrasse 5, Tel. 041/210 12 74
Im meist gut besetzten und entsprechend lebendigen Bistro verkehrt ein bunt gemischtes Publikum, laut eigenen Angaben «vom Clochard bis zum Bankdirektor». Neben dem Café- und Barbetrieb bietet das Bistro auch grössere und kleinere Mahlzeiten an; legendär sind die «Poulet-Knusperli» (frittiertes Hühnchen) und im Winterhalbjahr die Miesmuscheln.
Mo bis Fr 9.00–0.30, Sa 10.00–0.30

Louis Bar Club

Adligenswilerstrasse 22 (im Hotel Montana), Tel. 041/410 65 65
Die Jazz-Bar im Hotel Montana: jeden Donnerstag Jamsessions, jeden Freitag Livekonzerte, oft Old-Time-Jazz; spricht eher ein älteres Publikum an.
Mo bis Do 17.00–0.30,
Fr und Sa 17.00–2.00

Meridiani

Klosterstrasse 12, Tel. 041/240 43 44

Eine schöne, urbane Café-Bar im aufstrebenden Stadtteil Bruch. Angenehme Atmosphäre, im Sommer Tische im Freien.

Mo bis Sa 8.00–0.30

Nachbar

Moosstrasse 7, Tel. 041/210 27 65

Diese Café-Bar ist ein beliebter Treffpunkt in der Neustadt, dem Lieblingsviertel der jungen, urbanen Luzernerinnen und Luzerner.

Mo bis Fr 6.00–24.00, Sa 9.00–24.00

Weitere ähnliche Bars in der unmittelbaren Umgebung: Salü und Helvetia-Bar – beide mit Tischen auf dem lauschigen Helvetia-Platz – sowie das Arlecchino. Arlecchino und Salü sind nur tagsüber geöffnet.

Salü: Gemütliche Bar am verkehrsfreien Helvetia-Platz.

Parterre (Internet-Café)

Mythenstrasse 7, Tel. 041/220 20 43
www.parterre.ch

Bar und Restaurant sind beim jüngeren Publikum beliebt. Frühstück bis am frühen Nachmittag, abends teilweise Konzerte oder DJs. Vier Internetzugänge stehen zum Surfen bereit.

Mo bis Sa 7.00–0.30, So 9.00–0.30

P1

Pilatusstrasse 1 (im Hotel Monopol)
Tel. 041/220 13 15, www. p1bar.ch

Die wohl schönste Dachbar im Luzerner Angebot an nächtlichen Vergnügungen; mit Terrasse (bei schönem Wetter) und grossartigem Ausblick über die Stadt. Donnerstags legen DJs ihre Hits auf, Freitag und Samstag ein gemischtes, breit verträgliches Musikprogramm.

Mo bis Mi 17.00–2.30,
Do bis Sa 17.00–4.00

Weitere, ähnliche Bars finden sich in den Hotels Flora und Astoria.

Seebar

Europaplatz 1 ♿ (im Kultur- und Kongresszentrum), Tel. 041/226 73 08

Die moderne Architektur des Kultur- und Kongresszentrums zieht ein vielfältiges Publikum an: In der Seebar treffen sich Geschäftsleute zum Lunch und die Jugend zur Party. Bei Konzerten oder Partys mit DJs ist die Seebar bis morgens 4 Uhr geöffnet.

Mo bis Do 9.00–0.30, Fr und Sa teilweise 9.00–4.00

Vinothek Opus

Bahnhofstrasse 16, ♿ Tel. 041/226 41 41

Neben der Jesuitenkirche, im Sommer mit Tischen im Freien. Grosse Weinauswahl, allerdings eher teuer. Im Restaurant nebenan kann man auch essen.

Mo bis Sa 9.00–0.30, So 10.00–0.30

Verkehrshaus der Schweiz

Schweizerisches Museum für Verkehr und Kommunikation
Musée Suisse des Transports et de la Communication
Museo Svizzero dei Trasporti e della Comunicazione
Swiss Museum of Transport and Communication

www.verkehrshaus.org

Luzern von A bis Z

• Auskunft

Touristische Informationen:
Tourist Information, Zentralstrasse 5, 6003 Luzern, Tel. 041/227 17 17 oder **www.luzern.org**

Kulturelle Informationen:
Kultur-Forum, Löwenplatz 11 (Bourbaki-Panorama-Gebäude) (Plan-Nr. 53), **6004 Luzern, Tel. 041/410 31 07** oder **www.kulturluzern.ch**

Weitere Informationen:
Zentralschweiz-Tourismus, Alpenstrasse 1, 6004 Luzern, Tel. 041/418 40 80 oder **www.centralswitzerland.ch**

Stadtkanzlei, Stadt Luzern, Hirschengraben 17, 6003 Luzern, Tel. 041/208 81 11 oder **www.stadtluzern.ch**
Im Stadtplan auf dem Internet sind Behinderten-WCs eingezeichnet (viele sind nur mit dem Eurokey zu öffnen)

Staatskanzlei, Kanton Luzern, Bahnhofstrasse 15, 6003 Luzern, Tel. 041/228 51 11 oder **www.lu.ch**

• Autovermietung

Avis Autovermietung AG, Luzernerstr. 56, 6010 Kriens, Tel. 041/318 60 66

Hertz AG, Auto Koch AG, Luzernerstr. 33, 6030 Ebikon, Tel. 041/420 02 77

Miecar AG, Neuweg 8, 6003 Luzern, Tel. 041/210 00 44 oder **www.miecar.ch**

• Bahn

Auskünfte über Bahnverbindungen und Detailinformationen: **24-Std.-Rail-Service, Tel. 0900 300 300** (1.19 sFr./Min.) oder **www.sbb.ch**

• Bibliotheken

Stadtbibliothek, Löwenplatz 11 (Bourbaki-Panorama-Gebäude) (Plan-Nr. 53), **6004 Luzern, Tel. 041/410 07 07 www.stadtbibliothek-luzern.ch**
Die Stadtbibliothek verfügt über rund 45 000 Bücher und insgesamt 11 000 MCs, CDs, CD-ROMs und Videos.

Zentral- und Hochschulbibliothek, Sempacherstrasse 10 (Plan-Nr. 41), **6003 Luzern, Tel. 041/228 53 44 www.zhbluzern.ch**
Das Gesamtangebot der ZHB umfasst über 700 000 Medien, von wertvollen historischen Beständen bis zu moderner Fachliteratur und elektronischen Informationsträgern.

• Camping

Internationaler Campingplatz mit Touristenlager beim Verkehrshaus direkt am See.
Campingplatz Lido, Lidostrasse 19, 6006 Luzern, Tel. 041/370 21 46

• Fahrräder

Auf den Luzerner Strassen gibt es ein separates Fahrradnetz mit eigenen Radstreifen (spezielle Markierung, meist rot). Das Radnetz ist mit roten Tafeln ausgeschildert. Fahrräder können am Bahnhof gemietet werden, Reservation empfohlen:
Bahnhof (SBB), Fahrradreservation, Tel. 0512 27 32 31.

• Feiertage

Neujahr und Berchtoldstag (1. und 2. Januar), **Karfreitag, Ostermontag, Christi Himmelfahrt** (Auffahrt), **Pfingstmontag, Fronleichnam** (Donnerstag, 10 Tage nach Pfingsten), **Nationalfeiertag** (1. August),

Maria Himmelfahrt (15. August), **St. Leodegar** (Stadtpatron, 2. Oktober), **Allerheiligen** (1. November), **Maria Empfängnis** (8. Dezember), **Weihnachten** (25. und 26. Dezember)

• Fundbüro

Hirschengraben 17b (neben der Stadtpolizei), **6003 Luzern, Tel. 041/208 78 08**

• Geldwechsel

In fast allen Banken kann man auch Geld wechseln. Öffnungszeiten: Mo–Mi und Fr 9–17 Uhr, Do 9–18.30 Uhr

Die Wechselstube am Bahnhof (Tel. 0512 27 36 46) ist wie folgt geöffnet: Mai bis Oktober: Mo–Fr 7.30–20.30 Uhr, Sa/So 7.30–19.30 Uhr.
November bis April: Mo–Fr 7.30–19.00 Uhr, Sa/So 9.00–18.00 Uhr

• Internet

Die wichtigsten Internet-Adressen Luzerns auf einen Blick:
www.kulturluzern.ch – Kultur-Informationen

www.luzern.org – Tourismus-Informationen

www.stadtluzern.ch – Verwaltung der Stadt Luzern

www.lu.ch – Verwaltung des Kantons Luzern

• Internet-Bars

Café Parterre, Mythenstrasse 7, 6003 Luzern oder **www.parterre.ch**

Stadtbibliothek, Löwenplatz 11, 6004 Luzern, Tel. 041/410 07 07, www.stadtbibliothek-luzern.ch
Mit jedem «Teleguide» im Publifon (öffentliche Telefonzellen) können E-Mails, Kurzfaxe (In- und Ausland), SMS und Pagingmeldungen (nur Inland) verschickt werden.

• Jugendherberge / Backpackers

Die Jugendherberge befindet sich in einem Aussenviertel, zirka 15 Minuten mit dem Bus bis zur Altstadt. Ruhig gelegen. Preis pro Person im Mehrbettzimmer ab sFr. 28;
Jugendherberge am Rotsee, Sedelstrasse 12, 6006 Luzern, Tel. 041/ 420 88 00 oder **www.youthhostel.ch**
➔ Bus Nr. 19 ab Bahnhof bis Haltestelle Jugendherberge.

Untergebracht in einem ehemaligen Studentenheim, liegt das Backpackers Lucerne direkt am See, zirka 10 Gehminuten vom Bahnhof. Preis pro Person im Mehrbettzimmer ab sFr. 22;
Backpackers Lucerne, Alpenquai 42, 6005 Luzern, Tel. 041/360 04 20

• Kirchen

Römisch-katholisch:
Hofkirche (Plan-Nr. 52), **St. Leodegar, 6006 Luzern, Tel. 041/410 52 41**

Jesuitenkirche (Plan-Nr. 1), **Bahnhofstrasse 11a, 6003 Luzern, Tel. 041/210 07 56**

Evangelisch-reformiert:
Lukaskirche (Plan-Nr. 42), **Sempacherstrasse 11, 6003 Luzern, Tel. 041/227 83 21**

Matthäuskirche (Plan-Nr. 76), **Hertensteinstrasse 30, 6004 Luzern, Tel. 041/410 32 57**

Andere Glaubensgemeinschaften:
The International Church of Lucerne, Zähringerstrasse 7, 6003 Luzern, Tel. 041/240 62 36

Synagoge, Bruchstrasse 51, 6003 Luzern, Tel. 041/240 64 00

Christkatholische Kirche (Plan-Nr. 71), **Museggstrasse 15, 6004 Luzern, Tel. 041/410 33 00**

Anglican-Episcopal Church, St. Agnes Chapel, Abendweg 1, 6006 Luzern, Tel. 041/410 14 67

Islamische Gemeinschaft, Lädelistrasse 30, 6003 Luzern, Tel. 041/240 44 67

Eine detaillierte Übersicht zu den einzelnen Gottesdiensten enthält jeweils die Freitagsausgabe der «Neuen Luzerner Zeitung».

• Konsulate

Deutschland: Kirchgasse 48, 8001 Zürich, Tel. 01/265 65 65

Grossbritannien: Minervastrasse 117, 8032 Zürich, Tel. 01/383 65 60

Frankreich: Kehlhofhalde 16, 6043 Adligenswil, Tel. 041/370 40 44

Japan: Engestrasse 53, 3012 Bern, Tel. 031/300 22 22

Österreich: Hirschengraben 13, 6003 Luzern, Tel. 041/210 41 82

USA: Jubiläumsstrasse 93, 3005 Bern, Tel. 031/357 70 11

• Krankenhäuser

Kantonsspital Luzern, Spitalstrasse, 6004 Luzern, Tel. Zentrale 041/205 11 11

Klinik St. Anna, St.-Anna-Strasse 32, 6006 Luzern, Tel. Zentrale 041/208 32 32

• Kreditkarten

Die meisten Luzerner Geschäfte akzeptieren Kreditkarten. Bei kulturellen Anlässen empfiehlt es sich, Bargeld mitzunehmen.

• Markt

Gemüse-, Früchte- und Blumenmarkt: jeweils Dienstag- und Samstagmorgen Unter der Egg, Rathausquai und Bahnhofstrasse; am Samstagmorgen auf dem Helvetia-Platz. Fischmarkt: Dienstag-, Freitag- und Samstagmorgen Unter der Egg.

Monatsmarkt: Jeweils von Anfang März bis Ende Dezember, jeden ersten Mittwoch im Monat auf dem Kapellplatz und auf dem Hirschenplatz.

Handwerksmarkt: Von Anfang April bis Ende Jahr, jeden ersten Samstag im Monat auf dem Weinmarkt.

Flohmarkt: Anfang Mai bis Ende Oktober, jeden Samstag bei der unteren Burgerstrasse und am Reusssteg.

Herbstmesse: Jeweils in den ersten zwei Oktoberwochen findet in Luzern die Herbstmesse statt. Auf dem Jahrmarktgelände, gleich hinter dem Bahnhof, präsentieren während dieser Zeit viele Schaubuden und Verkaufsstände ihr Angebot.

• Notfalldienste

Notruf Polizei: Tel. 117

Notruf Feuerwehr: Tel. 118

Sanitätsnotruf: Tel. 144

Notfallapotheken: s. Tageszeitung oder Auskunft **Tel. 111**

Ärztlicher und zahnärztlicher Notfalldienst: s. Tageszeitung oder Auskunft **Tel. 111**

Autopannenhilfe: Tel. 140

Alarmzentrale REGA: Tel. 1414

Die dargebotene Hand: Tel. 143

• Öffentliche Verkehrsmittel (Stadtbusse)

Luzern verfügt über ein dichtes Netz öffentlicher Verkehrsmittel. Busfahrkarten und Tageskarten können bei jeder Haltestelle am Automaten gelöst werden. Detaillierter Plan auf Seite 234/235. Weitere Informationen: **VBL, Abonnementsverkaufsstelle, Bahnhof (SBB), Tel. 041/369 65 65** oder **www.vbl.ch**

• Öffnungszeiten

Geschäfte: Mo–Mi 9.00–12.00 und 13.30–18.30 Uhr, Do/Fr 9.00–12.00 Uhr und 13.30–21.00 Uhr, Sa 9.00–16.00 Uhr. Die meisten Lebensmittelgeschäfte öffnen vor 9 Uhr. Im Stadtzentrum bleiben die meisten Geschäfte über Mittag geöffnet.

• Parkmöglichkeiten

In der Stadt Luzern gibt es kaum Gratisparkplätze. Die blau gekennzeichneten Parkplätze sind mit den speziellen Parkscheiben (zu beziehen bei der Touristeninformation) bis maximal 1½ Stunden kostenlos. 24-Std.-Parkkarten für die blaue Zone sind gegen eine Gebühr von 10 sFr. in den Hotels erhältlich. Zum Parken in einem der elf Parkhäuser in der Innenstadt folgen Sie bitte dem Parkleitsystem.

• Parks

Es gibt in Luzern einige grössere und kleinere Parks und Grünanlagen, die zum Verweilen einladen. Besonders empfehlenswert:
Rechtes Seeufer: wunderschön angelegte Seepromenade vom Schweizerhofquai bis zum Strandbad Lido (vgl. den Rundgang Seite 140).

Dreilindenpark mit Konservatorium: englischer Park mit grossem altem Baumbestand; fantastische Aussicht auf See und Berge (siehe auch S. 171).

Sempachergarten (Plan-Nr. 40): mitten in der Neustadt, im «Vögeligärtli» neben der Zentralbibliothek; kleinere Parkanlange mit Kinderspielplatz, Gartenschach und Tischtennis (siehe auch S. 111f.).

• Post / Postgebühren

Hauptpostamt (Bahnhofplatz 4, Plan-Nr. 35), **6004 Luzern, Tel. 041/229 95 23**
Mo–Fr 7.30–18.30 Uhr, Sa 8.00–11.00 Uhr.
Innerhalb der Schweiz kosten Postkarten und Briefe bis max. 20 g 0.70 sFr. (B-Post) oder 0.90 sFr. (A-Post).
Innerhalb Europa 0.90 sFr. (B-Post) und 1.10 sFr. (A-Post).
Nach Übersee 1.10 sFr. (B-Post) und 1.80 sFr. (A-Post).

• Schifffahrt

Zur Flotte der Schifffahrtsgesellschaft Vierwaldstättersee (SGV) gehören fünf nostalgische Raddampfer und 15 elegante Salon-Motorschiffe. Ganzjähriger Linienverkehr besteht zu den Orten rund um den See. Im Angebot finden sich daneben verschiedene Extrafahrten: Mittagsschiff, Fondue-Schiff usw. Detaillierte Informationen:
Schifffahrtsgesellschaft Vierwaldstättersee, Werftstrasse 5, 6003 Luzern, Tel. 041/367 67 67 oder **041/367 66 66** oder **www.lakelucerne.ch**

• Spitäler, siehe Krankenhäuser

• Sport

Boule: Anlage am Nationalquai beim Musikpavillon.

Eissport: Kunsteisbahn Luzern, Eisfeldstrasse 2, 6005 Luzern, Tel. 041/360 61 66 oder www.eisfeld.ch; Eislaufen und Curling (Oktober bis März)

Freibäder:
Ufschötti (Plan-Nr. 100), Seeparkanlage Alpenquai, 6005 Luzern
Freibad mit Sandstrand für Junge und Junggebliebene, gratis.

Lido (Plan-Nr. 85), Lidostrasse, 6006 Luzern, Tel. 041/370 38 06
Modernes Strandbad mit Bassin, Restaurant sowie Spielplätzen für Kinder und Sportplätzen für Erwachsene.

Seebadeanstalt am Nationalquai, 6006 Luzern, Tel. 041/410 18 12
Altes Seebad mit grosser Terrasse für In-People und Alteingesessene.

Strandbad Tribschen, Warteggstrasse, 6005 Luzern, Tel. 041/360 45 67
Ruhigeres Familienbad mit grossem Baumbestand.

Hallenbad: Hallenbad Luzern, Bireggstrasse 36, 6005 Luzern, Tel. 041/360 60 66 oder www.sport-luzern.ch

Hallensport: Sport Center Würzenbach, Kreuzbuchstrasse 42, 6006 Luzern, Tel. 041/370 14 04 oder www.sport-luzern.ch
Das Sport Center Würzenbach ist das einzige grosse Sportzentrum in der Stadt. Angebot: Badminton, Judo, Sauna, Solarium, Squash, Tennis.

Wintersport: Inmitten der Voralpen gelegen, ist Luzern ein optimaler Ausgangspunkt für Wintersport. Das nächstgelegene Skigebiet ist Engelberg/Titlis (1000 bis 3000 m ü.M.), zirka 30 Autominuten von Luzern entfernt. Auf dem Titlisgletscher kann man selbst im Sommer Ski fahren. Bei guten Schneeverhältnissen werden auch die Sklifte am Pilatus in Betrieb genommen.

• Sprache
Die offiziellen Landessprachen sind Deutsch, Französisch, Italienisch und Rätoromanisch. In der Nord- und Zentralschweiz wird Schweizerdeutsch gesprochen, das sich in zahlreiche Dialekte gliedert.

• Strom
Alle Steckdosen für elektrischen Strom (mit 2 oder 3 Kontakten) liefern 220 Volt Wechselstrom.

• Taxi
Taxistände befinden sich vor dem Bahnhof, am Schwanenplatz, am Pilatusplatz, am Löwenplatz und vor dem Luzerner Theater.

• Telefon
Die meisten öffentlichen Telefonzellen sind mit Kreditkarten oder Telefonkarten zu benutzen. Telefonkarten (Taxcard) zu 10 sFr. oder 20 sFr. sind erhältlich bei der Post oder am Kiosk. Vorwahlnummern für das Ausland: China 0086; Deutschland 0049; Frankreich 0033; Grossbritannien 0044; Hongkong 00852; Italien 0039; Japan 0081; Österreich 0043; Spanien 0034, USA 001. Weitere Informationen sind dem Telefonbuch zu entnehmen.
Wichtige Telefonnummern:
Auskunft Inland 111
Auskunft und Vermittlung International 1159
Automatischer Weckdienst 150
Wettervorhersage 162
Strassenzustand 163

• Trinkgeld
Das Trinkgeld ist in sämtlichen Dienstleistungen inbegriffen. Ist man aber mit dem Service sehr zufrieden, ist es üblich, den Betrag aufzurunden.

• TV / Radio
Neben dem Fernseh- und Radioprogramm (SRG) der italienisch-, deutsch- und französischsprachigen Schweiz können via Kabel oder Satellit auch unzählige ausländische Programme empfangen werden.
Private Lokalsender (Achtung: Hier wird Schweizerdeutsch gesprochen):

TeleTell (MHZ 224.25, K12): lokaler Fernsehsender mit regelmässigen Nachrichten.

Radio Pilatus (Kabel: 89.85): grösster lokaler Radiosender.

Radio 3fach (Kabel: 94.80): Jugendkulturradio, mit regelmässigen Liveübertragungen von Konzerten einheimischer Bands.

• Waschsalon
Jet Wash, Bruchstrasse 28, 6003 Luzern, Tel. 041/240 01 51

• Zeitschriften
Die einzige Innerschweizer Tageszeitung ist die «Neue Luzerner Zeitung». Jeweils am Donnerstag enthält sie die Beilage «Apéro», einen Veranstaltungskalender für die folgende Woche.
Die WoZ, die unabhängige Wochenzeitschrift der Schweiz, erscheint jeweils am Donnerstag mit einer Luzerner Beilage.
«Das Kulturmagazin» informiert umfassend über die Kultur in der Region Luzern. Der integrierte «Kulturkalender» bietet einen vollständigen Überblick über die Veranstaltungen und Ausstellungen des laufenden Monats.
Alle Zeitschriften sind am Kiosk erhältlich.

Literatur- und Quellenangaben

Bossard-Borner, Heidi: Kontinuität im Wandel: Zur Luzerner Politik des 19. Jahrhunderts. In: Aufbruch in die Gegenwart. 600 Jahre Stadt und Land Luzern. Luzern 1986.

Brentini, Fabrizio: Stiftsbezirk im Hof Luzern. Schweizerischer Kunstführer GSK. Bern 1992.

Bucher, Silvio: Die Luzerner Gesellschaft im Ancien Régime. In: Bauern und Patrizier. 600 Jahre Stadt und Land Luzern. Luzern 1986.

Dubler, Anne-Marie: Geschichte der Luzerner Wirtschaft. Luzern/Stuttgart 1983.

Dubler, Anne-Marie: Handwerk, Gewerbe und Zunft in Stadt und Landschaft Luzern. Luzern/Stuttgart 1982.

Felder, Peter: Die Kunstlandschaft der Innerschweiz. Zusammenspiel von Landschaft, Geschichte und Kunst. Luzern 1995.

Finck, Heinz Dieter/Ganz, Michael T.: Bourbaki Panorama. Zürich 2000.

Glauser, Fritz: Zur Verfassungstopographie des mittelalterlichen Luzern. In: Luzern 1178–1978. Luzern 1978.

Glauser, Fritz: Luzern und das Luzernbiet im 14./15. Jahrhundert. In: Alltag zur Sempacherzeit. 600 Jahre Stadt und Land Luzern. Luzern 1986.

Hesse, Jochen: Die Luzerner Fassadenmalerei. Luzern 1999.

Huber, Paul: Die Stadt Luzern zwischen 1850 und 1914: Gesellschaft und Wirtschaft im Aufbruch. In: Aufbruch in die Gegenwart. 600 Jahre Stadt und Land Luzern. Luzern 1986.

Luzerner Altstadt. Eine bebilderte Quartiergeschichte. Luzern 1978.

Luzern im Spiegel alter Reiseschilderungen, 1757–1835. Luzern 1933.

Meyer, André: Siedlungs- und Baudenkmäler im Kanton Luzern. Luzern 1977.

Meyer, André: Luzerns Architektur im 19. Jahrhundert. In: Luzern 1178–1978. Luzern 1978.

Meyer, André: Jesuitenkirche in Luzern. Schweizerischer Kunstführer GSK. Bern 1982.

Meyer, André: Die Franziskanerkirche Sankt Maria in der Au, Luzern. Schweizerischer Kunstführer GSK. Bern 1990.

Müller, Anton: Sagenhaftes Luzernbiet, Bd. IV. Hitzkirch 1994

Reinle, Adolf: Die Kunstdenkmäler der Schweiz. Stadt Luzern, Bd. II/1. Basel 1953.

Reinle, Adolf: Die Kunstdenkmäler der Schweiz. Stadt Luzern, Bd. III/2. Basel 1954.

Riedler, Michael: So veränderte sich Luzern. Luzern 1993.

Rosenkranz, Paul: Luzern – Land, Leute, Staat. Luzern 1996.

Rüesch, Edgar: Luzerns Entfestigung. In: Luzern 1178–1978. Luzern 1978.

Statistisches Jahrbuch der Stadt Luzern 2000. Herausgegeben vom Amt für Statistik des Kantons Luzern. Luzern 2000.

Steiner, Alois: Das kirchliche Leben Luzerns im 18. Jahrhundert. In: Luzern 1178–1978. Luzern 1978.

Wicki, Hans: Bevölkerung und Wirtschaft des Kantons Luzern im 18. Jahrhundert. Luzern/München 1979.

Wyss, Beat: Luzern. In: INSA Bd. 6. Bern 1991.

Bildnachweis

Georg Anderhub, Luzern: 21, 24u., 26, 30, 37, 38, 45, 68r.,79l.,r., 82, 90u., 93, 128, 133, 137l.,r., 147, 159, 164, 165o., 167, 171o., 172, 173, 179, 182o.,183l.,r., 184l., 186, 191, 199, 203, 204, 206, 209, 219, 221

Aura Fotoagentur, Luzern: 40, 42, 65, 94, 102, 106, 154, 171u., 177

Dave Brüllmann, Zürich: 44

Theres Bütler, Luzern: 68l., 70, 114, 116, 122

Urs Bütler, Luzern: 184r.

Kantonale Denkmalpflege, Luzern: 23, 24o. (C. Schildknecht), 25 (Theres Bütler), 53 (Peter Ammon), 135, 139 (Peter A. Meyer), 182u. (Urs Bütler)

Heinz Dieter Finck, Zürich: 125

Historisches Museum, Luzern: 18, 51 (F 1531), 84 (F 312), 85 (9301.4, Luzerner Mordnacht, Gemälde von Jean Renggli Jr., 1873), 134 (Stadtplan von Franz Xaver Schumacher, 1792, Ausschnitt), 153 (Viehmarkt vor dem Baslertor, Anfang 19. Jh., Gouache), 190 (2861.6, Radierung von Franz und Alois Schmid, 1836)

Hotel Löwengraben, Luzern: 215

Art Deco Hotel Montana, Luzern: 212

Hotel Restaurant Schiff, Luzern: 214

Hotels Rebstock und Hofgarten, Luzern: 213, 218

Keystone, Zürich: 91

Korporationsgemeinde, Luzern: 27 (Grendel bei der Überschwemmung 1846, Gemälde von Xaver Schwegler, um 1890, Historisches Museum Luzern 2935/18), 59 (Tor zur Hofbrücke und zur Schifflände, Gemälde von Xaver Schwegler, um 1890, Historisches Museum Luzern 2935/10), 77 (Brand der Weggisgasse, Luzerner Chronik des Diebold Schilling 1513, fol 43), 97 (Die Stadtmühlen, Luzerner Chronik des Diebold Schilling 1513, fol 217b), 121 (Hofbrücke, Kaplanenhäuser und Hofkirche, Gemälde von Xaver Schwegler, um 1890, Historisches Museum Luzern 2935/17)

Kunstmuseum Luzern / Stefano Schröter, Kriens: 200

Mario Kunz, Kriens: s. Impressum

Luzerner Sinfonieorchester LSO: 205

Museum für Gestaltung Zürich, Plakatsammlung: 188

Nique Nager, Luzern: 174

Neue Luzerner Zeitung: 145 (Peter Fischli), 176 (Bruno Voser)

Ernst Scagnet, Littau: 178

Schifffahrt Vierwaldstättersee, Luzern / Peter Rüegger: 104

Dany Schulthess, Luzern: 155, 157

Stadt Luzern, Stadtplanung / Hans Jörg Bühler: 115 (Ölgemälde, anonym, 18. Jh.)

Stadtarchiv Luzern: 57 (E2a.16), 83 (V0361, Foto D. Schulthess), 95 (Brückenbild Nr. 39 auf der Spreuerbrücke, Der Maler mit seinen Gesellen, Baumann 39), 101 (F2a.039), 111 (E2a.44)

Rolf A. Stähli, Winterthur: 185, 189, 192

Verkehrshaus der Schweiz, Luzern: 149, 202

Zentral- und Hochschulbibliothek Luzern, Bildarchiv: 16 (LSb 3:39, Aquatinta von J. B. Isenring, 1832), 36 (Stich von Winterlin/Salathé, ca. 1840), 66 (LSa, Karikatur Einzug der Jesuiten, 1844), 72 (Aquarell von F. I. Scherer, 1784), 89 (LSb 4:3, Kupferstich von N. A. Perignon und F. D. Née, um 1780), 90o. (LSa 2:1, Älteste Ansicht von Luzern 1507, Nachdruck Sebastian Münster 1543), 105 (LSb 11:1:1, Stapellauf des ersten Dampfschiffs auf dem See, Stich, 1836), 126 (LSb 17:1:7, kolorierter Stich, um 1830), 143 (LSa 8:2:14, Schweizerhofquai am Abend, Xylografie), 144 (LSa 8:0:2, Schweizerhofquai, kolorierte Aquatinta von Rudolf Dikenmann, um 1860), 163 (LSb 6:3, Inseli, Aquarell von Augustin Schmid, um 1800), 165 (V 4 4704, Postkarte).

Register

Busbahnhof Luzern

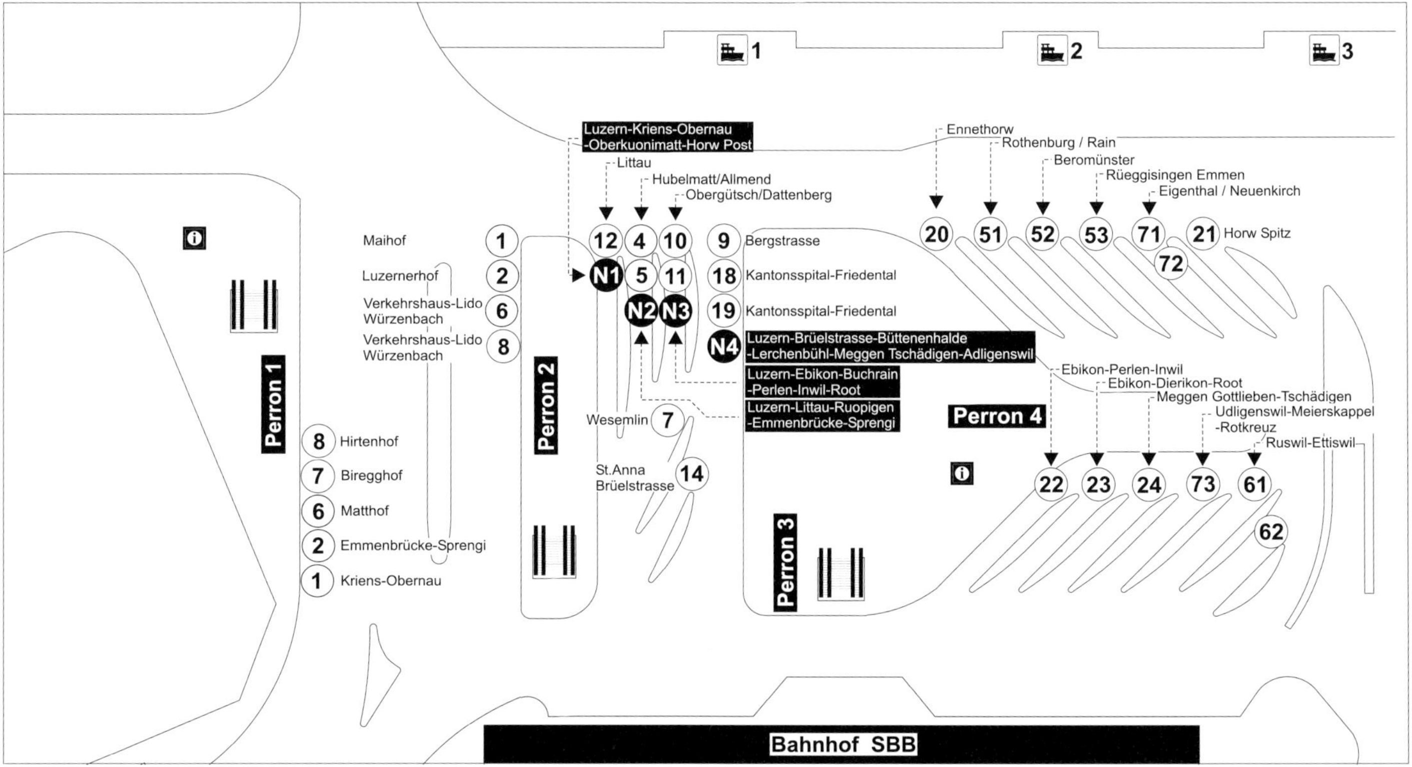

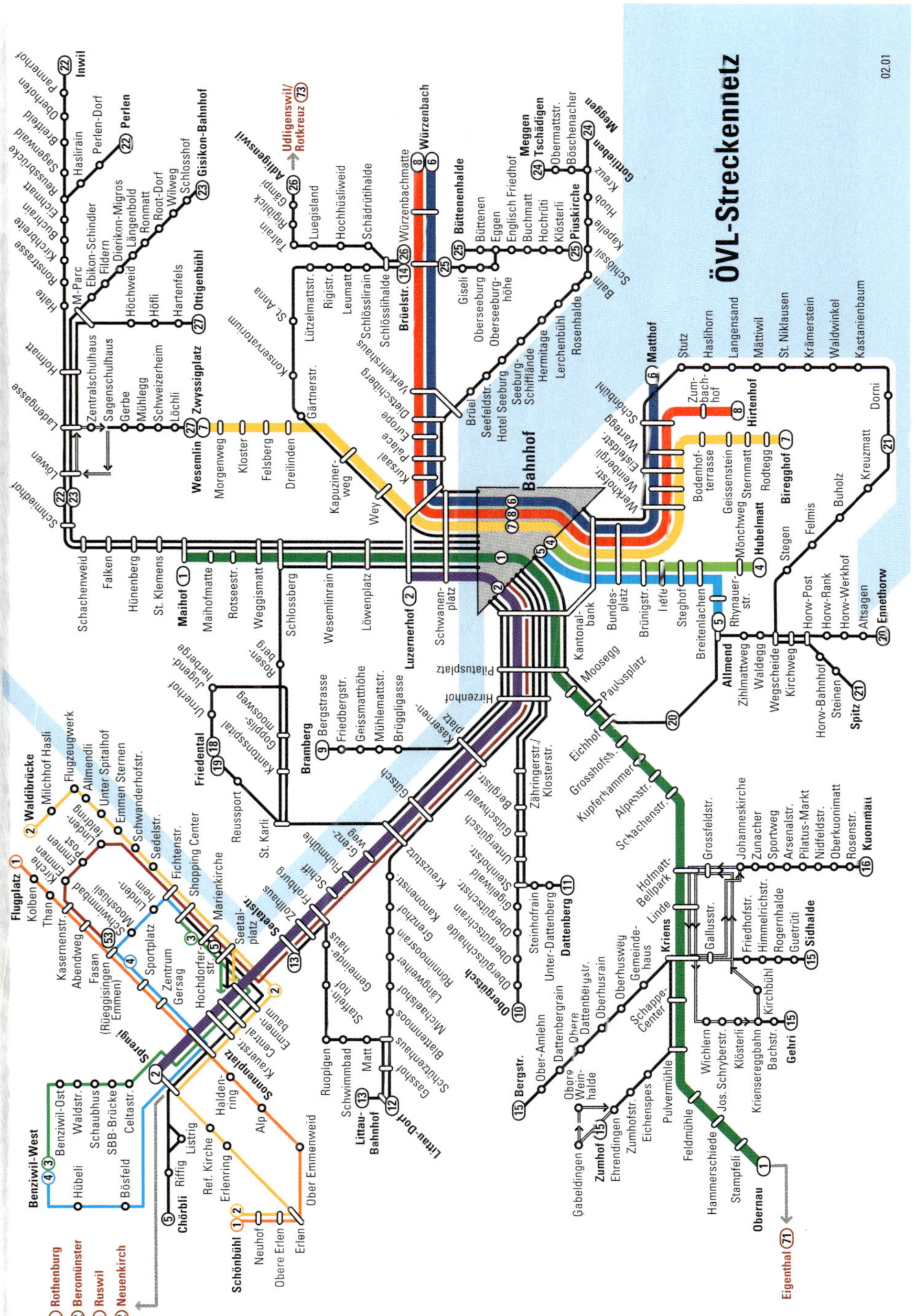
ÖVL-Streckennetz
02.01
Bahnhof
Maihof 1
Luzernerhof 2
Würzenbach
Büttenenhalde
Meggen
Tschädigen
Piuskirche
Matthof 6
Hirtenhof 8
Biregghof 7
Hubelmatt 4
Ennethorw 20
Spitz 21
Allmend 5
Kuonimatt 16
Sidhalde 15
Gehri 15
Obernau 1
Eigenthal 71
Kriens
Zumhof 15
Bergstr. 15
Dattenberg 11
Obergütsch 10
Littau-Dorf 12
Littau-Bahnhof 13
Bramberg 9
Friedental 18 19
Seetalplatz
Sonnenplatz
Sprengi 2
Benziwil-West 4 3
Chörbli 5
Schönbühl 1 2
Flugplatz 1
Waldibrücke 2
Wesemlin 7 27
Zwyssigplatz
Ottigenbühl 27
Gisikon-Bahnhof 23
Perlen 22
Inwil 22
Adligenswil 26
Udligenswil/Rotkreuz 73
51 Rothenburg
52 Beromünster
61 Ruswil
72 Neuenkirch
Schachenweid
Falken
Hünenberg
St. Klemens
Maihofmatte
Rotseestr.
Weggismatt
Schlossberg
Wesemlinrain
Löwenplatz
Schwanenplatz
Pilatusplatz
Hirzenhof
Kasernenplatz
Kantonalbank
Bundesplatz
Brünigstr.
Tiefe
Steghof
Breitenlachen
Rhynauerstr.
Mönchweg
Moosegg
Paulusplatz
Eichhof
Grosshofstr.
Kupferhammer
Alpenstr.
Schachenstr.
Hofmatt-Bellpark
Linde
Schappe-Center
Pulvermühle
Feldmühle
Hammerschiede
Stampfeli
Gabeldingen
Ehrendingen
Zumhofstr.
Eichenspes
Obere Weinhalde
Ober-Amlehn
Dattenbergrain
Obere Dattenbergstr.
Oberhusrain
Oberhusweg
Gemeindehaus
Grossfeldstr.
Johanneskirche
Zunacher
Sportweg
Arsenalstr.
Pilatus-Markt
Nidfeldstr.
Oberkuonimatt
Rosenstr.
Gallusstr.
Friedhofstr.
Himmelrichstr.
Rogernhalde
Guetrüti
Kirchbühl
Wichlern
Jos. Schryberstr.
Klösterli
Krienseregghahn
Bachstr.
Zähringerstr./Klosterstr.
Bergliistr.
Gütschwald
Untergütsch
Steinhofstr.
Gigeliwald
Obergütschstr.
Obergütschrain
Obergütschhalde
Steinhofrain
Unter-Dattenberg
Gütsch
Grenzweg
Fluhmühle
Schiff
Froburg
Zollhaus
Kreuzstutz
Kreuzmatt
Kanonenstr.
Grenzhof
Rönnimoosrain
Längweiher
Michaelshof
Blattenmoos
Blattenhaus
Gasshof
Schützenhaus
Ruopigen
Schwimmbad
Matt
Staffelnhof
Gemeindehaus
Bergstrasse
Friedbergstr.
Geissmatthöhe
Mühlematts tr.
Brügligasse
Reussport
St. Karli
Kantonsspital
Gopplismoosweg
Rosenberg
Jugendherberge
Urnerhof
Schmiedhof
Löwen
Ladengasse
Hofmatt
Hale
Ronstrasse
Kirchbreite
Buchrain
Eichmatt
Reussbrücke
Sagenwald
Breitfeld
Oberhofen
Pannerhof
M-Parc
Ebikon-Schindler
Fildern
Dierikon-Migros
Längenbold
Ronmatt
Root-Dorf
Wilweg
Schlosshof
Haslirain
Perlen-Dorf
Höchweid
Höfli
Hartenfels
Zentralschulhaus
Sagenschulhaus
Gerbe
Mühlegg
Schweizerheim
Löchli
Morgenweg
Kloster
Felsberg
Dreilinden
Kapuzinerweg
Wey
Gärtnerstr.
Konservatorium
St. Anna
Lützelmattstr.
Rigistr.
Leumatt
Schlösslirain
Schlösslihalde
Brüelstr. 14 26
Luegisland
Hochhüsliweid
Schädrütihalde
Würzenbachmatte
Talrain
Rigiblick
Gämpi
Verkehrshaus
Dietschiberg
Europe
Palace
Kursaal
Brüel
Seefeldstr.
Hotel Seeburg
Seeburg-Schifflände
Hermitage
Lerchenbühl
Rosenhalde
Giseli
Oberseeburg
Oberseeburghöhe
Büttenen
Eggen
Englisch Friedhof
Buchmatt
Hochrüti
Klösterli
Obermattstr.
Böschenacher
Gottlieben
Kreuz
Huob
Kapelle
Schlössli
Balm
Schönbühl
Wartegg
Eisfeldstr.
Weinbergli
Werkhofstr.
Stutz
Zumbachhof
Bodenhofterrasse
Geissenstein
Sternmatt
Rodtegg
Haslihorn
Langensand
Mattiwil
St. Niklausen
Krämerstein
Waldwinkel
Kastanienbaum
Dorni
Kreuzmatt
Buholz
Felmis
Stegen
Horw-Post
Horw-Rank
Horw-Werkhof
Altsagen
Zihlmattweg
Waldegg
Wegscheide
Kirchweg
Horw-Bahnhof
Steinen
Kolben
Than
Emmen Kirche
Emmen Post
Lindenfeldring
Kasernenstr.
Abendweg
Fasan
(Rüeggisingen Emmen)
Schwimmbad
Mooshüsli
Lindenheim
Sportplatz
Zentrum Gersag
Hochdorferstr.
Centralstr.
Emmenbaum
Krauerstr.
Milchhof Hasli
Flugzeugwerk
Allmendli
Unter Spitalhof
Emmen Sternen
Schwanderhofstr.
Sedelstr.
Fichtenstr.
Shopping Center
Marienkirche
Benziwil-Ost
Waldstr.
Schaubhus
SBB-Brücke
Celtastr.
Hübeli
Bösfeld
Riffig
Listrig
Ref. Kirche
Erlenring
Haldenring
Alp
Über Emmenweid
Neuhof
Obere Erlen
Erlen

8°
47°